KEINE ANGST VOR HARTEN NÜSSEN

Hans Jürgen Winkler

KEINE ANGST VOR HARTEN NÜSSEN

Das neue Rätsellexikon

SÜDWEST VERLAG
MÜNCHEN

12. Auflage
181.—200. Tausend
 · ISBN 3 517 00205 4
Überzug: Atelier Lorenz, München
Gesamtherstellung: © Reiff-Druck, Offenburg

INHALT NACH KAPITELN

INHALT NACH STICHWORTEN

F

G

H

I

J

K

L

M

VORWORT

Pic von Orizaba? Pik von Orizaba? Oder einfach Orizaba? Ja, wie heißt denn bloß dieser Fünftausender in Mexiko? Es ist nur eine unter zahllosen Fragen, die in der Rätselwelt gestellt werden – und die auch beantwortet sein wollen, richtig beantwortet, damit die Rechnung glatt aufgeht.

»Keine Angst vor harten Nüssen« – das ist der ermunternde Tenor dieses Rätsel-Lexikons, das dabei mithelfen will, die spitzesten Klippen zu umsegeln. Weit über den gebräuchlichen Wortschatz hinaus sind hier Namen und Begriffe aufgereiht, die beim »Knacken« gebraucht werden. Sie sind nach der Zahl der Buchstaben, von Worten mit 2 Buchstaben bis zu Worten mit 15 Buchstaben, geordnet und zum großen Teil näher erklärt.

Was zu beachten ist, liebe Rätselfreunde: Die Umlaute ä, ö, ü und das ß sind prinzipiell als zwei Buchstaben (also = ae, oe, ue und ss) zu verstehen. Beim Lösen von Rätseln, in denen die drei Umlaute ä, ö, ü und das ß in normaler Schreibweise eingeordnet sind, muß entsprechend »umgeschaltet« werden.

Wo Erläuterungen zur näheren Definierung oder Unterscheidung notwendig waren, sind häufig Abkürzungen benutzt. Diese Abkürzungen sind weitgehend einheitlich, werden jedoch bei Abweichungen zu Beginn einzelner Kapitel und Unterkapitel noch einmal aufgeführt.

Neben den beiden Nationalitäten-Abkürzungen »UdSSR« (Union der Sozialistischen Sowjet-Rupubliken) und »sowj.« (sowjetisch, sowjetrussisch) kommen auch die Erklärungen »Rußland« und »russ.« vor. Diese Unterscheidung ist beabsichtigt und bezieht sich auf die Zeit *vor* und *nach* 1918.

Um möglichst viele Worte berücksichtigen zu können, ist abschnittweise auf nähere Erklärungen verzichtet worden. Große Buchstaben innerhalb eines Begriffes markieren seine Zusammensetzung aus mehreren Worten.

Nun viel Spaß beim Raten und viel Freude mit diesem Buch!

Ihr

SÜDWEST-VERLAG

Abkürzungen

1. Allgemein gebräuchliche Abkürzungen *2. Internationale Vereinigungen*

1. ALLGEMEIN GEBRÄUCHLICHE ABKÜRZUNGEN

2

aa	*ad acta*
AD	*Anno Domini*
aD	*außer Dienst*
AG	*Aktiengesellschaft*
ao	*außerordentlich*
AP	*Associated Press (Presseagentur)*
AT	*Altes Testament*
BR	*Bayerischer Rundfunk*
ca	*zirka*
CD	*Diplomatisches Korps*
cm	*Zentimeter*
co	*engl.: care of = zu Händen von*
Co	*Companie, Company*
DB	*Deutsche Bundesbahn*
dB	*durch Boten*
dh	*das heißt*
di	*das ist*
DM	*Deutsche Mark*
dR	*der Reserve*
Dr	*Doktor*
Ed	*Edition, Ausgabe*
eG	*Eingetragene Genossenschaft*
eV	*eingetragener Verein*
ev	*evangelisch*
Ev	*Evangelium*
ff	*fortlaufend*
ha	*Hektar*
hc	*honoris causa, ehrenhalber*
HR	*Hessischer Rundfunk*
iA	*im Auftrag*
IG	*Industrie-Gewerkschaft*
iP	*in Pension*
IR	*Imperator Rex (Kaiser und König)*
iR	*im Ruhestand*
iV	*in Vertretung*
Jh	*Jahrhundert*
jr	*Junior*
kg	*Kilogramm*
KG	*Kommanditgesellschaft*
km	*Kilometer*
ko	*knock out*
kW	*Kilowatt*
MA	*Mittelalter*
MG	*Maschinengewehr*
mg	*Milligramm*
mm	*Millimeter*
MP	*Military Police / Militärpolizei*
Mr	*Mister*
Mz	*Mehrzahl*
NB	*nota bene, wohlgemerkt*
Nf	*Nachfolger*
Nr	*Nummer*
Ns	*Nachschrift*
NT	*Neues Testament*
op	*Opus, Werk*
pa	*per Adresse*
Pf	*Pfennig*
pm	*pro mille*
pp	*per procura (auch ppa)*
PS	*Pferdestärke*
PS	*Postscriptum, Nachschrift*
PX	*Post Exchange, Kaufhaus der US-Streitkräfte*
qm	*Quadratmeter*
RB	*Radio Bremen*
Sa	*Summa*
SE	*Seine Exzellenz*
SM	*Seine Majestät*
St	*Sankt*
St	*Stück*
TH	*Technische Hochschule*

ua	*unter anderem*
US	*United States*
vH	*vom Hundert*
zB	*zum Beispiel*
zD	*zur Disposition*
zH	*zu Händen*
zS	*zur See*
zT	*zum Teil*
zZ	*zur Zeit (auch: zZt)*

3

Abg	*Abgeordneter*
Adj	*Adjutant*
Amp	*Ampere*
AOK	*Allgemeine Ortskrankenkasse*
ARD	*Arbeitsgemeinschaft der öffentlich-rechtlichen Rundfunkanstalten der Bundesrepublik Deutschland*
BBC	*British Broadcasting Corporation (Britischer Rundfunk)*
BGB	*Bürgerliches Gesetzbuch*
Bhf	*Bahnhof*
BRT	*Bruttoregistertonne*
bes	*besonders*
bez	*bezahlt*
bzw	*beziehungsweise*
cbm	*Kubikmeter*
ccm	*Kubikzentimeter*
Chr	*Christus*
CIC	*Counter Intelligence Corps (US-Abwehrdienst)*
CID	*Criminal Investigation Division (Britische Kripo, Scotland Yard)*
Cie	*Compagnie*
CSR	*Tschechoslowakische Republik (auch CSSR)*
dAe	*der Ältere*
DBP	*Deutsche Bundespost*
DBP	*Deutsches Bundespatent*
DFB	*Deutscher Fußballbund*
DGB	*Deutscher Gewerkschaftsbund*
dgl	*dergleichen*
dpa	*Deutsche Presseagentur*
etc	*et cetera, und so weiter*
geb	*geboren*
gez	*gezeichnet*
Hbf	*Hauptbahnhof*
HGB	*Handelsgesetzbuch*
HMS	*Seiner Majestät Schiff*
Inc	*Incorporation*
Ind	*Index*
IND	*In nomine Dei, In Gottes Namen*
Ing	*Ingenieur*
Int	*International*
jun	*junior (auch jr)*
kHz	*Kilohertz*
Kfz	*Kraftfahrzeug*
Kgl	*königlich*
kWh	*Kilowattstunde*
Lkw	*Lastkraftwagen*
MdB	*Mitglied des Bundestags*
MEZ	*Mitteleuropäische Zeit*
Mgr	*Monseigneur*
Min	*Minute*
Mme	*Madame*
Mrd	*Milliarde*
Mrs	*englisch: Frau*
NDR	*Norddeutscher Rundfunk*
OHG	*Offene Handelsgesellschaft*
PEN	*Internationaler Schriftsteller-Club (International Club of Poets, Playwriters, Editors, Essayists and Novelists)*
Pfd	*Pfund*
Pkw	*Personenkraftwagen*
ppa	*per procura (auch pp)*
qcm	*Quadratzentimeter*
qkm	*Quadratkilometer*
qmm	*Quadratmillimeter*
Ref	*Referat, Referent*
Reg	*Regierung*
Res	*Reserve*
Rgt	*Regiment*

SBZ	*Sowjetische Besatzungszone*
SDR	*Süddeutscher Rundfunk*
Sek	*Sekunde (auch: sec)*
Sen	*Senior (auch: Sr)*
SFB	*Sender Freies Berlin*
SOS	*Save our souls – Internationaler Hilferuf auf See*
SWF	*Südwestfunk*
UKW	*Ultrakurzwelle*
UPI	*United Press International (Presseagentur)*
USA	*Vereinigte Staaten von Amerika*
usw	*und so weiter*
uva	*und viele andere*
vgl	*vergleiche*
WDR	*Westdeutscher Rundfunk*
Wwe	*Witwe*
ZDF	*Zweites Deutsches Fernsehen*
zZt	*zur Zeit (auch: zZ)*

4

BIEM	*Internationale Vertretung der Interessen von Komponisten und Autoren*
cand	*Kandidat*
CSSR	*Tschechoslowakische Sozialistische Republik (auch CSR)*
DBGM	*Deutscher Bundes-Gebrauchsmusterschutz*
FIFA	*Internationaler Fußball-Verband*
GEMA	*Gesellschaft für musikalische Aufführungs- und mechanische Vervielfältigungsrechte*
GmbH	*Gesellschaft mit beschränkter Haftung*
incl	*inklusive*
INRI	*Kreuzesinschrift (Jesus Nazarenus Rex Judaeorum/Jesus von Nazareth, König der Juden)*
Mlle	*Mademoiselle*
Msgr	*Monsignore, Hochwürden*
resp	*respektive*
RIAS	*US-Sender in West-Berlin*
StGB	*Strafgesetzbuch*
TASS	*Sowjetische Presseagentur*
uAwg	*um Antwort wird gebeten*

5 *und mehr Buchstaben*

BENELUX	*Sammelbegriff für die Staaten Belgien, Holland, Luxemburg*
INTERPOL	*Internationale Kriminalpolizei-Organisation*
UdSSR	*Union der Sozialistischen Sowjetrepubliken*

2. INTERNATIONALE VEREINIGUNGEN

2

AB	*Alliance balcanique, Balkanpakt (Südosteuropa-Pakt)*
CD	*Commission du Danube, Donau-Kommission*
CE	*Conseil de l'Europe, Council of Europe, Europa-Rat (auch ER)*
IG	*Internationaler Gerichtshof (Den Haag)*

JU	*Jeunesse Universelle, Jugend der Welt*
UN	*Vereinte Nationen (auch UNO)*

3

AIT	*Internationale Vereinigung für Tourismus*
AIU	*Internationaler Universitäts-Verband*
CEC	*Europäische Vereinigung der Musikfestspiele*
CIT	*Internationales Eisenbahntransport-Komitee*
EWA	*Europäisches Währungsabkommen*
EWG	*Europäische Wirtschaftsgemeinschaft*
EZU	*Europäische Zahlungsunion*
FEI	*Internationaler Reiterverband*
FIS	*Internationaler Skiverband*
IFL	*Liga für internationale Freundschaft*
IOK	*Internationales Olympisches Komitee*
UEA	*Esperanto-Weltbund*
WAY	*Weltjugendverband*
WEU	*Westeuropäische Union*
WGB	*Weltgewerkschaftsbund*
WHO	*World Health Organization, Weltgesundheits-Organisation*

4 *und mehr Buchstaben*

ANZUS	*Verteidigungsgemeinschaft Australiens, Neuseelands und der USA*
CECA	*Europäische Gemeinschaft für Kohle und Stahl*
EFTA	*Europäische Freihandels-Vereinigung (-Zone)*
EURATOM	*Europäische Atomgemeinschaft*
IATA	*Verband der Luftfahrtgesellschaften*
IFLFF	*Internationale Frauenliga für Frieden und Freiheit*
IGNM	*Internationale Gesellschaft für Neue Musik*
IKRK	*Internationales Komitee vom Roten Kreuz*
IPPT	*Internationale des Personals der Post-, Telegraphen- und Telephon-Betriebe*
ISSF	*Internationaler Studentenbund*
NATO	*North Atlantic Treaty Organization, Nordatlantik-Pakt*
OEEC	*Europäischer Wirtschaftsrat*
SEATO	*Südostasienpakt-Organisation*
UNEF	*United Nations Emergency Force, Sicherungstruppe der UN*
UNESCO	*UN-Organisation für Erziehung, Wissenschaft und Kultur*
UNICEF	*Kinderhilfswerk der Vereinten Nationen*
YMCA	*Weltbund der Christlichen Vereine Junger Männer*
YWCA	*Weltbund Christlicher Verbände Junger Frauen*

Anatomie des Menschen

Innere Organe – Körperteile – Sinnesorgane

3

Arm
Lid
Ohr
Zeh

4

Ader
Auge
Bart
Bein
Damm
Darm
Elle
Fuss
Haar
Hals
Hand
Haut
Herz
Hirn
Iris
Kinn
Knie
Kopf
Leib
Mark
Milz
Mund
Nase
Nerv
Pore
Rist
Vene
Wade
Zahn
Zehe

5

After
Aorta
Atlas
Backe
Bauch
Blase
Braue
Brust
Busen
Faser
Faust
Ferse
Galle
Glied
Hacke
Haupt
Kehle
Kreuz
Leber
Lende
Lippe
Linse
Lunge
Magen
Nabel
Nagel
Niere
Rippe
Rumpf
Sehne
Sohle
Spann
Stirn
Wange
Zelle
Zunge

6

Achsel
Amboss
Becken
Bizeps
Bregen
Bueste
Daumen
Druese
Fessel
Finger
Gaumen
Gebiss
Gehirn
Gehoer
Gelenk
Genick
Gurgel
Hammer
Huefte
Kiefer
Leiste
Mandel
Muskel
Nacken
Rachen
Schoss
Taille
Wimper
Wirbel

7

Antlitz
Arterie
Eckzahn
Gerippe
Gesaess
Gesicht
Knochen
Knorpel
Muschel
Oberarm
Pupille
Ruecken
Schlund
Sehnerv
Skelett
Speiche

8

Augapfel
Bronchie
Darmbein
Dickdarm
Hohlvene
Hornhaut
Jochbein
Kehlkopf
Keilbein
Knoechel
Mastdarm
Meniskus
Netzhaut
Prostata
Pulsader
Schaedel
Schenkel
Schlaefe

Schnecke
Schulter
Sitzbein
Unterarm

Stirnbein
Unterleib
Wadenbein
Zaepfchen

Schlagader
Steissbein
Stimmritze
Unterlippe
Zwerchfell

Trommelfell
Unterkiefer
Zahnfleisch
Zeigefinger

9

Armmuskel
Augenzahn
Bauchfell
Bauchwand
Bindehaut
Blinddarm
Brustbein
Brustfell
Brustkorb
Duenndarm
Epidermis
Grosshirn
Harnblase
Hueftbein
Hueftnerv
Hypophyse
Kaumuskel
Kleinhirn
Kniekehle
Kreuzbein
Labyrinth
Magenmund
Magenwand
Mittelohr
Nasenbein
Oberlippe
Pfoertner
Rueckgrat
Schambein
Stimmband

10

Adamsapfel
Backenzahn
Bauchaorta
Eingeweide
Ellenbogen
Fersenbein
Gehoergang
Gelenkband
Halsdruese
Halswirbel
Handwurzel
Harnleiter
Harnroehre
Hautmuskel
Herzbeutel
Herzkammer
Kopfnicker
Lidknorpel
Luftroehre
Lungenfell
Mittelfuss
Mittelhand
Mundhoehle
Muskulatur
Nebenniere
Oberkiefer
Ohrmuschel
Ringfinger
Rippenfell
Schienbein

11

Augenhoehle
Bauchmuskel
Blutgefaess
Brusthoehle
Brustkasten
Brustmuskel
Brustwirbel
Deltamuskel
Fingerglied
Gallenblase
Hinterhaupt
Hueftgelenk
Hueftpfanne
Ischiasnerv
Kniescheibe
Leistenband
Leistenring
Lymphdruese
Markscheide
Nabelschnur
Nasenhoehle
Nasenspitze
Oberarmbein
Ringknorpel
Rueckenmark
Schleimhaut
Saegemuskel
Stirnhoehle
Stirnmuskel

12

Gelenkkapsel
Gesichtsvene
Gebaermutter
Kieferhoehle
Lendenwirbel
Lymphgefaess
Nasenknochen
Oberschenkel
Paukenhoehle
Sattelgelenk
Scheitelbein
Schenkelhals
Schilddruese
Schneidezahn
Speiseroehre
Streckmuskel
Thymusdruese
Wirbelsaeule
Wurmfortsatz
Zellengewebe
Zirbeldruese

13

Achillesferse
Achillessehne
Gesaessmuskel
Herzkranzader
Herzvorkammer

Kranzgefaesse	14	15
Leistendruese		
Nierenarterie	Knochengeruest	Augenringmuskel
Schlaefenbein	Magenpfoertner	Handbeugemuskel
Schulterblatt	Oberarmarterie	Hueftschlagader
Traenendruese	Regenbogenhaut	Schenkelarterie
Unterschenkel	Schliessmuskel	Schlaefenmuskel
Weisheitszahn	Schluesselbein	Schneidermuskel
Zehenstrecker		Speichenarterie

Architektur

1. Bekannte Bauwerke — *2. Berühmte Architekten* — *3. Fachliche Begriffe*

1. BEKANNTE BAUWERKE

5

Ettal	*Kloster/Oberbayern*
Itter	*Schloß in Tirol*
Kreml	*Moskau*
Pfalz	*Kaub/Rhein*
Prado	*Madrid*
Scala	*Oper/Mailand*
Tower	*London*

6

Elysée	*Paris*
Louvre	*Paris*
Roemer	*Frankfurt/Main*
Serail	*Istanbul*

7

Capitol	*Washington*
Hofburg	*Wien*
Lateran	*Rom*
Miramar	*Schloß nahe Triest*
Vatikan	*Rom*
Zwinger	*Dresden*

8

Alhambra	*Granada*
Artushof	*Danzig*
Bastille	*Paris*
Escorial	*Bei Madrid*
Mirabell	*Schloß/Salzburg*

Panthéon	*Paris*
Quirinal	*Rom*
Saalburg	*Im Taunus*
SanMarco	*Venedig*
(San Marco)	
Sorbonne	*Paris*
Uffizien	*Florenz*
Walhalla	*Bei Regensburg*
Wartburg	*Nahe Eisenach*
Zeughaus	*Berlin*

9

Akropolis	*Athen*
Belvedere	*Wien*
Elbtunnel	*Hamburg*
Hellbrunn	*Schloß bei Salzburg*
Hradschin	*Prag*
Linderhof	*Schloß in Oberbayern*
Malmaison	*Paris*
NotreDame	*Paris*
(Notre-Dame)	
Parthenon	*Athen*
Sanssouci	*Bei Potsdam*
Tuilerien	*Paris*

10

Eiffelturm	*Paris*
Engelsburg	*Rom*
Goethehaus	*Frankfurt/Main*
Holstentor	*Lübeck*
KoelnerDom	*Köln*
(Koelner Dom)	
Marienburg	*Westpreußen*
PontduGard	*Römischer Aquaedukt/*
(Pont du Gard)	*Frankreich*
SacréCoeur	*Paris*
(Sacré Coeur)	
Versailles	*Bei Paris*

11

Burgtheater	*Wien*
Dogenpalast	*Venedig*
Erechtheion	*Athen*
Nymphenburg	*München*
Paulskirche	*Frankfurt/Main*
Schoenbrunn	*Wien*
Stephansdom	*Wien*
WeissesHaus	*Washington*
(Weisses Haus)	

12

Hohenzollern	*Schloß in der Schwäbischen Alb*
Invalidendom	*Paris*
Marienkirche	*Danzig*
Lichtenstein	*Schloß bei Reutlingen*
PalazzoPitti	*Florenz*
(Palazzo Pitti)	
Peterskirche	*Rom*
PonteVecchio	*Florenz*
(Ponte Vecchio)	
SanktFlorian	*Bei Linz/Österreich*
(Sankt Florian)	
SchieferTurm	*Pisa*
(Schiefer Turm)	
Themsetunnel	*London*

13

Albrechtsburg *Meißen*
ArcdeTriomphe *Paris*
(Arc de Triomphe)
Hochosterwitz *Burg in Kärnten*
Wilhelmshoehe *Kassel*

14

Cheopspyramide *Ägypten*
Garnisonkirche *Potsdam*
Neuschwanstein *Bei Füssen*
PalazzoVecchio *Florenz*
(Palazzo Vecchio)

2. BERÜHMTE ARCHITEKTEN

4

Asam
Holl
Pfau
Rohe
(Mies van der)
Taut
Wren

5

Baehr
Blank
Boehm
Horta
Jones
Seidl

6

Bonatz
Giotto
Haniel
Hoeger
Klenze
(Leo v.)
Messel
Miller
(Oskar v.)
Semper
Strack
Vauban

7

Behrens
Bernini
daVinci
(Leonardo da Vinci)
Einhard
Fischer
Gropius
Kraemer
Lesseps
Mansart
Neumann
Poelzig
Ripphan

8

Bartning
Bramante
Eiermann
Eosander
Ericsson
Langhans
Negrelli
Sangallo
Schinkel

9

Borromini
Cuvilliés
Muthesius
Schlueter
Steinbach
(Erwin v.)

10

Fahrenkamp
Hildebrand
(Lukas v.)
Michelozzo
Prandtauer
Schumacher

11

LeCorbusier
(Le Corbusier)
Poeppelmann

12

Brunelleschi
Knobelsdorff
Michelangelo

13

Dientzenhofer

3. FACHLICHE BEGRIFFE

(Vielfach näher definiert)

3

Bad
Bau
Dom
Hof
Lot
Tor

4

Aula
Vorhof; Versammlungsraum
Chor
Dach
Ecke
Esse
Fach
Flur
Fort
Fuge
Gips
Helm
Turmkrone
Herd
Holm
Holz
Joch
Aufteilung des Gewölbes
Kalk
Keil
Kies
Kitt
Lack
Lehm
Lift
Luke
Ofen
Putz
Raum
Saal
Sand
Sieb
Silo
Sims
Mauervorsprung
Stoa
Säulenhalle
Teer
Trog
Tuer
Turm
Walm
Dachart
Wand
Zaun

5

Abort
Altan
Balkon
Anbau
Anker
Eisenverstrebung
Apsis
Altarraum
Arena
Basis
Beton
Block
Boden
Bogen
Bohle
Brett
Cella
Teil antiker Tempel
Daube
Decke
Diele
Erker
Etage
Fiale
Aufstrebender kleiner Turm
First
Forum
Römischer Versammlungsplatz
Foyer
Fries
Abgrenzender Zierstreifen
Front
Halle
Kamin

Kappe
Kelle
Kiosk
Kreuz
Gewölbesektor
Latte
Laube
Mauer
Pylon
Tor bei ägyptischen Tempeln
Rampe
Rinne
Spund
Stein
Stiel
Stock
Stube
Stuck
Stufe
Tenne
Trage
Waage
Wange
Treppenseite
Zinne

6

Arkade
Bogenhalle
Aufzug
Balken
Balkon
Bewurf
Binder
Blende
Mauervorsprung
Duebel
Empore
Fliese
Flucht
Gesims
Giebel
Gitter
Kachel
Kammer
Kanzel
Keller
Klinke
Kuppel
Krypta
Kirchengruft
Loggia
Mergel
Nische
Pforte
Podest
Polier
Portal
Quader
Remter
Bauteil in Burgen des Ritterordens
Saeule
Schiff
Schlot
Sockel
Tempel
Treppe
Tunnel
Volute
Verzierung in Schneckenform
Vorbau
Zement
Ziegel
Zimmer

7

Abseite
Seitenschiff
Alkoven
Nische ohne Fenster
Bauhaus
Bauzaun
Baracke
Bastion
Estrich
Fassade
Fenster
Festung
Galerie
Gebaelk
Geruest
Heizung
Hochbau
Kapelle
Kastell
Klammer
Klinker
Klosett
Konsole
Balkenstütze
Laterne
Türmchenartiger Kuppelaufsatz
Lettner
Trennwand in Kirchen
Moertel
Parkett
Pergola
Laubengang

Pfeiler
Pfosten
Plafond
Verzierte Zimmerdecke
Rotunde
Runder Kuppelbau
Rustika
Rohes (auch behauenes) Quadermauerwerk
Schacht
Schloss
Senklot
Soeller
Flachdach
Sparren
Dachtragendes Holz
Stuetze
Terrain
Tiefbau
Traeger
Veranda
Verputz
Wimperg
Zierspitze an Türen und Giebeln (gotisch)
Wohnung

8

Anstrich
Astragal
Zierstreifen
Baugrube
Baugrund
Bauplatz
Betonbau
Bungalow
Dachluke
Dipteros
Tempelform
Fachwerk
Flachbau
Gebaeude
Geschoss
Gewoelbe
Glasdach
Haustein
Behauener Naturstein
Haustuer
Hofmauer
Jalousie
Kantholz
Kapitell
Kopf einer Säule
Lageplan
Lichthof
Mansarde
Maskaron
Ziermaske aus Stein
Minarett
Moschee-Turm
Monolith
Werk aus einem Stein
Muenster
Ornament
Verzierung
Parterre
Pavillon
Pechnase
Erker zum Ausschütten von Pech
Pilaster
Wandpfeiler
Pultdach
Dachform
Rohrputz
Rundholz
Rundstab
Schalung
Schamott
Scheitel
Schiefer
Schindel
Schotter
Schwelle
Sohlbank
Einlaß für das Fenster
Speicher
Synagoge
Terrasse
Unterbau
Vorhalle
Walmdach
Windfang
Zeltdach
Dachform

9

Aquaedukt
Wasserleitung der Römer
Architekt
Bandeisen
Bankeisen
Bergfried
Hauptturm einer Burg
Betonguss
Bruestung
Dachboden

Dachfirst
Dachhaken
Dachpappe
Dachstuhl
Fahrstuhl
Flachdach
Frontwand
Fundament
Fussboden
Gelaender
Gloriette
Kolonnaden-Bau
Grundriss
Hohlstein
Intérieur
Innenausstattung
Kalkgrube
Kolonnade
Säulengang
Mauerwerk
Mausoleum
Grabmal
Obergaden
Fensterflucht in
Basiliken
Oberstock
Plattform
Postament
Säulenbasis
Richtbaum
Richtfest
Richtmass
Ringmauer
Rohrleger
Rundbogen
Rundeisen
Sakristei
Stockwerk

Trennwand
Tuerbogen
Verschlag
Vestibuel
Vortreppe
Wachtturm
Zitadelle
Teil einer Festung

10

Ankereisen
Auditorium
Hörsaal
Balustrade
Brandmauer
Dachgarten
Dachgesims
Dachkammer
Dachpfanne
Dachreiter
Türmchen auf dem
Dachfirst
Durchfahrt
Eisenbeton
Feuermauer
Flacheisen
Freitreppe
Frontmauer
Giebelwand
Grundmauer
Grundstein
Halbsaeule
Nur halb vortretende
Säule
Hohlziegel
Holzduebel

Isolierung
Katakomben
Kathedrale
Kreuzblume
Steinblume in
Kreuzform
Souterrain
Kellergeschoß
Spitzbogen
Tuerrahmen
Ziegeldach
Ziergiebel
Kronendach
Mittelwand
Monopteros
Offener runder
Pavillon
Richtkrone
Satteldach
Dachform

11

Betonbalken
Betonplatte
Bodenkammer
Brandgiebel
Dachfenster
Dachsparren
Erdgeschoss
Fensterbank
Flachgiebel
Flachziegel
Fluchtlinie
Flurfenster
Grundwasser
Mauersockel

Richtbalken
Scheidbogen
Trennender Bogen in Kirchen
Schleppdach
Schnuerdach
Schwibbogen
Zwischen Mauern freischwebender Bogen
Sockelmauer
Spannbalken
Spitzsaeule
Stampfbeton
Treppenhaus
Ventilation
Verschalung
Versteifung
Wandpfeiler
Waschkueche
Wasserwaage
Winkeleisen
Zirkelbogen
Zwiebeldach

12

Abwaesserung
Baptisterium
Taufkirche
Bodenfenster
Dachgeschoss
Eisenklinker
Eisentraeger
Fensterkreuz
Fensterladen
Haengebalken
Haengesaeule
Hintertreppe
Hochparterre
Konstruktion
Lichtschacht
Netzgewoelbe
Obergeschoss
Schalloecher
Schieferdach
Schindeldach
Trockenboden
Wendeltreppe
Zwiebelhaube
Dach mit zwiebelförmigem Turm

13

Blitzableiter
Fensterrahmen
Kreuzgewoelbe
Sterngewoelbe
Zementmoertel
Zwiebelkuppel

14

Geruestklammer
Kellergeschoss
Muldengewoelbe
Schamottestein
Schiebefenster
Tonnengewoelbe

15

Faechergewoelbe
Spiegelgewoelbe
Zementsandstein

Astronomie - Astrologie - Wetterkunde

1. Berühmte Astronomen und Astrologen 2. Sternbilder und Sterne aller Kategorien 3. Astronomische, astrologische, wetterkundliche Begriffe / Naturerscheinungen 4. Tierkreiszeichen

1. BERÜHMTE ASTRONOMEN UND ASTROLOGEN

4

Airy
Biot
Hall
Seni
Wolf

5

Arago
Brahe *(de Brahe)*
Encke
Euler
Gauss

Henry
Hooke
Klein
Meton
Weber

6

Bessel
Halley
Kepler
Newton
Olber
Piazzi
Struve
Titius

7

Bradley
Cassini
Chladni
Eudoxus
Galilei
Huygens
Lambert
Laplace
Lockyer
Maxwell
Piccard
Tyndall

8

Anderson
Foucault
Herschel
Hipparch
(Hipparchos)
Humboldt
Lagrange
Scaliger
Scheiner
Seeliger

9

Aristarch
(Aristarchos)
Arrhenius
Cavendish
Ehrenberg
Hergesell
Steinheil

10

Copernikus
(auch Kopernikus)
Flammarion
Fraunhofer
Hipparchos
(Hipparch)
Ptolemaeus
Pythagoras

11

Anaximander
Aristarchos
(Aristarch)
Aristoteles
Lescarbault
Nostradamus

12

Schiaparelli

13

Regiomontanus

2. STERNBILDER UND STERNE ALLER KATEGORIEN

4
Apus
Argo
Baer
Erde
Eros
Hase
Hund
Juno
Lyra
Mars
Mira
Mond
(Trabant des Planeten Erde)
Pfau
Rabe
Vela
Wega
Wolf

5
Adler
Akrab
Algol
Alkor
Altar
Argus
Ariel
Baten
Biene
Ceres
Deneb
Fisch
Fuchs
Gemma
Hydra
Katze
Krebs
Kreuz
Krone

Leier
Loewe
Luchs
Orion
Pfeil
Pferd
Pluto
Rigel
Sonne
Spica
Stier
Taube
Titan
Tukan
Velox
Venus
Vesta
Waage
Wagen
Wolke

6

Altair
Arktur
Becher
Bootes
Carina
Castor
Cephei
Crusis
Drache
Fische
Fliege
Hyaden
Lineal
Markab
Merkur
Neptun
Oberon
Oktant
Pallas
Phoebe
Pollux
Saturn
Scheat
Schiff
Schwan
Sirius
Sirrah
Sothis
Themis
Tychos
Widder
Uranus
Zirkel

7

Albireo
Algenib
Algorab
Alkyone
Alphard
Antares
Canopus
Capella
Centaur
Delphin
Einhorn
Fuellen
Giraffe
Japetus
Jupiter
Kranich
Lucifer
Pegasus
Perseus
Phoenix
Procyon
Regulus
Scepter
Sextant
Titania
Umbriel

8

Acharnar
Antonius
Arkturus
Berenice
Centauri
Cerberus
Eidechse
Eridanus
Fuhrmann
Herkules
Indianer
Jungfrau
Plejaden
Praesepe
Renntier
Schlange
Schuetze
Skorpion
Triangel
Walfisch

9

Aldebaran
Andromeda
Bellatrix
Fomalhaut
Jagdhunde
Luftpumpe
Ophiuchus
Seeoctant
Staffelei
Steinbock
Tafelberg
Zwillinge

10

Abendstern
Beteigeuze
Bielascher
Cassiopeia
(auch Cassiopeja)
Chamaeleon
Jakobsstab
Phosphorus
Polarstern
Wassermann

11

Georgsharfe
Grabstichel
GrosserBaer
(Großer Bär)
GrosserHund
(Großer Hund)
KleinerBaer
(Kleiner Bär)

KleinerHund
(Kleiner Hund)
Morgenstern

12

GrosserLoewe
(Großer Löwe)
KleinerLoewe
(Kleiner Löwe)
Schwertfisch
Vindemiatrix

13

Eridanusfluss
Paradiesvogel
Siebengestirn

14

SuedlicheKrone
(Südliche Krone)
Wasserschlange

15

HaarderBerenike
(Haar der Berenike)
KreuzdesSuedens
(Kreuz des Südens)
SobieskisSchild
(Sobieskis Schild)
SuedlicherFisch
(Südlicher Fisch)
SuedlichesKreuz
(Südliches Kreuz)

3. ASTRONOMISCHE, ASTROLOGISCHE, WETTERKUNDLICHE BEGRIFFE / NATURERSCHEINUNGEN

3

All
Boe
Eis
Hof
Ort
Ost
Pol
Tag
Tau
Uhr

4

Aera
Azur
Bahn
Ebbe
Echo
Firn
Flut
Hoch
Jahr
Kern
Lava
Luft
Nord
Reif
Ring
Stau
Sued
Tief
West
Wind
Woge
Zeit
Zone

5

Abend
Achse
Basis
Blitz
Brise
Dunst
Foehn
Frost
Glast
Hagel
Hoehe
Klima
Komet
Kranz
Licht
Masse
Monat
Nacht
Nebel
Orkan
Osten
Phase
Regen
Stern
Sturm
Woche
Wolke
Zenit

6

Aether
Breite
Donner
Gezeit
Gischt
Globus
Himmel
Kaelte
Kosmos
Krater
Lawine
Meteor
Minute
Morgen
Monsun
Norden
Passat
Planet
Radius
Schnee
Strahl
Stunde
Sueden
Taifun

Vulkan
Waerme
Westen
Winter
Zyklon

7

Celsius
Duenung
Eiszeit
Gestirn
Kompass
Kumulus
Mistral
Neumond
Nordpol
Quadrat
Quartal
Reaumur
Schauer
Schweif
Sekunde
Sirocco
Sphaere
Suedpol
Tendenz
Tornado
Trabant
Weltall

8

Abendrot
Aequator
Blizzard
Brandung
Ekliptik
Erdbeben
Eruption
Fallraum
Fixstern
Gezeiten
Glatteis
Graupeln
Horizont
Horoskop
Hurrikan
(auch Hurricane)
Irrlicht
Kalender
Meridian
Meteorit
Ortszeit
Polhoehe
Prognose
Rauhreif
Rotation
Sandhose
Satellit
Seebeben
Spektrum
Sturzsee
Teleskop
Treibeis
Vollmond
Weltraum
Windhose
Windrose

9

Anziehung
Aszendent
Barometer
Bergsturz
Ebbestrom
Eislawine
Eiszapfen
Erdrutsch
Felssturz
Firmament
Fluthoehe
Flutwelle
Gletscher
Glutwolke
Golfstrom
Halbkugel
Kaltfront
Landregen
Lichtjahr
Lichtzeit
Luftdruck
Mondphase
Morgenrot
Nachtwind
Nordlicht
Polarzone
Ringnebel
Sternbild
Sternjahr
Sternzeit
Stroemung
Sturmflut
Tierkreis
Universum
Warmfront
Zwielicht

10

Abendstern
Bergrutsch
Blinkstern
Bodennebel
Brennpunkt
Daemmerung
Federwolke
Finsternis
Firnschnee
Fliehkraft
Flutwasser
Helligkeit
Jahreszeit
Kugelblitz
Leitstrahl
Lufthuelle
Luftsaeule
Luftwaerme
Magnetfeld
Meteorring
Mikrometer
Mondsichel
Nebelfleck
Nebensonne
Peripherie
Polarachse
Polarkreis
Polarlicht
Polarnacht
Regenbogen
Regenwolke
Schaltjahr
Sonnenjahr
Sonnenkern
Sonnenring
Sonnenzeit
Springflut
Staubnebel
Sternkarte
Sterntrift

Sternwarte
Sternweite
Taggleiche
Temperatur
Umlaufzeit
Wasserhose
Weltenraum
Wendekreis
Zeitsignal

11

Astrallicht
Atmosphaere
Breitengrad
Doppelstern
FataMorgana
(Fata Morgana)
Fetzenwolke
Haufenwolke
Hoehenkreis
Hohlspiegel
Kulmination
Laengengrad
Magnetnadel
Meteorstaub
Meteorstein
Mittagszeit
Mondgebirge
Schwerkraft
Sonnenfleck
Sonnenlicht
Sonnennaehe
Sonnenregen
Spiralnebel
Sterndeuter
Sternenzelt
Sterngruppe
Sternhaufen
Sternhimmel
Thermometer
Wandelstern
Windstaerke
Windwirkung
Wolkenbruch
Zirruswolke

12

Alpengluehen
Daemmerlicht
Halbschatten
Kernschatten
Kumuluswolke
Lufttruebung
Meteorologie
Milchstrasse
Mittagshoehe
Mittagslinie
Nachtgleiche
Niederschlag
Nullmeridian
Schichtwolke
Schwungkraft
Sonnenstrahl
Sonnensystem
Sternkatalog
Stundenachse

13

Drehungsachse
Eisenmeteorit
Flaechenblitz
Gesichtskreis
Gewitterwolke
Observatorium
Scheitelkreis
Scheitellinie
Scheitelpunkt
Schleierwolke
Schneetreiben
Schnuppenfall
Steinmeteorit
Sternspektren
Sternspektrum
Stratosphaere
Verfinsterung

14

Gesichtswinkel
Himmelskoerper
Luftspiegelung
Meeresleuchten
Mondfinsternis
Wetterleuchten

15

Anziehungskraft
Himmelsgewoelbe
Schaefchenwolke
Spektralanalyse
Spiegelteleskop

4. TIERKREISZEICHEN

5

Krebs
Loewe
Stier
Waage

6

Fische
Widder

8

Jungfrau
Schuetze
Skorpion

9

Steinbock
Zwillinge

11

Wassermann

Berge, Gebirge

(Alphabetisch nach Erdteilen – Europa auch Alpenpässe)

AFRIKA

Berge = keine Anmerkung, Gebirge = G

3

Kon
Rif *G*
Sil
Ulu
Zab

4

Kibo
Meru

5

Atlas *G*
Elgon *G*
Kenia *G*
(auch Kenya)

7

Ahaggar *G*
Kirunga
Mawensi

8

Komsberg
Kuroworo
Mfumbiro *G*

9

Ankaratra *G*
AntiAtlas *G*
(Anti-Atlas)
Roggeveld *G*
Ruwenzori *G*
Tafelberg
Waterberg

10

Nimbaberge

11

AuasGebirge *G*
(Auas-Gebirge)
CathkinPeak
(Cathkin Peak)
ClarencePic
(Clarence Pic)
Kamerunberg
KeeromBerge
(Keerom-Berge)
Kompassberg
SarandaBerg
(Saranda-Berg)
Schneeberge
Tsaratanana
ZwarteBerge
(Zwarte Berge)

12

Drakensberge
UluguruBerge
(Uluguru-Berge)

13

DschebelMarra
(Dschebel Marra)
Magaliesberge
Saharaplateau *G*
(Sahara-Plateau)
Witwatersrand *G*

14

BokkeveldBerge
(Bokkeveld-Berge)
DschebelSebara
(Dschebel Sebara)
KamerunGebirge *G*
(Kamerun-Gebirge)
Kilimandscharo
LangkloffBerge
(Langkloff-Berge)

15

ChampagneCastle
(Champagne Castle)
DschebelAjaschi
(Dschebel Ajaschi)
Nieuweveldberge

AMERIKA

Nord-, Mittel- und Südamerika *Berge = keine Anmerkung, Gebirge = G*

4

Poas

5

Anden *G*
Huila
Irazu
Misti

6

Alaska *G*
Colima
Cumbal
Isluga
Itambe
Sajama
Sangay
Sorata
Telica
Tolima
Tuxtla
Volcan

7

Anahuac *G*
Atitlan
Cataaca
Huascan
Iliniza
Illampu
Roroima

8

Antisana
Coropuna
Cotopaxi
Illimani
PikesPik
(Pikes Pik)

9

Aconcagua
BlackDome
(Black Dome)
BlueRidge *G*
(Blue Ridge)
Cotacachi
Eliasberg
Forelberg
Huascaran
Itacolumi
MacKinley
(Mac Kinley)
MonteTina
(Monte Tina)
MontPelée
(Mont Pelée)
Paricutin
Pichincha
Silillica
Tajamulo
Villarica

10

BlackHills
(Black Hills)
BlaueBerge
(Blaue Berge)
Chimborazo
Parinacota

11

Alleghanies *G*
Kordilleren *G*
MountDarwin
(Mount Darwin)
SierraMadre *G*
(Sierra Madre)

12

Citlaltepetl
Iztaccihuatl
MountHarward
(Mount Harward)
MountRainier
(Mount Rainier)
MountWhitney
(Mount Whitney)
Popocatepetl
SierraNevada *G*
(Sierra Nevada)
Tinguiririca

13

MountColumbia
(Mount Columbia)
MountMitchell
(Mount Mitchell)
PicodeOrizaba
(Pico de Orizaba,
auch kurz: Orizaba)
SierraMaestra
(Sierra Maestra)

14

BlackMountains *G*
(Black Mountains)
GreenMountains *G*
(Green Mountains)
OzarkMountains *G*
(Ozark Mountains)
RockyMountains G
(Rocky Mountains)
SierradePerija *G*
(Sierra de Perija)
WhiteMountains *G*
(White Mountains)

15

MountWashington
(Mount
Washington)
Petermannspitze

3

Apo
Gya
Ida
Nia
Tur

4

Alai *G*
Ghat *G*

5

Altai *G*
Makau
Sinai
Tabor

6

Alatau *G*
Ararat
Elbrus
Elburs *G*
Karmel
Kasbek
Kunkun *G*
Semeru
Taurus *G*
Uschba

7

Alagoes
Dansang
Kasdagh *G*
Kwenlun *G*
Libanon *G*
Nilgiri *G*
Sawelan

8

Adamspik
Afmajana
Blagodat
Demawend
Himalaja *G*
Kaukasus *G*
KiniBalu
(Kini Balu)
Korintji
Krakatau
Nanschan *G*
PikLenin
(Pik Lenin)

9

Indrapura
Karakorum *G*
Rakapushi
Tienschan *G*
(Tien-schan)

TransAlai *G*
(Trans-Alai)

10

Antitaurus *G*
Dhaulagiri
Hindukusch *G*
Mustaghala
Tarbagatai *G*

11

Antilibanon *G*
Dhawalagiri
Fudschijama
Gaurisankar
NangaParbat
(Nanga Parbat)
PikKaufmann
(Pik Kaufmann)

12

Hedingebirge *G*
KhasiGebirge *G*
(Khasi-Gebirge)
MountEverest
(Mount Everest)
SinaiGebirge *G*
(Sinai-Gebirge)
TannuGebirge *G*
(Tannu-Gebirge)

13

BaikalGebirge *G*
(Baikal-Gebirge)
Ceylongebirge *G*
KolymaGebirge *G*
(Kolyma-Gebirge)
TanglaGebirge *G*
(Tangla-Gebirge)
Transhimalaja *G*

14

ArgaeosGebirge *G*
(Argaeos-Gebirge)
ChangaiGebirge *G*
(Changai-Gebirge)
ChinganGebirge *G*
(Chingan-Gebirge)
Himmelsgebirge *G*
WindhayGebirge *G*
(Windhay-Gebirge)

15

CardamonGebirge
(Cardamon-Gebirge)
StanowojGebirge *G*
(Stanowoj-Gebirge)
SuleimanGebirge *G*
(Suleiman-Gebirge)

7

Ruapehu
Neuseeland

8

MountIsa *A*
(Mount Isa)
Musgrave *A*

9

MountCook
(Mount Cook)
Neuseeland
MountHann *A*
(Mount Hann)

10

BlaueBerge *A*
(Blaue Berge)
Capoompeta *A*
MountBruce *A*
(Mount Bruce)
MountCooke *A*
(Mount Cooke)

11

MountMagnet *A*
(Mount Magnet)
CradleMount
(Cradle Mount)
Tasmanien

12

MountSeaview *A*
(Mount Seaview)
MountWilliam *A*
(Mount William)

13

FlindersKette *A*
(Flinders-Kette)
Mount Augustus *A*
(Mount Augustus)
MountHumboldt
(Mount Humboldt)
Neu-Kaledonien
Mount Lindesay *A*
(Mount Lindesay)

MusgraveKette *A*
(Musgrave-Kette)

14

HochstetterDom
(Hochstetter Dom)
Neuseeland
LiverpoolKette *A*
(Liverpool-Kette)
MountKosciusko *A*
(Mount Kosciusko)
MacDonellBerge *A*
(MacDonell-Berge) auch:
MacDonnellKette
(MacDonell-Kette)

EUROPA *Berge = keine Anmerkung, Gebirge und Berg-Regionen = G*

1. (Gesamt-)Deutschland *2. Europäisches Ausland* *3. Alpenpässe*

1. (GESAMT-)DEUTSCHLAND

3

Alb *G*
Elm *G*
Ith *G*

4

Haar *G*
Harz *G*
Hils *G*
Jura *G*
Teck *G*

5

Alpen *G*
Eifel *G*
Hardt *G*
(auch Haardt)
Rhoen *G*

6

Kandel
Kynast
Lupfen
Osning *G*
Taunus *G*
Zobten

7

Belchen
Brocken
Deister *G*
Heuberg
Kniebis
Malchen
Solling *G*
Sudeten *G*
Suentel *G*

8

Auerberg
Beerberg
Ederkopf
Feldberg
Flaeming *G*
HoheAcht
(Hohe Acht)
HoheEule
(Hohe Eule)
Kreuzeck
Meissner
Odenwald *G*
RauheAlb *G*
(Rauhe Alb)
Spessart *G*
Wallberg
Watzmann

9

Altkoenig
Auersberg
Erbiskopf
Hainleite *G*
Hassberge
Hochfirst
Hochvogel
HoheEifel *G*
(Hohe Eifel)
HoheRhoen *G*
(Hohe Rhoen)
HohesVenn *G*
(Hohes Venn)
Hunsrueck *G*
Kalkalpen *G*
Kreuzberg
Melibokus
Milseburg
Nebelhorn
Schurwald *G*
Taufstein
Wetzstein
Zugspitze

10

Bauersberg
Erzgebirge *G*
Galtgarben
Haarstrang *G*
Hahnenkamm *G*
Hesselberg
Hochkalter
Hohentwiel
HoherGoell
(Hoher Goell)
HoherIlfen
(Hoher Ilfen)
Hohes Licht
(Hohes Licht)
Inselberg
Niederwald *G*
Ochsenkopf
Petersberg
Regenstein
Rosstrappe
Schneeberg
Schneekopf
Sturmhaube
Vogelsberg *G*
Westerwald *G*
Winterberg

11

Boehmerwald *G*
Donnersberg
Drachenfels
Ebbegebirge *G*
Eggegebirge *G*
Fichtelberg
Frankenwald *G*
Herzogstand
Heuchelberg
Hoerselberg
KahlerAsten
(Kahler Asten)
Kaiserstuhl
Koenigstuhl
Krottenkopf
Kyffhaeuser
Landeskrone
Rammelsberg
SchneeEifel
(Schnee-Eifel)
Schneekoppe
Schwarzwald *G*
Steigerwald *G*
Wasserkuppe
Wendelstein

12

Einoedriegel
Eulengebirge *G*
Habichtswald *G*
Hohenstaufen
Katzenbuckel
Lennegebirge *G*
Leupoldstein
Maedelegabel
Obersalzberg
Schauinsland
Wesergebirge *G*
WilsederBerg
(Wilseder Berg)

13

Elstergebirge *G*
HoherMeissner
(Hoher Meissner)
KaufungerWald *G*
(Kaufunger Wald)
Knuellgebirge *G*
Reinhardswald *G*
Riesengebirge *G*
Siebengebirge *G*
Stubbenkammer
Weserbergland *G*
Wiehengebirge *G*

14

AllgaeuerAlpen *G*
(Allgaeuer Alpen)
BayrischerWald *G*
(Bayrischer Wald)
Benediktenwand
Braunarlspitze
Fichtelgebirge *G*
FraenkischeAlb
(Fraenkische Alb)
GlatzerGebirge *G*
(Glatzer Gebirge)
LippischerWald *G*
(Lippischer Wald)
ParseierSpitze
(Parseier Spitze)
Rothaargebirge *G*
ThueringerWald *G*
(Thueringer Wald)

15

GlatzerBergland *G*
(Glatzer Bergland)
KahlerAstenberg
(Kahler Astenberg)
Katzbachgebirge *G*
PfaelzerGebirge *G*
(Pfaelzer Gebirge)
RheingauGebirge *G*
(Rheingau-Gebirge)
SchwaebischeAlb *G*
(Schwaebische Alb)
TeutoburgerWald *G*
(Teutoburger Wald)

2. Europäisches Ausland

3

Ala
Dom
Ida *G*

4

Jura *G*
Oeta *G*
Ossa *G*
Rigi
Ural *G*

5

Aetna
Albis *G*
Alpen *G*
Athos
Donon
Eiger
Hekla
Karst *G*
Olymp
Orjen
Sella *G*
Tatra *G*
Toedi *G*
Uetli
Vesuv

6

Balkan *G*
Epirus *G*
Moench
Ortler
Pilion *G*
Pindos *G*
Tauern *G*
Titlis

7

Apennin *G*
(auch Apenninen)
Bernina *G*
Helikon *G*
Parnass
Saentis
Sudeten *G*
Vogesen *G*

8

Abruzzen *G*
Altvater *G*
Ardennen *G*
Beskiden *G*
Cevennen *G*
Durmitor
Faulhorn
Gruenten
Jeschken
Jungfrau
Kissavos
MontDore
(Mont Dore)
Pfaender
Schoepfl
Taygetos *G*

9

Apeninnen *G*
(auch Apennin)
Breithorn
ColdiLana
(Col di Lana)
Dachstein
Dolomiten *G*
HoheTatra *G*
(Hohe Tatra)
Kalkalpen *G*
Karpathen *G*
Langkofel
Maladetta *G*
Marmolata *G*
Meeralpen *G*
MontBlanc
(Mont Blanc)
Mont Cenis
(Mont Cenis)
MonteCavo
(Monte Cavo)
MonteRosa
(Monte Rosa)
PicduMidi
(Pic du Midi)
PuydeDôme
(Puy de Dôme)
Pyrenaeen *G*
Rhaetikon *G*
Schafberg
Semmering *G*
Silvretta *G*
Stromboli
Vignemale
Weisshorn

10

Aspromonte *G*
Bakonywald *G*
Dammastock
DreiZinnen
(Drei Zinnen)
FruskaGora *G*
(Fruska Gora)
Glaernisch
Hohe Tauern *G*
(Hohe Tauern)
Kahlenberg
Karawanken *G*
Matterhorn
Montserrat
Schneeberg
Steinberge *G*
Untersberg
Wasgenwald *G*
Wildspitze

11

BernerAlpen *G*
(Berner Alpen)
Boehmerwald *G*
(Boehmerwald)
Hochgolling
Isergebirge *G*
Juragebirge *G*
MonteViglio
(Monte Viglio)
Ortleralpen *G*
Uralgebirge *G*
Wetterstein *G*
Zuckerhuetl

12

Adlergebirge *G*
Bihargebirge *G*
Dufourspitze
Eulengebirge *G*
GlarnerAlpen *G*
(Glarner Alpen)
MonteCassino
(Monte Cassino)
NiedereTatra *G*
(Niedere Tatra)
SavoyerAlpen *G*
(Savoyer Alpen)
TotesGebirge *G*
(Totes Gebirge)
Westbeskiden *G*
Zentralalpen *G*
Zirbitzkogel

13

BregenzerWald *G*
(Bregenzer Wald)
Grossglockner
Hermannskogel
JulischeAlpen *G*
(Julische Alpen)
Kaisergebirge *G*
Kitzsteinhorn
Leithagebirge *G*
MonteGenoroso
(Monte Genoroso)
Ploeckenstein
Riesengebirge *G*
StubaierAlpen *G*
(Stubaier Alpen)
SulzerBelchen
(Sulzer Belchen)
Tennengebirge *G*
Waldkarpathen *G*
WalliserAlpen *G*
(Walliser Alpen)

14

AlbanerGebirge *G*
(Albaner Gebirge)
BanaterGebirge *G*
(Banater Gebirge)
Finsteraarhorn
Grossvenediger
Hoellengebirge *G*
KarnischeAlpen *G*
(Karnische Alpen)
LechtalerAlpen *G*
(Lechtaler Alpen)
RaetischeAlpen *G*
(Raetische Alpen)
Rhodopegebirge *G*
SarntalerAlpen *G*
(Sarntaler Alpen)
Schmittenhoehe
SteinernesMeer *G*
(Steinernes Meer)

15

Altvatergebirge *G*
DinarischeAlpen *G*
(Dinarische Alpen)
Dreiherrnspitze

EisenerzerAlpen *G*
(Eisenerzer Alpen)
FreiburgerAlpen *G*
(Freiburger Alpen)
Hochalpenspitze
KitzbuehlerHorn
(Kitzbuehler Horn)

LigurischeAlpen *G*
(Ligurische Alpen)
Meeraugenspitze
MontePellegrino
(Monte Pellegrino)
SalzburgerAlpen *G*
(Salzburger Alpen)

SteirischeAlpen *G*
(Steirische Alpen)
TrientinerAlpen *G*
(Trientiner Alpen)
VenetianerAlpen *G*
(Venetianer Alpen)

3. ALPENPÄSSE

(Soweit nicht gebräuchlich, ohne Voransetzung oder Anfügen des Begriffes „Paß")

4

Lueg

5

Gemmi
Loibl
Strub
Thurn

6

Albula
Jaufen
Maloja

7

Arlberg
Brenner
Flueela
Grimsel
Simplon
ViaMala
(Via Mala)

8

Fernpass
Ofenpass
Spluegen

9

Achenpass
Furkapass
Lukmanier
Pyhrnpass
Sellajoch
Semmering

10

Bernardino
Gerlospass
Julierpass
Pordoijoch
Tauernpass
Tonalepass

11

Berninapass
Bruenigpass
Grimselpass
Nufenenpass
Oberalppass
Schoberpass
Theodulpass

12

BernerKlause
(Berner Klause)
ColdelIseran
(Col de l'Iseran)
Groednerjoch
Karerseepass
Ploeckenpass
Septimerpass
StilfserJoch
(Stilfser Joch)

13

SanktBernhard
(Sankt Bernhard)
SanktGotthard
(Sankt Gotthard)

14

Katschbergpass

15

Loetschbergpass

Berufe

1. Von Männern, auch teilweise von Frauen ausgeübte Berufe; Schreibweise generell auf Männer bezogen *2. Spezielle Frauenberufe*
(Keine Dienstgrade, Dienststellungen und Titel)

1. VON MÄNNERN UND FRAUEN AUSGEÜBT

4

Arzt
Hirt
Koch
Senn
Wirt

5

Agent
Autor
Bauer
Clown
Hauer
Imker
Lotse
Maler
Mixer
Notar
Pilot

6

Aetzer
Anwalt
Artist
Bohrer
Brauer
Butler
Diener
Dreher
Fahrer
Farmer
Fiaker
Former
Funker
Geiger
Gerber
Gipser
Glaser
Heizer
Jaeger
Jockey
Jurist
Kantor
Knecht
Kuefer
Kumpel
Kurier
Lehrer
Lektor
Makler
Maurer
Melker
Mesner
Mineur
Packer
Pedell
Putzer
Reeder
Setzer
Soldat
Werber
Wirker
Winzer

7

Advokat
Akrobat
Anleger
Ansager
Baecker
Bankier
Barbier
Bassist
Beamter
Cellist
Chirurg
Dentist
Dichter
Drogist
Drucker
Faerber
Fischer
Flieger
Fraeser
Friseur
Geologe
Giesser
Graveur
Haerter
Kellner
Komiker
Kuester
Kurator
Literat
Manager
Masseur
Metteur
Metzger
Monteur
Muenzer
Musiker
Oekonom
Optiker
Pfarrer
Pfleger
Pianist
Portier
Pruefer
Revisor
Richter
Saenger
Sattler
Schmied
Seemann
Statist
Steward
Taenzer
Taucher
Taxator
Toepfer
Trainer
Waerter

8

Abdecker
Antiquar
Arbeiter
Archivar
Astronom
Aufseher
Bergmann
Cafetier
Chemiker
Coiffeur
Croupier
Detektiv

Diplomat
Dirigent
Dompteur
Dresseur
Erfinder
Erzieher
Floesser
Foerster
Forscher
Fuhrmann
Gaertner
Gastwirt
Geograph
Haendler
Hauswirt
Hotelier
Humorist
Imitator
Jongleur
Juwelier
Kaufmann
Klempner
Konditor
Kritiker
Kutscher
Lagerist
Landwirt
Layouter
Offizier
Organist
Paechter
Pflanzer
Physiker
Polizist
Postbote
Reporter
Schaefer
Schiffer

Schuster
Spengler
Syndikus
Theologe
Tierarzt
Tischler
Troedler
Verleger
Wachmann
Waechter
Waescher
Zahnarzt
Zeichner
Zimmerer
Zoellner
Zuechter

9

Apotheker
Architekt
Astrologe
Bauglaser
Bauleiter
Bildhauer
Botaniker
Chauffeur
Disponent
Drechsler
Emailleur
Expedient
Fleischer
Graphiker
Hutmacher
Importeur
Ingenieur
Isolierer

Kassierer
Komponist
Korrektor
Lackierer
Paedagoge
Pfoertner
Politiker
Publizist
Redakteur
Regisseur
Reisender
Repetitor
Rohrleger
Schaffner
Schleifer
Schlosser
Schmelzer
Schneider
Schreiner
Schweizer
Sekretaer
Souffleur
Spediteur
Steinmetz
Trompeter
Uhrmacher
Verleiher
Vertreter
Verwalter
Volkswirt
Wachtmann
Weinbauer

10

Baufuehrer
Baumeister

Beleuchter
Bootsbauer
Buchbinder
Buchhalter
Buchmacher
Dachdecker
Dekorateur
Dienstmann
Einkaeufer
Einrichter
Elektriker
Fahrlehrer
Fassbinder
Feldmesser
Flurhueter
Graphologe
Gussputzer
Handwerker
Handsetzer
Hausdiener
Hauslehrer
Hersteller
Homoeopath
Hufschmied
Inspizient
Journalist
Kalkulator
Kaminfeger
Korbmacher
Kuerschner
Kunstmaler
Landjaeger
Landmesser
Librettist
Lithograph
Maschinist
Mechaniker
Mineraloge

Ofensetzer
Orgelbauer
Orthopaede
Pflasterer
Photograph
Psychiater
Reitlehrer
Rennfahrer
Saaldiener
Sanitaeter
Schweisser
Seelsorger
Stenograph
Stuckateur
Tanzlehrer
Tapezierer
Turnlehrer
Verkaeufer
Vermittler
Veterinaer
Vorfuehrer
Wetterwart
Zimmermann

11

Anschlaeger
Anstreicher
Archaeologe
Auktionator
Bademeister
Bahnmeister
Bankbeamter
Bauarbeiter
Bautischler
Bauzeichner
Besenbinder

Bordmonteur
Buchdrucker
Buerodiener
Chansonnier
Choreograph
Dolmetscher
Formenbauer
Galvaniseur
Garderobier
Gesenkbauer
Geistlicher
Glasblaeser
Goldschmied
Gynaekologe
Hausmeister
Holzfaeller
Hypnotiseur
Illustrator
Kabarettist
Kaminkehrer
Kanalmaurer
Knopfmacher
Kommentator
Kontrolleur
Kraftfahrer
Lichtpauser
Magnetiseur
Pfandleiher
Postbeamter
Restaurator
Schlaechter
Schuhmacher
Schuhputzer
Sortimenter
Sportlehrer
Statistiker
Steinsetzer
Stellmacher
Stenotypist
Treuhaender
Unternehmer
Zollbeamter
Zuschneider

12

Angestellter
Autospengler
Bauschlosser
Bibliothekar
Bierverleger
Bildreporter
Blechspanner
Blumenbinder
Brandmeister
Brieftraeger
Buchhaendler
Conferencier
Destillateur
Feinblechner
Fleischhauer
Fliesenleger
Geruestbauer
Installateur
Kammerdiener
Kammerjaeger
Karikaturist
Klavierbauer
Konstrukteur
Korrepetitor
Kunstschmied
Nachtkellner
Notenstecher
Obsthaendler
Opernsaenger
Parkaufseher
Parkwaechter
Patentanwalt
Plattenleger
Planzeichner
Privatdozent
Rechtsanwalt
Retuschierer
(auch: Retuscheur)
Schauspieler
Toningenieur
Tonkuenstler
Totengraeber
Transporteur
Viehhaendler
Wagenschmied
Wiegemeister
Zugbegleiter

13

Administrator
Autoschlosser
Baggerfuehrer
Bildberichter
Bildredakteur
Fensterputzer
Feuerwehrmann
Feintaeschner
Feuilletonist
Gesenkfraeser
Gesenkschmied
Kanalarbeiter
Kapellmeister
Karteiführer
Kellermeister
Kesselschmied
Kirchendiener
Korrespondent
Kunsthaendler
Kupferschmied
Kupferstecher
Massschneider
Messerschmied
Nachtwaechter
Offsetdrucker
Perlenfischer
Photolaborant
Portefeuiller
Postschaffner
Regiezimmerer
Repraesentant
Schaltmonteur
Schirrmeister
Schriftleiter
Schriftsetzer
Spitzendreher
Sprengfuehrer
Stiefelputzer
Zimmermeister
Zuckerbaecker

14

Automechaniker
Baeckermeister
Ballettmeister
Blechschlosser
Buecherrevisor
Buechsenmacher
Buerstenbinder
Chemotechniker

Damenschneider
Elektromonteur
Feinmechaniker
Gepaecktraeger
Gerichtsdiener
Glockengiesser
Klavierstimmer
Lagerverwalter
Maschinenbauer
Modelltischler
Revolverdreher

Sachbearbeiter
Schachtmeister
Schieferdecker
Schriftsteller
Sportredakteur
Straßenbahner
Wanderprediger
Weichensteller
Werkzeugdreher
Werkzeugmacher
Zeitungsfahrer

15

Diplomingenieur
(Diplom-Ingenieur)
Fuhrunternehmer
Fernsehreporter
Freiformschmied
Heizungsmonteur
Herrenschneider
Karusselldreher

Kriminalbeamter
Lehrenschleifer
Marmorschleifer
Maschinensetzer
Moebelschreiner
Perueckenmacher
Rossschlaechter
Verlagskaufmann
Walfischfaenger
Werkzeugfraeser
Wissenschaftler

2. SPEZIELLE FRAUENBERUFE

4

Amme
Magd
Zofe

5

Nurse

7

Bardame
Barfrau
Hebamme

8

Locherin
Modistin
Naeherin
Putzfrau
Spulerin

9

Bueglerin
Kettlerin
Mannequin
Presserin
Saeumerin
Schwester
Spuelerin
Spuelfrau
Stepperin
Stickerin
Waschfrau
Zugehfrau

10

Direktrice
Kinderfrau
Plaetterin
Scriptgirl
Stewardess
Waescherin

11

Gouvernante
Photomodell
Serviererin

12

Aufwartefrau
Empfangsdame
Handnaeherin
Hausgehilfin
Putzmacherin

13

Haushaelterin
Kaffeekoechin
Modeberaterin
Raumpflegerin
Reinmachefrau

Telephonistin
Toilettenfrau

14

Dienstmaedchen
Garderobenfrau
Hemdenmacherin
Kindermaedchen
Musternaeherin
Reinigungsfrau
Wirtschafterin
Zimmermaedchen

15

Hausangestellte
Kinderfraeulein
Kinderpflegerin
Strumpfformerin

Bildhauerkunst

(Bauskulptur, Holzbildnerei, Plastik, Relief, Skulptur)

1. Berühmte Meister *2. Berühmte Werke*

1. BERÜHMTE MEISTER *(Anmerkungen: Nationalität, Deutschland = D)*

3

Arp *frz.*

4

Gaul *D*

5

Begas *D*
Harth *D*
Kluge *D*
Kolbe *D*
Moore *brit.*
Myron *griech.*
Oeser *D*
Puget *frz.*
Rauch *D*
Rodin *frz.*
Seger *D*
Stoss *D*
Stuck *D*
Tieck *D*
Vries *holl.*

6

Calder *USA*
Canova *it.*
Fehrler *D*
Houdon *frz.*
Krafft *D*
Marcks *D*
Mataré *D*
Pisano *it.*

7

Alberti *it.*
Ambrosi *öst.*
Barlach *D*
Belling *D*
Bernini *it.*
Cellini *frz.*
Klimsch *D*
Laurens *frz.*
Maillol *frz.*
Meunier *belg.*
Schadow *D*
Vischer *D*

8

Brancusi *rumän.*
Carpeaux *frz.*
Falconet *frz.*
Ghiberti *it.*
Guenther *D*
Kaendler *D*
Lysippos *griech.*
Permoser *öst.*
Sangallo *it.*
Sintenis *D*

9

daBologna *it.*
(Giovanni da Bologna)
Borromini *it.*
Dannecker *D*
Donatello *it.*
Lehmbruck *D*
Lipschitz *D*
Rietschel *D*
Schlueter *D*

10

Archipenko *russ.*
Blumenthal *D*
Feichtmayr *D*
Hildebrand *D*
Prandtauer *öst.*
Praxiteles *griech.*
Verrocchio *it.*

11

Thorwaldsen *dän.*

12

Michelangelo *it.*
Schwanthaler *D*

15

LeonardodaVinci *it.*
(Leonardo da Vinci)
Riemenschneider *D*

3

Kuh	*Ewald Mataré, Holz*
Kuh	*Myron, 5. J. v. Chr.*
Ute	*Naumburg, 13. Jahrh.*

4

Adam	*Riemenschneider*
Kuss *(Der Kuss)*	*Rodin*

5

David	*Michelangelo*
Loewe	*Braunschweig, Bronze*
Pietà	*Michelangelo, Rom*

6

Hermes	*Praxiteles, Stein*
Judith	*Donatello, Florenz*
Merkur	*Giovanni da Bologna, Venedig, Bronze*
Reiter *(Bamberger Reiter)*	*Bamberg*

7

DerKuss *(Der Kuss)*	*Rodin*
Madonna	*Veit Stoß*

8

Dietrich	*Naumburg (1250–1260)*

9

Dreiklang	*Rudolf Belling, Berlin, Holz*
Seraphine	*Gerhard Marcks, Mannheim, Bronze*
Taenzerin	*Georg Kolbe*

10

Immaculata	*Feichtmayr*
DieKniende *(Die Kniende)*	*Wilhelm Lehmbruck*
Taufbecken	*Hildesheim*

11

Gattamelata	*Donatello, Padua*
Georgenchor *(Georgenchor-Schranken)*	*Bamberg*
Heimsuchung	*Reims (Anfang des 13. Jahrh.)*
Lasttraeger	*Meunier*
Polospieler	*Renée Sintenis*
Siegeswagen	*J. G. Schadow, Berlin, Brandenburger Tor*

12

Diskuswerfer *Myron*
Sebaldusgrab *P. Vischer d. Ä., Nürnberg*
Triumphkreuz *Halberstadt*

13

Christophorus *Nürnberg (1442)*
MediciGraeber *(Medici-Graeber)* *Michelangelo, Florenz*
Verkuendigung *Donatello, Florenz, Stein*

14

Neptunsbrunnen *Begas, Berlin*
Saeulenfiguren *Chartres (1140)*
DasWiedersehen *(Das Wiedersehen)* *Ernst Barlach*

15

BambergerReiter *(Bamberger Reiter)* *Bamberg*

Botanik

1. Botanische Grundbegriffe 2. Bäume und Sträucher 3. Blumen – Pflanzen – Kräuter 4. Früchte – Gemüse – Getreide – Obstarten 5. Pilze und Schwämme

1. BOTANISCHE GRUNDBEGRIFFE

3

Ast

4

Alge
Auge
Bast
Baum
Beet
Dorn
Farn
Gras
Hain
Halm
Harz
Holz
Keim
Kern
Kien
Kohl
Kork
Korn
Laub
Mark
Moos
Nuss
Obst
Park
Pilz
Rebe
Reis
Rohr
Saat
Same
Tang
Wald

5

Achse
Aehre
Agave
Beere
Blatt
Blume
Bohne
Borke
Busch
Dolde
Faser
Flora
Hecke
Kelch
Kraut
Krone
Lippe
Nadel
Narbe
Polle
Ranke
Raute
Rinde
Rispe

Ruebe
Samen
Spore
Sporn
Stamm
Staub
Stiel
Trieb
Tuete
Wedel
Zelle
Zweig

6

Bluete
Eichel
Frucht
Garten
Geaest
Gewebe
Huelle
Huelse
Kapsel
Klette
Knolle
Knospe
Knoten
Kolben
Mandel
Reisig
Roehre
Schaft
Schale
Schote
Sporen
Spross
Staude
Stumpf
Traube
Wipfel
Wurzel
Zapfen

7

Ableger
Aussaat
Buendel
Flechte
Griffel
Lamelle
Pflanze
Schuppe
Spindel
Stachel
Stempel
Stengel
Strauch
Unkraut
Zwiebel
Zwitter

8

Bakterie
Gehaeuse
Getreide
Gewaechs
Keimling
Kernhaus
Nutzbaum
Ostbaum
Pfropfen
Rundbeet
Saatkorn
Saemling
Zellwand
Zierbaum

9

Deckblatt
Haarkranz
Herbarium
Kaetzchen
Keimblatt
Kronblatt
Milchsaft
Samenkern
Steckling
Trugdolde
Urpflanze

10

Blattgruen
Blattnarbe
Blattranke
Blattstiel
Huellblatt
Jahresring
Keimwurzel
Kelchblatt
Kernfrucht
Luftwurzel
Nebenblatt
Randbluete
Staubblatt
Staubfaden
Teilfrucht

11

Befruchtung
Bestaeubung
Bluetenkorb
Bluetenlose
Blumenkrone
Brutzwiebel
Chlorophyll
Fruchtboden
Fruchtstand
Keimpflanze
Samenkapsel
Samenmantel
Schoessling
Spaltfrucht
Spitzkeimer
Staubbeutel
Staubbluete
Steinfrucht
Streufrucht
Wurzelstock
Zierstrauch

12

Blattrosette
Blattscheide
Bluetenachse
Bluetenaehre
Bluetenblatt
Bluetenstand
Bluetenstaub

Bohnenstange
Deckelkapsel
Doldentraube
Fruchtbluete
Fruchthuelle
Fruchtknoten
Fruchttraube
Fruchtzapfen
Samenfluegel
Sammelfrucht
Scheinfrucht
Springfrucht

Staubgefaess
Zungenbluete

13

Bluetenhuelle
Bluetenknospe
Bluetenkolben
Bluetentraube
Fluegelfrucht
Fruchtfleisch
Huelsenfrucht

Mutterpflanze
Rankenpflanze
Roehrenbluete
Sporenpflanze
Stachelspitze

14

Gefaessbuendel
Kletterpflanze
Liliengewaechs
Lippenbluetler

Schliessfrucht
Schlingpflanze
Strahlenbluete

15

Erstbesiedlerin
Hochstaudenflur
Krummholzregion
Laubholzguertel
Rosettenbildung

2. BÄUME UND STRÄUCHER

4

Arbe
Arve
Eibe
Else
Erle
Espe
Maie
Ulme

5

Ahorn
Birke
Buche
Eiche
Esche
Fahre
Forle

Lenne
Palme
Tanne
Pinie
Linde
Myrte
Taxus
Weide
Zeder
(auch Ceder)

6

Akazie
Baobab
Felber
Fichte
Foehre
Forche
Holder

Holler
Jasmin
Kassie
Kentia
Kerrie
Kiefer
Laurus
Mispel
Pappel
Quitte
Rotang
Stobus

7

Flieder
Ginster
Heister
Hickory
Laerche

Latsche
Lorbeer
Mahonie
Oelbaum
Platane
Robinie
Rotdorn
Roteibe
Roterle
Ruester
Schlehe

8

Bergulme
Birnbaum
Blutdorn
Blutholz
Cypresse
(auch Zypresse)

Dumpalme
Ebenholz
Fassbaum
Faulbaum
Hagedorn
Holunder
Hornbaum
Kastanie
Knieholz
Konifere
Laubbaum
Liguster
Magnolie
Mahagoni
Mangrove
Nussbaum
Oelpalme
Oleander
Palmfarn
Pandanus
Pistazie

Quillaja
Rotbuche
Rottanne
Salweide
Sadebaum
Sykomore
Waldrebe
Wegedorn
Weichsel
Zimtbaum
Zistrose
Zypresse
(auch Cypresse)

9

Ambrabaum
Anarkadie
Apfelbaum
Araukarie
(auch Araukaria)
Bandweide
Bergahorn
Bergpalme
Blutbuche
Buchsbaum
Buschrose
Chinabaum
Dornbusch
Eberesche
Edeleiche
Edelesche
Edeltanne
Farnpalme
Feldahorn
Forsythie
(auch Forsythia)
Goldregen
Goldweide
Gruenerle
Gummibaum
Hagebutte
Hainbuche
Harzbirke
Haselnuss
Himbeere
Holzapfel
Hundsrose
Judenbaum
Judendorn
Kakaobaum
Kopfweide
Korbweide
Korkeiche
Krummholz
Laurustin
Legfoehre
Machandel
Mahagonie
Mangobaum
Nadelbaum
Nadelholz
Palmweide
Pechtanne
Rainweide
Reneklode
Rotfichte
Sagopalme
Sahlweide
Samtpalme
Sauerdorn
Steinrose
Tamarinde
Teestaude
Wacholder
Waldbuche
Weinpalme
Weissdorn
Zwetschge

10

Angolaholz
Arekapalme
Bambusrohr
Berberitze
Bergkiefer
Bohnenbaum
Brasilholz
Brechtanne
Brennpalme
Bruchweide
Cocospalme
(auch Kokospalme)
Eukalyptus
Feigenbaum
Felberbaum
Granadille
Granatbaum
Haendebaum
Hagenbuche
Heckenrose
Hirschdorn
Holderbaum
Hollerbaum
Kaffeebaum
Kirschbaum
Kokospalme
(auch Cocospalme)
Lebensbaum
Lotusbirne
Mammutbaum
Mandelbaum
Maserbirke
Mispelbaum
Myrtenbaum
Nadelpalme
Niefapalme
Nierenbaum
Orakelbaum
Polarweide
Samtpappel
Schlehdorn
Schneeball
Schneerose
Siegelbaum
Spitzahorn
Stechapfel
Stechpalme
Steileiche
Steinbirke
Steineiche
Storaxbaum
Teestrauch
Terebinthe
Tulpenbaum
Vogelbeere
Wachspalme
Weckholder
Weissbirke
Weissbuche
Weisstanne
Wunderbaum
Zimtkassie

Zuckerrohr
Zwergbirke
Zwergpalme

11

Almenrausch
Balsamtanne
Bananenbaum
Dattelpalme
Doppeltanne
Drachenbaum
Feldruester
Haengebirke
Hornstrauch
Kaesepappel
Kampferbaum
Kokastrauch
Limonenbaum
Lorbeerbaum
Mandelweide
Melonenbaum
Orangenbaum
Pfefferbaum
Purpurweide
Quittenbaum
Rauschbeere
Rosenpappel
Rotangpalme
Schirmpalme
Schneebeere
Schwarzdorn
Schwarzerle
Silbertanne
Silberweide
Sommereiche
Sperberbaum
Spindelbaum
Strauchaloe
Tannenwedel
Tollkirsche
Trauerweide
Walnussbaum
Weisspappel
Wintereiche
Zimmerlinde
Zimmertanne
Zimtstrauch
Zirbeltanne
Zuckerpalme
Zuergelbaum

12

Bananenpalme
Besenginster
Besenstrauch
Campechebaum
Edelkastanie
Faecherpalme
Flaschenbaum
Gagelstrauch
Haselstrauch
Jungfernrebe
Katechupalme
Koenigspalme
Kokospflaume
(auch Cocos-pflaume)
Krachenbeere
Kugelrobinie
Mangrovebaum
Maulbeerbaum
Paranussbaum
Pfirsichbaum
Pflaumenbaum
Platanenbaum
Rhododendron
Rosenstrauch
Rosskastanie
Sauerkirsche
Silberpappel
Stachelbeere
Stechginster
Suesskirsche
Traubeneiche
Vogelkirsche
Wasserholder
Zirbelkiefer
Zitronenbaum
Zitterpappel

13

Affenbrotbaum
Aprikosenbaum
Blasenkirsche
Blasenstrauch
Brasilienholz
Dammarafichte
Holderstrauch
Ingwerstrauch
Johannisbeere
Kaffeestrauch
Kannenstrauch
Kapernstrauch
Kautschukbaum
Kornelkirsche
Machandelbaum
Piassavapalme
Schattenpalme
Schuppentanne
Schwarzkiefer
Schwarzpappel
Sumpfzypresse
(auch Sumpfcypresse)
Vogelbeerbaum

14

Apfelsinenbaum
Brotfruchtbaum
Elfenbeinpalme
Faerberginster
Gartenzypresse
(auch Garten-cypresse)
Himbeerstrauch
Knieholzkiefer
Mandarinenbaum
Muskatnussbaum
Pfefferstrauch
Pfeifenstrauch
Pomeranzenbaum
Schneeballbaum
Zwetschgenbaum

15

Baumwollstrauch
Brombeerstrauch
Chinarindenbaum
Drachenblutbaum
Granatapfelbaum
Guttaperchabaum
Krummholzkiefer
Ligusterstrauch
Pyramidenpappel
Rosmarinstrauch
Tausendfussbaum
Vanillenstrauch
Weichselkirsche

3. BLUMEN – PFLANZEN – KRÄUTER *(G = mit Giftgehalt)*

3

Poa
Wau

4

Alge
Aloe
Anis
Aron *G*
Arum
Beta
Dill
Dost
Efeu
Farn
Gaya
Gras
Hanf
Hoya
Iris
Itea
Klee
Kohl
Korn
Kren
Lein
Mais
Mohn *G*
Moos
Orbe
Rade
Radi
Raps
Reis
Rips
Rose
Senf
Tang
Thea
Ulex
Ulve
Upas *G*
Ysop

5

Agave
Aglei
Alant
Aster
Aurin
Awehl
Barbe
Berle *G*
Bilse *G*
Binse
Bohne
Canna
Epheu
Erbse
Erika
(auch Erica)
Esper
Gurke
Hafer
Hirse
Kabus
Kalla
Karde
Kraut
Lauch
Liane
Lilie *G*
Linse
Lotos
Lotus
Malve
Minze
Myrte
Nelke
Phlox
Porst *G*
Rauke
Raute
Ruebe
Salat
Sedum
Segge
Sesam
Sesel
Simse
Tabak *G*
Taxus *G*
Tulpe
Wicke
Winde
Wruke
Zyane

6

Adenia *G*
Akelei
Akonit *G*
Althee
Amomum
Ampfer
Ananas
Andorn
Aralie
Arnika
Azalee
Azalie
Bambus
Baobab
Batate
Clivia
(auch Clivie)
Cynare
Dahlie
Distel
Dryade
Enzian
Eppich
Fisole
Flachs
Forche
Germer *G*
Gerste
Hermel
Hopfen
Ingwer
Jasmin *G*
Kabbes
Kaffee *G*
Kaktus
Kalmia
Kalmus
Kerbel
Klette
Klivie
Kresse
Krokus
Lamium
Lupine *G*
Melone
Mimose
Mispel
Mistel
Moehre
Myrrhe
Nessel
Pippau
Pisang
Porree
Primel
Quecke
Reseda
Roggen
Rotang
Safran
Salbei
Schilf
Silene
Spinat
Sumach
Tomate
Twalch *G*
Weizen
Wermut

7

Anemone
Astmoos

Aurikel
Basilie
Begonie
Beifuss
Betonie
Cyklame
Endivie
Erdnuss
Fenchel
Flechte
Flieder
Fuchsie
Geranie
Ginster
Gleisse *G*
Glyzine
Guensel
Hartheu
Kamelie
Karotte
Karfiol
(auch Karviol)
Kuemmel
Kuerbis
Kuhkohl
Lattich *G*
Levkoje
Lobelie
Luzerne
Majoran
Mangold
Melisse
Moschus
Paprika
Petunie
Pfeffer
Quendel
Raigras *G*
Rettich
Rizinus
Rotalge
Rotklee
Rotkohl
Rotwurz
Ruebsen
Schwade
Seegras
Seerose
Spargel
Thymian
Vanille
Wegdorn
Wirsing
Zwiebel
Zyklame

8

Aasblume
Akanthus
Angelika
Baldrian
Bandgras
Bartgras
Beinwurz
Bergrose
Blaukohl
Blutwurz
Brunelle
Clematis *G*
Eberwurz
Edelrose
Einbeere *G*
Eisblume
Eisenhut *G*
Eiskraut
Erdbeere
Erdrauch
Estragon
Feldklee
Gamander
Gardenia
(auch Gardenie)
Giftheil *G*
Gladiole
Gloxinie
Glyzinie
Goldklee
Goldlack
Goldmilz
Goldrute
Haarfarn
Haarmoos
Hauswurz
Heilwurz
Herzkohl
Himbeere
Hohlzahn *G*
Holunder
Hornklee
Kammgras
Kohlrabi
Kopfkohl
Kornrade
Kuhblume
Labkraut
Landfarn
Laubfarn
Laubmoos
Lavendel
Liguster
Magnolie
Magsamen *G*
Maiblume
Mairuebe
Marsilie
Meerkohl
Milzfarn
Mondalge
Moosfarn
Narzisse
Nestwurz
Nieswurz *G*
Oelmagen
Ohnblatt
Orchidee
Palmfarn
Perlgras
Perlmoos
Pistazie
Rainfarn
Ranunkel *G*
Rapskohl
Rapunzel
Riedgras
Ringfarn
Rohrgras
Rosmarin
Ruchgras
Salvinie
Sanddorn
Saubohne
Schmiele
Seegurke
Seenelke
Sellerie
Siegwurz
Skabiose
Strenzel
Sturmhut *G*
Tollkorn *G*
Torfmoos
Turmkohl
Veilchen
Vierling
Waldrebe *G*
Wegerich
Wegesenf
Wegmalve
Weinrebe
Windhalm
Wolfswut
Wollgras
Wundklee
Wurmfarn
Zahnwurz
Zaunrebe
Zehrwurz *G*
Zeitlose *G*
Zichorie
Zweizahn

9

Ackerklee
Ackermohn
Ackernuss
Ackerrade
Ackersenf
Adlerfarn
Alpenmohn *G*
Alpenrose *G*
Amaryllis
Aronsstab *G*
Bachblume

Baldgreis
Bartnelke
Bergraute
Bibernell
Bickbeere
Birnkraut
Blattkohl
Blaubeere
Bleibtreu
Blutkraut *G*
Blutnelke
Braunalge
Braunelle
Braunkohl
Braunwurz
Brechnuss *G*
Brunnheil
Calendula
Campanula
Dickblatt
Dornapfel *G*
Duerrwurz
Dullkraut *G*
Edelraute
Edelweiss
Eisenhart
Erdeichel
Erdmandel
Erdrausch
Fadenalge
Fallkraut
Federgras
Federkohl
Feigbohne *G*
Feldraute
Feldsimse
Fettkraut
Feuermohn

Fingerhut *G*
Gauchheil
Geissbart
Geissfuss
Gichtrose *G*
Giftwende *G*
Glanzgras
Goldblume
Goldregen *G*
Goldstern
Grasnelke
Gruenalge
Gruenkohl
Gruenmais
Grundheil
Haftdolde
Hagebutte
Haselwurz
Hasenauge
Hasenbrot
Hasenklee
Hasenkohl
Hauhechel
Heidekorn
Heiderose
Heilkraut
Heliotrop
Helmkraut
Herzblume
Heuhechel
Honiggras
Hornkraut
Hortensie
Hundsgras
Hundskohl
Hundsrose
Hundszahn
Hyazinthe

Igelkraut
Kartoffel
Keilkraut
Kleeseide
Kleinling
Knoblauch
Knopfgras
Kohlruebe
Kopfsalat
Koriander
Kornblume
Kornwicke
Krauskohl
Kronwicke
Krullfarn
Krummhals
Kugelalge
Kuhweizen
Lebermoos
Leimblume
Leimkraut
Leinkraut
Mastkraut
Milzkraut
Mohnblume
Mohrruebe
Mondraute
Mondviole
Moosbeere
Netzgurke
Parnassie
Pfundrose
Puffbohne
Rasenwurz *G*
Rhabarber
Rindsauge
Rosenkohl
Rossmalve

RoteMiere
(Rote Miere)
Salzkraut
Samtblume
Sandbeere
Saudistel
Sanderbse
Sandhafer
Sauerdorn
Sauerklee
Schwertel
Sinnkraut
Sonnentau
Steinklee
Steinmoos
Steinwurz
Stockrose
Suessklee
Sumpfmoos
Sumpfwurz
Tamariske
Teichnuss
Teichrose
Tollbeere *G*
Tollkraut *G*
Turmkraut
Venushaar
Wacholder *G*
Waldhirse
Wegdistel
Weinstock
Weisskohl
Weisswurz
Wolfsfuss
Wollblume *G*
Wueterich
Zaunlilie
Zaunruebe

Zaunwicke
Zaunwinde
Zimtkraut
Zinnkraut
Zypergras

10

Ackerroete
Ackerwinde
Adlerblume
Aehrenfarn
Agapanthus
Ahlkirsche
Alpenaster
Amberkraut
Artischoke
Augentrost
Baerenklau
Bambusgras
Bambusrohr
Bauernsenf
Becherrohr
Beerentang
Belladonna *G*
Berberitze
Besenheide
Bitterklee
Bitterwurz
Blasentang
Blumenkohl
Blumenrohr
Brautheide
Brennessel
Brustkraut
Buchweizen
Buschbohne
Butterkohl
Christrose
Christwurz *G*
Donnerwurz
Ehrenpreis
Eisenkraut
Eispflanze
Engelsuess
Entengruen
Erdscheibe *G*
Eschenwurz
Faerberwau
Federnelke
Feuerblume *G*
Feuerbohne
Feuerlilie
Feuernelke
Fieberklee
Flachsalge
Floehkraut
Frauenhaar
Gaensefuss
Gaensekohl
Gartenkohl
Gartenmohn *G*
Geissblatt
Gichtruebe
Giftsumach *G*
Goldnessel
Goldwurzel
Gundelrebe
Gundermann
Hahnenfuss *G*
Hahnenkamm
Hahnenkopf
Hanfnessel
Hartriegel
Hasensalat
Heckenrose
Heidekraut
Helianthus
Herbstrose
Hexenkraut
Hirschfarn
Hirsengras
Hohlwurzel
Honigwicke
Hopfenklee
Huflattich
Hundeblume
Hundszunge
Hungermoos
Igelkolben
Immergruen
Immortelle
Irlandmoos
Islandmoos
Kellerhals *G*
Knopfkraut
Knotentang
Kreuzblume
Kreuzkraut
Kugelblume
Kuhschelle
Laichkraut
Lauchkraut
Leberblume
Leberkraut
Leuchtmoos
Lichtnelke
Lippenfarn
Loewenmaul
Loewenzahn
Lotosblume
Lysimachie
Maeuseholz *G*
Marguerite
Massholder
Mehlprimel
Milchstern
Monatsrose
Mutterkorn
Nachtkerze
Nachtviole
Nagelblume
Nagelkraut
Natterkopf
Natterwurz
Negerhirse
Nelkengras
Nelkenwurz
Osterblume *G*
Pampasgras
Pappelrose
Pelargonie
Petersilie
Petrusstab
Pfeilkraut
Pferdegras
Pillenfarn
Pimpernell
Platterbse
Radieschen
Reisgerste
Rispengras
Rohrkolben
Rohrschilf
Ruebenkohl
Schafgarbe
Schafkraut
Schaflinse
Schamkraut
Schierling *G*
Schildfarn

Schilfrohr
Schlafmohn *G*
Schlehdorn
Schneealge
Schneeball
Seidelbast *G*
Sichelklee
Silberwurz
Sommerraps
Sonnenrose
Specklilie
Sperrkraut *G*
Spinnblume *G*
Stechapfel *G*
Steckruebe
Steinhirse
Steinkraut
Steinnelke
Sternblume
Sterndolde
Sternkraut
Stockmalve
Sumpfbeere
Sumpfdolde
Sumpfgarbe
Sumpfporst *G*
Talerblume
Taubnessel
Teestrauch *G*
Teichbinse
Teichlinse
Tollgerste *G*
Totenblume
Totenmyrte
Trollblume *G*
Veitsbohne
Vogelwicke
Wachsblume
Waldnessel
Wasserfarn
Wasserhanf
Wassernuss
Wasserpest
Wasserrose
Weidendorn
Weisskraut
Wiesenklee
Winterkohl
Winterraps
Winterrose *G*
Wolfsbeere *G*
Wolfsbohne *G*
Wolfsmilch *G*
Wurzelfarn
Zittergras
Zuckerrohr

11

Ackerdistel
Armleuchter
Aronswurzel *G*
Artischocke
(auch Artischoke)
Aschenkraut
Augenpappel
Baerenklaue
Baerentatze
Barbenkraut
Bartflechte
Becherblume
Bilsenkraut *G*
Bingelkraut *G*
Bitterkraut
Bittersuess *G*
Bohnenkraut
Butterblume
Dotterblume
Engelwurzel
Feldkuemmel
Feldthymian
Fieberkraut
Fingerkraut
Frauenschuh
Gaenseblume
Gaensekraut
Gallenkraut
Gartenmalve
Gartennelke
Gartenraute
Gartensalat
Gartentulpe
Glockenwurz
Gnadenkraut *G*
Greisenhaar
Gurkenkraut
Heckenwinde
Hellerkraut
Hirschkraut
Hundsweizen
Jakobskraut
Jakobslauch
Jakobslilie
Jerichorose
Jutepflanze
Kaelberhorn
Kaiserkrone *G*
Katzenwedel
Kettenblume
Klappermohn *G*
Klappertopf
Klatschmohn *G*
Klatschrose
Klimmstaude
Knabenkraut
Knaeuelgras
Knorpeltang
Koenigsfarn
Kolbenhirse
Kratzdistel
Krebsdistel
Kronenwicke
Kugeldistel
Laeusekraut
Laubflechte
Liebesapfel
Lungenblume
Lungenkraut
Maennertreu
Maerzbecher
Magenwurzel
Marienblume
Maskenblume
Meerrettich
Meerzwiebel
Milchdistel
Mottenkraut *G*
Mutterkraut
Narrenkappe
Natterzunge
Ochsenzunge
Pferdebinse
Pferdebohne
Pfingstrose *G*
Queckweizen
Riemenblatt
Riemenblume
Ringelblume
Rittersporn *G*
Runkelruebe
Sauerampfer

Schachblume
Scharfkraut
Schaumkraut
Schellkraut
Schiefblatt
Schildkraut
Schlafbeere *G*
Schlafkraut *G*
Schuettmohn *G*
Seifenkraut
Siebenstern
Sonnenblume
Spinnenwurz
Springkraut
Spitzgurke
Stachelnuss *G*
Steinkresse
Stendelwurz
Stinkteufel *G*
Stocknessel
Strandaster
Strandbinse
Strandhafer
Straussfarn
Straussgras
Sumpfprimel
Taubenkropf
Taumellolch *G*
Teufelsauge *G*
Teufelsbart
Teufelswurz *G*
Tollkirsche *G*
Traubenfarn
Traubenkopf
Tuepfelfarn
Tuerkenbund
Waldmeister
Waldschelle *G*
Wandflechte
Wanzenkraut *G*
Wasserfeder
Wasserfiole
Wasserlilie
Wassernabel *G*
Wasserruebe
Weichsattel
Weidenkraut
Weiherblatt
Wiesenknopf
Wiesenlolch *G*
Wiesenraute *G*
Winterblume
Wintergruen
Wirsingkohl
Witwenblume
Wohlverleih
Wolfstoeter *G*
Wucherblume
Wunderblume
Zuckererbse
Zwergprimel

12

Ackerrettich
Alpenanemone
Asterkamille
Baerentraube
Bergangelika
Bitterkresse
Blaetterkohl
Blasenschote
Blutstropfen
Borstenhirse
Buschanemone
Chrisantheme
Erdweihrauch
Fackeldistel
Faerberrinde
Faerberroete
Fasanenkraut
Faulliesdchen
Feigenkaktus
Firnissumach *G*
Flammenblume
Flatterbinse
Flatterhirse
Fleischblume
Flockenblume
Frauenflachs
Frauenmantel
Fuchsschwanz
Gartenkresse
Gauklerblume
Glockenblume
Goldroeschen
Haferschlehe
Hirschwurzel
Hundskamille
Jakobsleiter
Judenkirsche
Kaelberkropf
Katzenwurzel
Klatschnelke
Koenigskerze *G*
Korallenwurz
Kuckucksklee
Lerchensporn
Loeffelkraut
Lungenenzian
Maeusegerste
Massliebchen
Mauerpfeffer
Moenchskappe *G*
Mueckenkraut
Muschelblume
Nelkenwurzel
Pfefferkraut
Pfefferminze
Pfennigkraut
Pockenwurzel
Purgierkraut *G*
Purgierwinde *G*
Sandhaargras
Schiessbeere
Schlauchalge
Schliessmohn *G*
Schmalzblume *G*
Schnittlauch
Schoellkraut *G*
Schuppenwurz
Schwarzbeere
Schwarzkraut
Schweinsbrot
Schwertlilie
Siebenstrahl
Silberdistel
Sophienkraut
Spargelkraut
Stangenbohne
Stranddistel
Streifenfarn
Tabakpflanze
Tausendblatt
Teufelsbeere *G*
Teufelszwirn
Troddelblume
Trunkelbeere
Wassermelone
Wiesenkresse
Windroeschen

Wolfskirsche *G*
Zellendistel

13

Alpenroeschen
Alpenveilchen
Aschenpflanze
Basilienkraut
Becherflechte
Brachsenkraut
Brechnussbaum *G*
Brechveilchen
Brunnenkresse
Faerberdistel
Feuerroeschen
Froschloeffel
Froschpfeffer *G*
Gartenmelisse
Gelbweiderich
Habichtskraut
Hasenoehrchen
Himmelsleiter
Hundsveilchen
Ignatiusbohne *G*
Islandflechte
Johanniskraut
Johannislauch
Kaffeestrauch *G*
Katzenschwanz
Kirschlorbeer
Kletterkerbel
Kokardenblume
Kuckucksblume
Lappenflechte
Laternenblume
Maerzveilchen
Maienroeschen *G*
Maigloeckchen
Mauseoehrchen
Nachtschatten
Paradiesapfel
Passionsblume
Preisselbeere
Rindenflechte
Schachtelhalm
Schlangenmoos
Schneckenklee
Schraubenalge
Schwalbenwurz
Schwanenblume
Schwarzwurzel
Seeigelkaktus
Siegmarskraut
Spitzwegerich
Staebchenalge
Sturmeisenhut *G*
Taeschelkraut
Tausendschoen
Tellerflechte
Trichterwinde
Wachtelweizen
Waldknoblauch
Waldsauerklee
Wasserlobelie *G*
Wasserpfeffer
Zwergbaldrian

14

Ackergauchheil *G*
Ackerkornkraut
Ackerkrummhals
Adonisroeschen
Barbenhederich
Bauernschminke
Blutschierling *G*
BrennendeLiebe
(Brennende Liebe)
Christophswurz *G*
Faerberflechte
Faerberkamille
Fichtenspargel
FlammendesHerz
(Flammendes Herz)
Franzosenkraut
Gifthahnenfuss *G*
GrueneNieswurz *G*
(Grüne Nieswurz)
Herbstzeitlose
Kreuzbluemchen
Krustenflechte
Kuechenschelle *G*
Leberbluemchen
Marienroeschen
Pantoffelblume
Papierroeschen
Reiherschnabel
Rizinuspflanze
RosevonJericho
(Rose von Jericho)
Ruprechtskraut
Schiffchenalge
Schlangenkraut
Schriftflechte
Schwalbenkraut
Schwarzkuemmel *G*
Schwefelwurzel
Schwindelhaber *G*
Skorpionswicke
Sonnenroeschen
Steinbibernell
Storchschnabel
Tannenbaerlapp
Teufelskirsche
Totenkoepfchen
Traubenkirsche
Waldgloeckchen *G*
Weidenroeschen
Weihnachtsrose *G*
Zichorienkraut

15

Ackersteinsamen
Alpengloeckchen
Christophskraut
Dichternarzisse
Feldrittersporn
Gaensebluemchen
GelberFingerhut
(Gelber Fingerhut)
Hundspetersilie *G*
Hungerbluemchen
Jehovabluemchen
Kapuzinerkresse
Katzenpfoetchen
Knoblauchskraut
Kranichschnabel
Loewenpfoetchen
Margaretenblume
Marienbluemchen
Pfaffenhuetchen
Schlinggewaechs
Schluesselblume
Sumpfhahnenfuss *G*
Vogelsternkraut
Wassersternchen
Wiesenbibernell
Zipperleinkraut

4

Kohl
Mais
Nuss
Radi
Reis
Wein

5

Apfel
Birne
Bohne
Erbse
Feige
Gurke
Hafer
Hirse
Kaper
Linse
Olive
Ruebe
Salat

6

Ananas
Banane
Dattel
Gerste
Hopfen
Limone
Mandel
Marone
Melone
Moehre
Orange
Quitte
Roggen
Rosine
Schote
Spinat
Tomate
Traube
Weizen

7

Erdnuss
Karfiol
Karotte
Kirsche
Kuerbis
Kukuruz
Marille
Paprika
Pflaume
Renette
Rettich
Ribisel
Rotkohl
Spargel
Walnuss
Zitrone
Zwiebel

8

Aprikose
Erdbeere
Himbeere
Kastanie
Kohlrabi
Paranuss
Pfirsich
Reinette
(auch Renette)
Sellerie

9

Affenbrot
Apfelsine
Blaubeere
Brombeere
Gruenkohl
Haselnuss
Kartoffel
Kohlruebe
Kokosnuss
Kopfsalat
Mandarine
Maulbeere
Mirabelle
Mohrruebe
Moosbeere
Reneklode
(auch Reineclaude)
Rhabarber
Ringlotte
Rosenkohl
Weisskohl
Zwetschge

10

Bergamotte
Blumenkohl
Buchweizen
GrapeFruit
(Grape Fruit)
Muskatnuss
Pampelmuse
Radieschen
Vogelbeere
Weintraube

11

Artischocke
Granatapfel
Heidelbeere
Pfeffernuss
Reineclaude
(auch Reneklode)
Wirsingkohl
Zuckerruebe

12

Johannisbrot
Preiselbeere
(auch Preisselbeere)
Sauerkirsche
Stachelbeere
Walderdbeere

13

Endiviensalat
Johannisbeere
Preisselbeere
(auch Preiselbeere)

14

Wacholderbeere

15

Schattenmorelle
Weichselkirsche

5. PILZE UND SCHWÄMME

4

Kahm
Spor

5

Reske

6

Bovist
Byssus
Glucke
Marone

7

Boletus
Gehling
Hutpilz
Kuhpilz
Lorchel
Morchel
Parasol
Rehling
Rehpilz
Reizker
Saupilz
Schwamm

8

Anispilz
Blutpilz
Brotpilz
Dickfuss
Drehling
Egerling
Eichpilz
Eierpilz
Erdstern
Gehlchen
Gelbfuß
Gelbling
Glaskopf
Hefepilz
Mehlpilz
Moosling
Mordpilz
Musseron
Perlpilz
Reifpilz
Roetling
Rostpilz
Rotkappe
Saftling
Samtpilz
Tennling
Trueffel
Weidling
Windling
Zigeuner

9

Angerling
Bauchpilz
Bocksbart
Braetling
Brandpilz
Duerrbein
Ellerling
Faserkopf
Foehrling
Fuellhorn
Gruenling
Hexenpilz
Honigpilz
Kapuziner
Kreisling
Krempling
Leberpilz
Lohbluete
Milchling
Milchpilz
Porenpilz
Reissling
Roehrling
Roessling
Spaltpilz
Staubpilz
Steinpilz
Stockpilz
Suessling
Taeubling
Teufelsei
Wulstling

10

Becherling
Birkenpilz
Bitterling
Bitterpilz
Buchenpilz
Butterpilz
Champignon
Dotterpilz
Eichelpilz
Eierbovist
Faltenpilz
Fliegentod
Gallenpilz
Hahnen-
kamm
Herbstling
Herrenpilz
Hirschling
Hirschpilz
Kaiserling
Kaiserpilz
Keulenpilz
Mai-
schwamm
Ritschling
Ritterling
Rotreizker
Satanspilz
Schafeuter

Schirmpilz
Schmerling
Semmelpilz
Simmerling
Speiteufel
Staeubling
Suppenpilz
Ziegenbart
Zungenpilz

11

Baerentatze
Blutreizker
Blutschwamm
Drieschling
Edelreizker
Eierschwamm
Erdschieber
Fliegenpilz
Giftmorchel
Giftreizker
Hausschwamm
Hirschzunge
Krempelpilz
Kugelbovist
Loecherpilz
Maronenpilz
Mordschwamm
Pantherpilz
Parasolpilz
Pfifferling
Rietschling
Roehrenpilz
Schleimpilz
Schmierling
Schweinsohr
Schwindling
Stachelpilz
Stoppelpilz
Wollschwamm
Ziegenlippe

12

Blaetterpilz
Erdsternpilz
Feldegerling
Feuerschwamm
Gichtmorchel
Gruenreizker
Habichtspilz
Heideschwamm
Korallenpilz
KrauseGlucke
(Krause Glucke)
Laerchenpilz
Lauchschwamm
Liladickfuss
Maikreisling
Milchreizker
Milchschwamm
Nagelschwamm
Riesenbovist
Rothaeubchen
Scheibenpilz
Scheidenpilz
Schimmelpilz
Schlauchpilz
Schleierdame
Schusterpilz
Schwaemmchen
Schwefelkopf
Spitzmorchel
Steinmorchel
Stinkmorchel
Stockmorchel
Stockschwamm
Trichterling
Trichterpilz
Waldedelpilz

13

Birkenreizker
Dreckschieber
Erdritterling
Faltenschwamm
Gelbhuehnchen
Giftmilchling
Giftwulstling
Gitterschwamm
Goldbraetling
Hufritterling
Kaiserschwamm
Kapuzinerpilz
Kastanienpilz
Knoblauchpilz
Perlenschwamm
Pferdereizker
Ritterschwamm
Rothaeuptchen
Samtfuesschen
Schafegerling
Speiselorchel
Speisemorchel
Speiseschwamm
Speitaeubling
Tannenreizker
Totentrompete
Wiesenschwamm

14

Bischofsmuetze
Birkenrietsche
Brandtaeubling
Feldchampignon
Fichtenreizker
Fleischschwamm
Fliegenschwamm
Habichtschwamm
Hirschtrueffel
Knollenschwamm
Kroetenschwamm
Milchbroetchen
Pantherschwamm
Parasolschwamm
Stinktaeubling
Traenenschwamm
Waldchampignon
Wiesenegerling

15

Birnenmilchling
Blaetterschwamm
Bueschelschwamm
Essenkehrerpilz
Feldschwindling
Gallenroehrling
Habichtsschwamm
(auch Habichtschwamm)
Jungfernschwamm
Kartoffelbovist
Laerchenschwamm
Perlenwulstling
Schafchampignon
Schafshaeutchen
Speisetaeubling
Wiesenellerling
Ziegenellerling

Buchten - Kanäle - Seen

(Alphabetisch nach Erdteilen – Bei Doppelbegriffen (Bai, Bucht, Fjord, Golf, Kanal, See) Kennzeichnung des zweiten Wortes durch groß geschriebenen ersten Buchstaben)

EIGENE KAPITEL:

FLÜSSE, INSELN, UND HALBINSELN, MEERE, OZEANE, MEERENGEN, MEERESSTRASSEN

1. Afrika *2. Amerika* *3. Asien* *4. Australien* *5. Europa*

1. AFRIKA

7

AbaiSee
AlgoBai
EdkuSee
KiwuSee
MeruSee
TanaSee

8

NgamiSee
RukwaSee
TafelBai
TigerBai

9

AlbertSee
BiafraBai
BitterSee
BurlusSee
DiloloSee
EdwardSee
KwaniaSee
ManokaSee
MariutSee
MosselBai
NatronSee
NjassaSee
(auch NyassaSee)
RudolfSee
SuezKanal
TschadSee

10

DelagoaBai
LeopoldSee
SchirwaSee

11

GolfvonAden
(Golf von Aden)
MahmudKanal
MensalehSee
ViktoriaSee
WalfischBai

12

BangweoloSee
GolfvonTunis
(Golf von Tunis)
TadschuraBai

13

SantaLuciaSee
TanganjikaSee

14

Luederitzbucht
SanktHelenaBai

2. AMERIKA *(Mittel-, Nord- und Südamerika)*

7

ErieSee
MonoSee

8

FundyBai
HuronSee
LimonBai
PenasBai
TampaBai

9

BaffinBai
HudsonBai
MohaveBai
SaltonSee
SimcoeSee

10

AbilibiSee
BristolBai
FonsecaBai
ManaguaSee
NortonSund
OntarioSee
WhartonSee

11

BeaufortSee
DelewareBai
ManitobaSee
MichiganSee
PanamaKanal
TiticacaSee
WinnipegSee

12

AmundsenGolf
AthabaskaSee
ColumbusGolf
GalvestonBai
LakeSuperior
MackenzieBai
MelvilleSund
NicaraguaSee
ShabogamaSee
WollastonSee

13

GolfvonAlaska
GolfvonDarien
GolfvonMexiko
GolfvonPanama
HudsonStrasse
MichikamowSee

14

CumberlandSund
GrosserSalzSee
LongIslandSund
YukatanStrasse

15

GolfvonHonduras
SanFranciscoBai
SanktLorenzGolf

3. ASIEN *(Auch UdSSR-Gewässer auf europäischem Territorium)*

6

EbiNor *See*
NopNor *See*
TasBai
(auch TasBusen)
WanSee

7

AralSee
KukuNor *See*
UbsaNor *See*

8

DatukBai
EltonSee
KoreaBai
NirisSee
OnegaSee
SewanSee
TonleSap *See*
UrmiaSee

9

BaikalSee
LadogaSee

SaisanSee
TaimyrBai
TaimyrSee
TengriNor *See*
TotesMeer

10

AnadyrGolf
TsaringNor *See*

11

BalkaschSee
(auch BalchaschSee)
JeniseiBai
(auch JeniseiBucht)
KaiserKanal
KaraUssuNor *See*
KarischeBai
OlenekBucht
TungtingSee

12

BalchaschSee
(auch BalkaschSee)
GolfvonHopeh
RybinskerSee
TschaunBucht

13

ChatangaBucht
GolfvonKambay
GolfvonKatsch

SeeGenezareth
SelljachBucht
WestKoreaGolf

14

PenschinaBucht
PersischerGolf

15

GolfvonLiaotung
GolfvonMartaban
GolfvonTongking

4. AUSTRALIEN *(Ozeanien einbezogen)*

7

EyreSee
SalzSee

8

CowanSee
FromeSee
KingSund
MooreSee
TaupoSee
WoodsSee

9

AustinSee
BarleeSee
BotanyBai
LefroySee
MongerSee
PlentyBai

10

AmadeusSee
CollierBai
EverardSee
HawkeBucht
SharkBucht
TorrensSee

11

HereyBucht

JervisBucht
LimmenBucht

12

EncounterBai

13

MelvilleBucht
VanDiemenGolf

14

CarpentariaGolf
GeographenBucht

5. EUROPA

1. (Gesamt-)Deutschland *2. Europäisches Ausland*

1. (Gesamt-)Deutschland

6

EibSee

7

Dollart *B*
Duemmer *See (auch: Der Duemmer)*
KalkSee
LebaSee
Mueritz *See (auch: Die Mueritz)*
TitiSee
Wannsee

8

AmmerSee
Bodensee
Chiemsee
MadueSee
Mauersee
Ostersee
UkleiSee
UnterSee
WuermSee

9

HaffKanal
IhleKanal
Kochelsee
RuhrKanal
Tegernsee
UeckerSee

10

BlatzigSee
DratzigSee
Drausensee
DuemmerSee
EutinerSee
FinowKanal
GuelperSee
KoelpinSee
Koenigssee
LaacherSee
LanskerSee
LehnitzSee
Mueggelsee
Nikolassee
PloenerSee
RietzerSee
Schliersee
Schluchsee
Staffelsee
StoerKanal
TegelerSee
TeupitzSee
VirchowSee
Walchensee

11

BuckowerSee
DassowerSee
FehmarnBelt
FehmarnSund
Geserichsee
GrimnitzSee
HeiligenSee
Jamundersee
Jungfernsee
KaputherSee
KielerBucht
KrakowerSee
LiepnitzSee
PlauerKanal
Ploetzensee
RuppinerSee
SakrowerSee
SoldinerSee
Spirdingsee
Stoessensee
TeltowKanal
TollenseSee
VietzkerSee
WismarBucht

12

DaemeritzSee
DammscherSee
DargainerSee
EmsJadeKanal
FrischesHaff
GriebnitzSee
Grunewaldsee
KuestenKanal
LiebucherSee
Loewentinsee
LudwigsKanal
MalchinerSee
PlessowerSee
SaalerBodden *(Küstensee)*
TemplinerSee
WerbellinSee

13

DanzigerBucht
DeutscheBucht
GlienickerSee
HadelnerKanal

HunteEmsKanal
KlodnitzKanal
KummerowerSee
KurischesHaff
RuppinerKanal
Schlachtensee
SchlaenitzSee
SchwerinerSee
Schwielochsee
StettinerHaff

14

ElbeTraveKanal
FahrlaenderSee
GrosserZernSee
LuebeckerBucht
OderSpreeKanal
RatzeburgerSee
StarnbergerSee
(= WuermSee)
SteinhuderMeer
StettinerBucht
UeberlingerSee

15

GrosserPloenSee
Mittellandkanal
NordOstseeKanal
PommerscheBucht
RheinHerneKanal

2. Europäisches Ausland

7

AberSee
Biscaya
LymeBay
Mondsee

8

Achensee
Attersee
Bodensee
ComerSee
GardaSee
Ilmensee
IseFjord
LacLéman
OereSund
OnegaSee
Traunsee
UrnerSee
Walchsee
ZugerSee

9

BielerSee
CulmerSee
DingleBay
GenferSee
Kattegatt
(auch Kattegat)
LadogaSee
LaxeFjord
MaasKanal
MurtenSee
NordFjord
OsloFjord
PeipusSee
SarnerSee
ThunerSee
VestFjord
YserKanal
ZellerSee

10

DonegalBay
DundalkBay
GreifenSee
KalmarSund
LagodiComo
LuganerSee
Plattensee
SkagaFjord
SogneFjord
VejleFjord
Walchensee
ZuerichSee

11

AlsenFoerde
BrienzerSee
CanaldelEst
(Canal de l'Est)
CanalduMidi
(Canal du Midi)
CardiganBay
Dardanellen
GrosserBelt
KleinerBelt
LyngenFjord
RamsoeFjord
RigaerBucht
Woerthersee

12

BaldeggerSee
BristolKanal
FirthofClyde
(Firth of Clyde)
FirthofForth
(Firth of Forth)
LagoMaggiore
LeopoldKanal
LiverpoolBay
OssiacherSee
PleskauerSee

13

AsowschesMeer
BommelenFjord

CanalduCentre
(Canal du Centre)
GolfvonNeapel
GolfvonTarent
GolfvonTriest
NeusiedlerSee
VarangerFjord

14

DnjeprBugKanal
(Dnjepr-Bug-Kanal)
HardangerFjord
TrondhjemFjord

15

KandalakschaBay
(auch Golf von Kandalakscha)
BrombergerKanal
GolfvonSaloniki
GolfvonValencia
MarneAisneKanal
MarneRheinKanal
MarneSaôneKanal
MillstaetterSee

Chemie

1. Elemente (Namen und Abkürzungen) 2. Chemische Begriffe – Chemische Verbindungen 3. Bedeutende Chemiker

1. ELEMENTE

a) Namen der Elemente

3

Bor
Jod
Zer

4

Blei
Brom
Gold
Neon
Niob
Uran
Zink
Zinn

5

Argon
Arsen
Chlor
Chrom
Eisen
Fluor
Radon
Selen
Titan
Xenon

6

Barium
Curium
Erbium
Helium
Indium
Kalium
Kobalt
Kupfer
Mangan
Neodym
Nickel
Osmium
Platin
Radium
Silber
Tantal
Tellur
Wismut
Wolfram
Yttrium
Zaesium

7

Antimon
Gallium
Hafnium
Holmium
Iridium
Kadmium
Kalzium
Krypton
Lanthan
Lithium
Natrium
Rhenium
Terbium
Thorium
Thulium

8

Aktinium
Astatium
Europium
Francium
Lutetium
Phosphor
Polonium
Rubidium
Samarium
Schwefel

Silizium
Skandium
Thallium
Vanadium

9

Aluminium
Americium

Berkelium
Beryllium
Germanium
Magnesium
Molybdaen
Neptunium
Palladium
Plutonium
Praseodym
Ruthenium

Strontium
Ytterbium
Zirkonium

10

Dysprosium
Gadolinium
Promethium

Sauerstoff
Stickstoff
Technetium

11

Einsteinium
Kalifornium
Kassiopeium

Kohlenstoff
Mendelevium
Quecksilber
Wasserstoff

12

Protaktinium

b) Abkürzungen der Elemente

1

B *Bor*
C *Kohlenstoff*
E *Einsteinium*
F *Fluor*
H *Wasserstoff*
J *Jod*
K *Kalium*
N *Stickstoff*
O *Sauerstoff*
P *Phosphor*
S *Schwefel*
U *Uran*
V *Vanadium*
W *Wolfram*
X *Xenon*
Y *Yttrium*

2

Ac *Aktinium*
Ag *Silber*
Al *Aluminium*
Am *Americium*
Ar *Argon*
As *Arsen*
At *Astatium*
Au *Gold*
Ba *Barium*
Be *Beryllium*
Bi *Wismut*
Bk *Berkelium*
Br *Brom*
Ca *Kalzium*
Cd *Cadmium*
Ce *Zer*
Cf *Kalifornium*
Cl *Clor*
Cm *Curium*
Co *Kobalt*
Cr *Chrom*
Cs *Zaesium*
Cu *Kupfer*
Dy *Dysprosium*
Er *Erbium*
Eu *Europium*
Fe *Eisen*
Fm *Fermium*
Fr *Francium*
Ga *Gallium*
Gd *Gadolinium*
Ge *Germanium*
He *Helium*
Hf *Hafnium*
Hg *Quecksilber*
Ho *Holmium*
In *Indium*
Ir *Iridium*
Kr *Krypton*
La *Lanthan*
Li *Lithium*
Lu *Lutetium*
Me *Mendelevium*
Mg *Magnesium*
Mn *Mangan*
Mo *Molybdaen*
Na *Natrium*

Nb *Niob*
Nd *Neodym*
Ne *Neon*
Ni *Nickel*
Np *Neptunium*
Os *Osmium*
Pa *Protaktinium*
Pb *Blei*
Pd *Palladium*
Pm *Promethium*
Po *Polonium*
Pr *Praseodym*
Pt *Platin*
Pu *Plutonium*
Ra *Radium*
Rb *Rubidium*
Re *Rhenium*
Rh *Rhodium*
Rn *Radon*
Ru *Ruthenium*
Sb *Antimon*
Sc *Scandium*
Se *Selen*
Si *Silizium*
Sm *Samarium*
Sn *Zinn*
Sr *Strontium*
Ta *Tantal*
Tb *Terbium*
Tc *Technetium*
Te *Tellur*
Th *Thorium*
Ti *Titan*
Tl *Thallium*
Tm *Thulium*
Yb *Ytterbium*
Zn *Zink*
Zr *Zirkonium*

2. CHEMISCHE BEGRIFFE – CHEMISCHE VERBINDUNGEN

3

Bor
Cer
Eis
Erz
Gas
Ion
Jod
Oel
Ton
Zer

4

Amid
Amin
Atom
Base
Blei
Brom
Buna
Cyan
Form
Gips
Glas
Gold
Harz
Hefe
Holz
Horn
Kali
Kalk
Kies
Koks
Lack
Lava
Leim
Luft
Neon
Niob
Onyx
Opal
Oxyd
Ozon
Rost
Russ
Salz
Sand
Satz
Soda
Sole
Teer
Torf
Uran
Zink
Zinn
Zyan

5

Achat
Alaun
Alkyl
Argon
Arsen
Asche
Beize
Biose
Borax
Butan
Chlor
Chrom
Druck
Duese
Eisen
Email
Ester
Fluor
Guano
Gummi
Kette
Kohle
Lauge
Niton
Opium
Phase
Purin
Pyrit
Quarz
Radon
Rubin
Seife

Selen
Stahl
Stoff
Titan
Topas
Toxin
Xenon

6

Aether
Aethyl
Alkali
Anilin
Anisol
Asbest
Azetat
Azeton
Barium
Basalt
Bauxit
Benzin
Benzol
Beryll
Bronze
Cerium
Chinin
Cyanid
Dioxyd
Erbium
Erdoel
Essenz
Ferrit
Firnis
Formel
Glutin
Glykol
Gruppe
Haerte
Helium
Hydrat
Hydrit
Indium
Jaspis
Kalium
Kaolin
Kasein
Kiesel
Kobalt
Kokain
Kolben
Kreide
Kresol
Kupfer
Mangan
Marmor
Mastix
Methan
Methyl
Natron
Neodym
Nickel
Nitrat
Nitrit
Osmium
Osmose
Pepsin
Phenol
Platin
Prisma
Propan
Propyl
Pulver
Radium
Saeure
Silber
Sulfat
Sulfid
Sulfit
Tannin
Tantal
Tellur
Valenz
Wasser
Wismut
Zellon
Zement

7

Albumin
Aldehyd
Alkalie
Alkohol
Amalgam
Analyse
Antimon
Arsenik
Asphalt
Atropin
Bakelit
Cadmium
Caesium
Calcium
Chlorat
Chlorid
Dextrin
Dialyse
Diamant
Dynamit
Ekrasit
Element
Energie
Ferment
Fluorid
Gaerung
Gallium
Gasolin
Gemenge
Glukose
Graphit
Halogen
Holzgas
Holmium
Iridium
Isopren
Kadmium
Kalorie
Kalzium
Kampfer
Karneol
Keratin
Koerper
Koffein
Kolloid
Krypton
Lachgas
Lanolin
Lanthan
Legumin
Lithium
Loesung
Maltose
Melasse
Mennige
Natrium
Nikotin
Nitrose
Nuklein
Protein
Retorte
Rhenium
Rhodium
Salmiak
Schicht
Silikat
Smaragd
Staerke
Stearin
Terbium
Thorium
Thulium
Tonerde
Vaselin
Versuch
Vitriol
Wolfram
Yttrium
Zaesium
Zeolith

8

Acetylen
Aethylen
Aetzkali
Aktinium
Alkaloid
Amethyst
Ammoniak
Ammonium
Bleioxyd
Bleisatz
Dextrose
Eisenerz
Emulsion
Europium

Feldspat
Formalin
Gaskohle
Gelatine
Glykogen
Glyzerin
Hartguss
Hydrazid
Hydrogen
Hydroxyd
Hydroxyl
Illinium
Jodoform
Kalkbase
Kalkspat
Karbonat
Katalyse
Kleesalz
Knallgas
Kochsalz
Kristall
Mischung
Molekuel
Naphthen
Naphthol
Narkotin
Novocain
Paraffin
Phosphat
Phosphit
Phosphor
Polonium
Reaktion
Rubidium
Sacharin
Salpeter
Samarium
Scandium

Schlacke
Schwefel
Silicium
Spaltung
Spektrum
(auch Spectrum)
Spiritus
Sublimat
Substanz
Sumpfgas
Synthese
Thallium
Turmalin
Vanadium
Vanillin
Zinkbase
Zinkoxyd
Zinkspat
Zyankali

9

Adhaesion
Aluminium
Anthrazit
Antitoxin
Aquamarin
Arsenkies
Beryllium
Bleiblech
Bleiglanz
Borsaeure
Chlorkalk
Coelestin
Diffusion
Eisenkies

Eisenoxyd
Exhaustor
Explosion
Flintglas
Flussspat
Generator
Gerbstoff
Germanium
Gleichung
Grubengas
Gruenspan
Harnstoff
Heliotrop
Holzgeist
Holzkohle
Hypothese
Indikator
Kalkstein
Kautschuk
Kohaesion
Komponent
Legierung
Leuchtgas
Magnalium
Magnesium
Metalloid
Milchglas
Molybdaen
Neodymium
Oelsaeure
Oxydation
Palladium
Petroleum
Porzellan
Pottasche
Quarzglas
Quarzsand
Raffinade

Reduktion
Ruthenium
Sandstein
Schellack
Siebboden
Steinsalz
Strontium
Strychnin
Tafelspat
Terpentin
Verwesung
Wassergas
Weingeist
Weinstein
Weissglut
Ytterbium
Zellstoff
Zelluloid
Zellulose
Zellwolle
Zerlegung
Zinkweiss
Zinnasche
Zinnstein
Zirkonium

10

Abkuehlung
Abraumsalz
Absorption
Abspaltung
Aetznatron
Affinitaet
Bikarbonat
Bittersalz
Blausaeure

Bleichkalk
Bleinitrat
Bleipapier
Bleisulfat
Bleisulfid
Bromsilber
Chloroform
Einwirkung
Eisenglanz
Entwickler
Experiment
Feinsilber
Fettsaeure
Filtration
Flusseisen
Gadolinium
Gasgemisch
Gerbsaeure
Grundstoff
Hornblende
Jodtinktur
Kalkwasser
Knochenoel
Kohlenoxyd
Kupferkies
Kupferoxyd
Lasurstein
Meerschaum
Metalloxyd
Naphthalin
Natronkalk
Nickelbase
Oxalsaeure
Pechblende
Plastilina
Rohrzucker
Saeurerest
Salzsaeure
Sauerstoff
Siedepunkt
Speckstein
Stickstoff
Sulfonamid
Temperatur
Thomasmehl
Wasserglas
Weinsaeure
Wertigkeit
Zinkblende
Zyankalium
(auch Zyankali)

11

Aequivalenz
Aminosaeure
Ammoniakgas
Arsensaeure
Asbestpappe
Atomgewicht
Atomtheorie
Beschickung
Blattsilber
Bleichlorid
Bleiglaette
Chlorophyll
Chlorsilber
Chlorwasser
Chromsaeure
Darstellung
Elektrolyse
Essigsaeure
Flusssaeure
Glaubersalz
Hydrogenium
Kaliumalaun
Kassiopejum
Katalysator
Kesselstein
Knallsilber
Kohlehydrat
Kohlenstoff
Kupferglanz
Kupferstein
Luftzutritt
Milchsaeure
Milchzucker
Mutterlauge
Natriumbase
Natriumoxyd
Nickelglanz
Nickelstahl
Nitrobenzol
Nitrogenium
Normelement
Paraffinoel
Quecksilber
Reagenzglas
Rohsalpeter
Seifenstein
Silberglanz
Spektroskop
Staerkemehl
Sublimation
Verbrennung
Verdampfung
Verdunstung
Vereinigung
Wasserdampf
Wasserstoff
Zinkchlorid
Zinkvitriol
Xanthophyll
Zirkonlicht
Zitronenoel

12

Aethylaether
Aetzammoniak
Antiseptikum
(auch Antisepticum)
Assimilation
Benzolsaeure
Bitterwasser
Bleichmittel
Bleischwefel
Buttersaeure
Destillation
Eisenglimmer
Eisenvitriol
Filterpresse
Fluessigkeit
Gallussaeure
Gefrierpunkt
Generatorgas
Goldschwefel
Hoellenstein
Kalifeldspat
Kalisalpeter
Kaliumnitrat
Kaliumnitrit
Kaliumsulfat
Kaliumsulfid
Kalksalpeter
Karbolsaeure
Kieselsaeure
Knochenasche
Knochenkohle

Kohlendioxyd
Kohlensaeure
Kondensation
Kristallsoda
Kupfernickel
Kupfernitrat
Kupfersulfat
Mangansaeure
Methylaether
Modifikation
Natriumalaun
Natriumlauge
Petrolaether
Pikrinsaeure
Platinasbest
Protaktinium
Schmelzkegel
Schmelzpunkt
Schwefelkies
Silberbromid
Silbernitrat
Silbersulfid
Spiegeleisen
Terpentinoel
Thermochemie
Waschflasche
Wassergehalt
Winderhitzer
Zuckersaeure

13

Aethylalkohol
Aethylchlorid
Aluminiumoxyd
Ameisensaeure
Anaesthetikum
Antimonsaeure
Antimonsulfid
Bessemerbirne
Bunsenbrenner
Chilesalpeter
Chloralhydrat
Gasentwickler
Gewichtsmenge
Halogengruppe
Jodstickstoff
Kaliumchlorat
Kaliumglimmer
Kaliumsilikat
Kalksandstein
Kieselzinkerz
Kohlenmonoxyd
Kohlenoxydgas
Komprimierung
Kupfervitriol
Lackmuspapier
Methylalkohol
Nitroglycerin
(auch Nitroglyzerin)
Porzellanerde
Propylalkohol
Raseneisenerz
Retortenkohle
Roestreaktion
Salizylsaeure
Scheidewasser
Schmelztiegel
Schwarzkupfer
Schwarzpulver
Schwefelblume
Schwefeleisen
Stearinsaeure
Superphosphat
Traubenzucker
Trockenroehre
Waermebindung
Waermetoenung

14

Baldriansaeure
Blutlaugensalz
Brechweinstein
Calciumchlorid
(auch Kalziumchlorid)
Hirschhornsalz
Jodwasserstoff
Kaliumkarbonat
Kalkstickstoff
Kristallwasser
Loesungsmittel
Magnesiumdraht
Magneteisenerz
Natriumchlorid
Natronsalpeter
Neutralisation
Nitrozellulose
Palmitinsaeure
Permanentweiss
Phosphorsaeure
Polymerisation
Reduktionszone
Salpetersaeure
Schwefelsaeure
Spateisenstein
Stickstoffoxyd
Strukturformel
Sulfinalsaeure
Thomasschlacke
Trinitrophenol
Valeriansaeure
Zitronensaeure

15

Aggregatzustand
Brauneisenstein
Bromwasserstoff
Chromeisenstein
Petroleumaether
Quecksilberoxyd
Radioaktivitaet
Raseneisenstein
Siedetemperatur
Spektralanalyse
Stangenschwefel
Weinsteinsaeure
Zyanwasserstoff

4

Davy
Hoff

5

Aston
Boyle
Curie
Dewar
Haber
Kolbe
Meyer
Pregl
Soddy

6

Achard
Baeyer
Bunsen
Cowper
Dalton
Glover
Graham
Harden
Joliot
(Joliot-Curie)
Kekulé
Liebig
Martin
Nernst
Ramsay
Solvay
Thomas
Werner

7

Buchner
Crookes
Daniell
Faraday
Fischer
Glauber
Héroult
Hofmann
Leblanc
Moeller
Moissan
Ostwald
Scheele
Siemens
Titrier
Wallach
Wieland
Windaus
Woehler

8

Avogadro
Bessemer
Grignard
Humboldt
Marggraf
Rayleigh
Svedberg

9

GayLussac
(Gay-Lussac)
Arrhenius
Berthelot
Berzelius
Cavendish
Kirchhoff
Lavoisier
Priestley
Zsigmondy

10

Paracelsus
Rutherford
Schoenbein
Torricelli

11

Doebereiner
Goldschmidt
Leidenfrost
Mendelejeff

12

Willstaetter

14

AlbertusMagnus
(Albertus Magnus)

Entdeckungen, Erfindungen - Entdecker, Erfinder, Forscher

1. Entdeckungen und Erfindungen *2. Entdecker, Erfinder, Forscher*

1. ENTDECKUNGEN UND ERFINDUNGEN

3

Ski
Uhr

4

Ader
Auto
Buna
Film
Funk
Glas
Lift
Mine

5

Beton
Kabel
Lampe
Linse
Motor
Nylon
Piano
Pumpe
Radar
Radio
Rotor
Stahl
Winde

6

Aufzug
Bremse
Brille
Cardan
(Kardan)
Dralon
Dynamo
Gewehr
Kamera
Kanone
Muehle
Papier
Pendel
Perlon
Prisma
Pulver
Spikes
Tandem
Wecker

7

Antenne
Automat
Bakelit
Bruecke
Dynamit
Echolot
Eieruhr
Fahrrad
Klavier
Kompass
Spiegel
Telefon
Tonband
Torpedo
Turbine

8

Browning
Detektor
Draisine
Elevator
Fernrohr
Flugzeug
Galalith
Gaslicht
Gasmotor
Hartglas
Linoleum
Megaphon
Mikrofon
Musicbox
Paraffin
Rohrpost
Spinnrad
Telegraf
Telephon
(auch Telefon)
Terzerol
Tesching
Trambahn
Vergaser
Webstuhl

9

Atomkraft
Atommotor
Automobil
Autotypie
Bandsaege
Barometer
Buchdruck
Drahtseil
Eisenbahn
Fahrstuhl
Fernsehen
Fernseher
Feuerzeug
Geschuetz
Harmonium
Luftpumpe
Manometer
Mikrophon
(auch Mikrofon)
Mikroskop
Pneumatik
Porzellan
Pyrometer
Rennschuh
Rollschuh
Sonnenuhr
Telegraph
(auch Telegraf)
Windmotor
Zellstoff
Zuendholz

10

Briefmarke
Druckknopf
Druckpumpe
Evaporator
Fallschirm
Gluehlicht
Grammophon
Heliograph
Heliometer
Hygrometer
Klavichord
Kreissaege
Kunstseide
Leuchtboje
Leuchtturm
Lichtbogen
Lichtdruck
Lokomotive
Luftballon
Luftgewehr
Luftschiff
Motorsaege
Photokopie
Photozelle
Pianoforte
Quarzlampe
Raumkapsel
Raumschiff
Rolltreppe
Schnorchel
Stereoskop
Stimmgabel
Telegrafie
(auch Telegraphie)
Thermostat
Ventilator
Windmuehle
Zentrifuge
Zuendkerze

11

Akkumulator
Cardanwelle
(auch Kardanwelle)
Chronometer
Dampfbagger
Dampfhammer
Dampfschiff
Dieselmotor
Duesenmotor
Gasfeuerung
Grubenlampe
Kaleidoskop
Kurzschrift
Luftheizung
Magnetismus
Magnetophon
Martinstahl
Motorroller
Paternoster
Prismenglas
Raketenauto
Repetieruhr
Seismograph
Seismometer
Stapelheber
Staubsauger
Stereotypie
Streichholz
Taucherhelm
Tauchsieder
Telegraphie
(auch Telegrafie)
Thermometer
Treppenrost
Ultrafilter
Wankelmotor
Wasserorgel
Zahnradbahn
Zerstaeuber

12

Augenspiegel
Dampfheizung
Dampfturbine
EiserneLunge
(Eiserne Lunge)
Elektromotor
Fernsprecher
Feuerspritze
Gasfeuerzeug
Hammondorgel
Kaemmaschine
Lautsprecher
Lithographie
Maehdrescher
Maehmaschine
Naehmaschine
Photographie
Rechengehirn
Schallplatte
Schienenzepp
Schlittschuh
Setzmaschine
Stacheldraht
Stenographie
Strassenbahn
Teleobjektiv
Unterseeboot

13

Bessemerbirne
Blitzableiter
Bunsenbrenner
Dampfmaschine
Drahtseilbahn
Eisenbetonbau
Elektromagnet
Flettnerruder
Hellschreiber
Kinematograph
Konservierung
Motorflugzeug
Nitroglyzerin
Schiesspulver
Segelflugzeug
Spinnmaschine
Stickmaschine
Taucherglocke
Wasserturbine

14

Blindenschrift
Dreschmaschine
Flaschenpresse
Funkeninduktor
Galvanoplastik
Kopiermaschine
Kreiselkompass
Kugelschreiber

Rechenmaschine
Schleuderbeton
Schiffskreisel
Spiegelsextant
Strickmaschine
Taucherapparat

Ultramikroskop
Zentralheizung

15

Kehlkopfspiegel
Lautverstaerker
Mehrfarbendruck
Prismenfernrohr
Raketenflugzeug
Schiffsschraube
Schreibmaschine

2. ENTDECKER, ERFINDER, FORSCHER

3

Egg
Ged
Huc
Kan
Rue
Ule

4

Abbe
Arco
Auer
Behm
Bell
Benz
Bock
Bohr
Bose
Colt
Cook
Davy
Diaz
Dove
Eyre
Gama
Gray
Hall
Hele
Hill
Howe
Hunt
Just
Kane
Korn
Krag
Lamb
Lenz
Levy
Mill
Opel
Otto
Owen
Park
Reis
Ross
Shaw
Tiro
Toll
Vidi
Vogt
Watt
Wolf

5

Baker
Barth
Bauer
Bernt
Boeck
Bonin
Boule
Boyle
Braun
Brett
Bruce
Brush
Bunge
Burke
Clark
Curie
Darby
Dewar
Dechy
Donne
Drais
Drake
Engel
Euler
Evans
Fuchs
Gauss
Giles
Grant
Hales
Hanno
Hedin
Heron
Hertz
Holtz
Holub
Hoyle
Kandt
Kress
Krupp
Linde
Loczy
Mauch
Maxim
Menne
Meyer
Morin
Morse
Mudge
Nares
Nobel
Papin
Parry
Payer
Peary
Perry
Pfeil
Popow
Porro
Runge
Scott
Shawk
Shore
Siebe
Sorge
Soulé
Spina
Starr
Stein
Tesla
Virag
Vogel
Weber
Weule

6

Achard
Albert

Andrée
Argant
Asydin
August
Baffin
Barkow
Basson
Bastie
Behaim
Bering
Biscoe
Bolton
Bourne
Bramah
Branly
Brazza
Bremer
Bright
Bunsen
Burdin
Burton
Caboto
Cabral
Canton
Casati
Cecchi
Church
Cocker
Collas
Conway
Cortez
Cugnot
Darnal
Decken
DeLong
(De Long)
Denner
Diesel
Dreyse
Duncan
Dunlop
Edison
Ehlers
Finlay
Flegel
Forbes
Fowler
Fulton
Galton
Garcia
Genoux
Giraud
Glaser
Gmelin
Greely
Grenié
Halske
Hausen
Hewitt
Hudson
Hughes
Heyden
Hirzen
Jaeger
Jansen
Jenner
Joliot
Junger
Keller
Kennan
Kepler
Klatte
Kleist
Koenig
Kutter
Lander
Langen
LeGray
(Le Gray)
Lenoir
Liebig
Maddox
Mauser
Mawson
Meikle
Monier
Moreno
Morgan
Nansen
Nernst
Newton
Nieper
Nipkow
Nobile
Palfyn
Parker
Pascal
Perrot
Perkin
Peters
Pickel
Planck
Plante
Pollak
Rabitz
Raebel
Ramsay
Ressel
Rohlfs
Robert
Rogers
Rudolf
Sapper
Schott
Sholes
Slatin
Stolze
Talbot
Tasman
Thomas
Turner
Ulrich
Walton
Wilson
Wright

7

Angerer
Ardenne
Barents
Bastian
Behring
Bennett
Bischof
Braille
Brennan
Bullock
Buchner
Cardano
Cartier
Cavalli
Celsius
Chancel
Charcot
Charles
Collins
Daimler
Dampier
Daniell
Darnley
Dominik
Dollont
Dornier
Duecker
Faraday
Fischer
Fleming
Forsyth
Foureau
Fresnel
Fritsch
Fritter
Galilei
Galvani
Garnier
Gatling
Geitnar
Giftard
Glidden
Goetzen
Gregory
Hanaman
Heinkel
Henlein
Heuglin
Higgens
Hoehnel
Huygens
Jackson
Janssen
Junkers
Karolus
Kircher
Kremser
Lauston
Leblanc
Litfass
Lumière

MacAdam
Magirus
Marconi
Markham
Martius
Massolle
Murdoch
Niebuhr
Overweg
Parnell
Parsons
Perkins
Pittler
Platner
Reaumur
Roberts
Salsano
Scheele
Schmidt
Schuele
Schwarz
Siemens
Stanley
Steinen
Toepler
Tschudi
Wegener
Winkler
Woehler

8

Amberger
Amundsen
Aubertot
Bechhold
Berliner
Bessemer
Boettger
Brewster
Browning
Bushnell
Carenton
Chavanne
Columbus
Crompton
Coudreau
Daguerre
Denhardt
Dubosque
Eberhard
Ericsson
Filchner
Flettner
Flinders
Foucault
Franklin
Galloway
Geissler
Gerlache
Gervinus
Grimshow
Guericke
Harrison
Hartmann
Hartnack
Heilmann
Herschel
Jacquard
Johnston
Juergens
Junghuhn
Kammerer
Kolumbus
(Columbus)
Kotzebue
Lippmann
MacClure
Maltzahn
Marshall
Meissner
Parceval
Passarge
Penzoldt
Reichard
Roentgen
Scherzer
Sverdrup
Vespucci
Warbuton
Wissmann
Zeppelin
Zugmayer

9

Arkwright
Baekeland
Becquerel
Bertillon
Champlain
Chassepot
Chaumette
Condamine
Drygalski
Feuerlein
Gutenberg
Helmholtz
Huntsmann
Lancaster
Lapérouse
Mackenzie
Magalhaes
Munzinger
Nachtigal
Oberkampf
Parkinson
Pelletier
Remington
Romagnosi
Schneider
Serpollet
Sinsteden
Steinheil
Stuhlmann
Tournaire
Vancouver
Weyprecht
Whitehead
Wilkinson
Zintgraff

10

Archimedes
Cartwright
Chapperton
Christofle
Demokritos
Eisenstuck
Fahrenheit
Grandidier
Guessfeldt
Kayserling
Lilienthal
Leichhardt
Manchester
Mannesmann
Mannlicher

Meisenbach
Merzbacher
Nordenfelt
Philippson
Praetorius
Richardson
Riggenbach
Ruehmkorff
Schillings
Schoenbein
Schomburgk
Senefelder
Siedentopf
Spalanzani

Stephenson
Torricelli
Wheatstone

11

Anaximander
Braithwaite
Doebereiner
Lacondamine
Lendenfeldt
Lippersberg
Livingstone
MacClintock
Middendorff

Montgolfier
Paulitschke
Wahrendorff

12

Borchgrevink
Bougainville
Gabelsberger
Hadersberger
Krusenstiern
Mergenthaler
Schweinfurth

13

Friederichsen
Messerschmitt
Nordenskjoeld

14

Bellingshausen
LeonardodaVinci
(Leonardo da Vinci)

Farben

1. Farben und Farbtöne *2. Grundfarben in Englisch, Französisch, Italienisch, Spanisch*

1. FARBEN UND FARBTÖNE

3

Rot

4

Azur
Blau
Gelb
Gold
Grau
Lila
Oliv
Rosa
Rosé
Russ

5

Beige
Blond
Braun
Crème
Foncé
Gruen
Kakao
Khaki
Malve
Ocker
Sepia
Umber
Umbra
Weiss

6

Bronze
Karmin
Kreide
Orange
Purpur
Reseda
Safran
Silber

7

Altgold
Chamois
Eisblau
Hellrot
Schwarz
Violett
Weinrot

8

Azurblau
Bleigelb
Bruenett
Eisenrot
Erdfarbe
Flamingo
Fuchsrot
Gelblich
Goldgelb
Graublau
Grauoliv
Hellblau
Lilarosa
Maigruen
Rehbraun
Rotblond
Rotbraun
Schiefer
Seegruen
Ultrarot
Zinnober

9

Blasslila
Blaugruen
Chromgelb
Elfenbein
Gelbgruen
Giftgruen
Graubraun
Gruenblau
Hautfarbe
Hechtgrau
Hellbraun
Hellgruen
Karminrot
Kirschrot
Laubgruen
Lichtblau
Meergruen
Ockergelb
Olivbraun
Rostbraun
Rotorange
Scharlach
Stahlblau
Tizianrot
Ziegelrot

10

Amarantrot
Anilinblau
Anilingelb
Blattgruen
Dunkelblau
Dunkelgrau
Dunkellila
Dunkeloliv
Gelborange
Goldbronze
Himmelblau
Indigoblau
Karminrosa
Lachsfarbe
Kobaltblau
Lasurfarbe
Lilakarmin
Marineblau
Neapelgelb
Ockerbraun
Quittegelb
Sandelholz
Silbergrau
Strohblond
Wasserblau

11

Bordeauxrot
Bronzefarbe
Bronzegruen
Dunkelbraun
Dunkelgruen
Englischrot
(Englisch Rot)
Flachsblond
Grauschwarz
Hellchamois
(Hell-chamois)
Hellviolett
(Hell-violett)
Indigoweiss
Indischgelb
Koenigsblau
Kolumbinrot
Lasurfarben
Martinsgelb
Orangebraun
Semmelblond

12

BerlinerBlau
(Berliner Blau)
Kupferbronze
Nachtschwarz
Rabenschwarz
Scharlachrot
Schiefergrau
Silberbronze
Smaragdgruen
Ultraviolett
Veilchenblau
Zitronengelb

13

Anilinschwarz
Bismarckbraun
Brillantgruen
Bronzeschwarz
Dunkelchamois
(Dunkel-chamois)
Dunkelviolett
(Dunkel-violett)
Isabellfarben
RussischGruen
(Russisch Gruen)
Vulkanschwarz

14

Kastanienbraun
Kornblumenblau
PreussischBlau
(Preussisch Blau)
Ultramarinblau

15

Anthrazitfarben
Schokoladebraun

2. GRUNDFARBEN IN

	Englisch	*Französisch*	*Italienisch*	*Spanisch*
Blau	blue	bleu	azzurro	azul
Braun	brown	brun	bruno	pardo
Gelb	yellow	jaune	giallo	amarillo
Grau	gray	gris	grigio	gris
Gruen	green	vert	verde	verde
Rot	red	rouge	rosso	rojo
Schwarz	black	noir	nero	negro
Weiss	white	blanc	bianco	blanco

Feldherren, Kriegshelden

(Flotten- und Luftflotten-Chefs einbezogen)

3

Cid
Lee
Ney

4

Alba
Daun
Diaz
Foch
Haig
Roon
Spee
Togo
Udet

5

Dietl
Goltz
Hofer
Tilly
York

6

Attila
Beatty
Buelow
Caesar
Cortez
Darius
Fouqué
Harris
Hipper
Joffre
Kleist
Laudon
Moltke
Nelson
Patton
Pétain
Rommel
Scheer
Schill
Seeckt
Zieten
(auch Ziethen)

7

Alarich
Belisar
Benedek
Boelcke
Bolivar
Luckner
Pyrrhus
Steuben
Tirpitz
Weygand
Wrangel
Graziani
Guderian
Hannibal
Jellicoe
Leonidas
Manstein
Marshall
Napoléon
Radetzky
Samsonow
Seydlitz
Tiberius
Weddigen

8

Ariovist
Bluecher

9

Alexander
Garibaldi

Gneisenau
Hasdrubal
Immelmann
Kitchener
MacArthur
Mackensen
Marcellus
Miltiades
Pilsudski
Rundstedt
Witzleben

10

Alkibiades
Bernadotte
Clausewitz
Eisenhower
Falkenhayn
Hindenburg
Ludendorff
Manteuffel
Montgomery
PrinzEugen
(Prinz Eugen)
Richthofen
Schlieffen
Theoderich
Washington
Wellington
Winkelried

11

Derfflinger
GustavAdolf
(Gustav Adolf)
Hoetzendorf
Piccolomini
Rennenkampf
Scharnhorst
Starhemberg
Wallenstein

12

KaraMustapha
(Kara Mustapha)
Themistokles

13

DschingisKhan
(Dschingis Khan)
LettowVorbeck
(Lettow-Vorbeck)
Schwarzenberg
Vercingetorix

14

HoratiusCocles
(Horatius Cocles)

Fernsehen

3

ARD
NDR
Pol
SFB
Ton
WDR
ZDF

4

Bild
Buch
Idee
Live
Netz
Quiz
Show
Spot

5

Ampex
Folge
Kabel
Kanal
Krimi
Maske
Reihe
Skala
Strom
Taste
Trick
Welle
Zeile

6

Buchse
Exposé
Geraet
Kamera
Roehre
Schirm
Sender
Studio

7

Ansager
Antenne
Empfang
Monitor
Schnitt
Schwenk
Sendung
Station
Statist
telegen
Telstar
Vortrag

8

Aufnahme
Frequenz
Gehaeuse

Kontrast
Playback
Programm
Reporter
Requisit
Resonanz
Spannung
Sprecher
Stoerung
Vorschau
Vorspann
Zeitlupe

9

Ansagerin
Automatik
(auch Automatic)
Fernseher
Intendant
Interview
Mikrophon
(auch Mikrofon)
Produzent
Regisseur
Reportage
Schaltung
Sendezeit

10

Abendschau
Abstimmung
Beleuchter
Bildroehre
Bildschirm
Darsteller
Drehtermin
Drucktaste
Empfaenger
Eurovision
Hauptrolle
Kameramann
Klangfarbe
Modulation
Nebenrolle
Reichweite
Schaltbild
Scriptgirl
Sendepause
Sendernetz
Tagesschau
Unschaerfe
Television
umschalten
zeilenfrei
Zeitansage
Zeitraffer

11

Einrichtung
Einstellung
Fernsehbild
Fernsehfilm
FernsehShow
(Fernseh-Show)
Klangfuelle
Koordinator
Lautstaerke
LiveSendung
(Live-Sendung)
Nachrichten
Quizsendung
Schaltpause
Sendebeginn
Wetterkarte

12

Aufzeichnung
Fernsehspiel
Kinderstunde
Lautsprecher
Sendeschluss
Sportsendung
Stromausfall
Uebertragung
Unterhaltung
Wellenlaenge
Wiederholung

13

Antennenkabel
Direktsendung
Farbfernsehen
Fernsehschirm
Fernsehsender
Fernsehstudio
Innenaufnahme
Jugendsendung
Kindersendung
Netzanschluss
Trennschaerfe
Ueberlagerung
Wellenbereich
Zimmerantenne

14

Aufnahmeleiter
Aussenaufnahme
Fernsehantenne
Fernsehapparat
Fernsehstation
Fernsehwerbung
Hauptabteilung
Regieanweisung
Regieassistent
Schulfernsehen
Sportreportage
Wellenschalter

15

Kameraassistent
(Kamera-Assistent)
Programmhinweis
Regionalsendung
Rueckprojektion

Film

(Filmschauspieler = Theater/Bühnen- und Filmschauspieler)

1. Begriffe der Aufnahmetechnik, der Produktion, des Verleihs
2. Bekannte Filmregisseure

1. BEGRIFFE DER AUFNAHMETECHNIK, DER PRODUKTION, DES VERLEIHS

3

Bau
Gag
Ton

4

Band
Diva
Film
Gage
Kino
Pose
Shot
Spot
Take
Team

5

Autor
Kopie
Krimi
Maske
Probe
Regie
Rolle
Szene
Titel
Trick

6

Bauten
Cutter
Dialog
Double
drehen
Exposé
Galgen
Kamera
Klappe
Presse
Script
Studio
Totale

7

abbauen
agieren
Atelier
Drehtag
Kulisse
Partner
Reisser
Schnitt
Schwenk
Staffel
Statist
Tonband
Tonfilm
Verleih
Western

8

abfahren
Aufnahme
Cutterin
Drehbuch
Ensemble
Farbfilm
Freigabe
Handlung
Komparse
Leinwand
Playback
Premiere
Requisit
Schnulze
Streifen
Vorspann
Zeitlupe

9

abblenden
Besetzung
Breitwand
Dramaturg
Filmtitel
Praedikat
Produzent
Regisseur
Revuefilm
Spielfilm
Standfoto
Stummfilm
Tonkabine
Treatment
Trickfilm
Verleiher

10

aufblenden
ausblenden
Beleuchter
Belichtung
Darsteller
Dekoration
Cowboyfilm
Drehbeginn
einspielen
Gruselfilm
Halbtotale
Hauptrolle
Heimatfilm

Jugendfilm
Kameramann
Kamerateam
Nebenrolle
Pressechef
Produktion
Projektion
Schmalfilm
Scriptgirl
Standphoto
Stellprobe
unterlegen
Untertitel
Vorfuehrer
Zeitraffer

Filmmusical
(Film-Musical)
Filmpraemie
Filmschwank
Filmwerbung
Herstellung
Komparserie
Massenszene
Perforation
Requisiteur
Rueckblende
Tonaufnahme
Untermalung
Wochenschau

Urheberrecht
Verleihfirma

11

ausleuchten
Ausstattung
Beleuchtung
Einstellung
Filmatelier

12

Aufnahmeteam
Bandaufnahme
Darstellerin
Filmkomoedie
Kriminalfilm
ueberblenden

13

abendfuellend
Breitleinwand
Filmarchitekt
Filmbewertung
Filmlustspiel
Filmverleiher
Grossaufnahme
Innenaufnahme
Kopieranstalt
Maskenbildner
Nachtaufnahme
Probeaufnahme
Schneidetisch
Spielhandlung
Standaufnahme
Ueberblendung
Urauffuehrung

14

Abenteurerfilm
(auch Abenteuerfilm)
Aufnahmeleiter
Aussenaufnahme
Dokumentarfilm
Filmvorfuehrer
Hilfsregisseur
Kassenschlager
Monumentalfilm
Regieassistent
Verleihstaffel

15

Erstauffuehrung
Hauptdarsteller
Maskenbildnerin
Platzanweiserin
Selbstkontrolle
(Freiwillige Selbstkontrolle)
Synchronisation
Tonbandaufnahme

2. BEKANNTE FILMREGISSEURE

3

May
Roy

4

Baky
Ford
King
Lang
Lean
Rank
Reed
Risi
Todd

5

Antel
Anton
Boese
Braun
Brown
Capra
Carné
Clair
Deppe
Emmer
Engel
Forst
Frend
Germi
Goetz
Kazan
Korda
Mayer
Pabst
Ponti
Quest
Reinl

Vadim
Varda
Verga
Vidor
Walsh
Wicki
Wyler
Zampa

6

Berger
Curtiz
Disney
Harlan
Huston
Jacoby
Jugert
deKowa
(de Kowa)
Kramer
Lingen
Litvak
Murnau
Oertel
Oswald
Renoir
Ritter
deSica
(de Sica)
Thiele
Ucicky
Ulrich
Welles
Wilder
Wysbar

7

Bergman
Bolvary
Cayatte
Clément
Clouzot
Cocteau
Cziffra
Czinner
Fabrizi
Fellini
Goddard
Goldwyn
Hossein
Jungert
Kortner
deMille
(de Mille)
Olivier
Ophuels
Perilli
Siodmak
Soldati
Staudte
Stemmle
Trenker

8

Allégret
Collande
Delannoy
deMarchi
(de Marchi)
Dieterle
Duvivier
Flaherty
Froelich
Goulding
Haechler
Hoffmann
Kaeutner
Lattuada
Lubitsch
Polansky
Pudowkin
Rabenalt
Radvanyi
Schamoni
Selznick
Sjoeberg
Visconti

9

Antonioni
Hitchcock
Lamorisse
Negulesco
Preminger
Verhoeven
Zavattini
Zinnemann

10

Castellani
Eisenstein
Mankiewicz
Rossellini
Tourjansky
Weidenmann

11

Franciolini
Liebeneiner
Mastroianni

12

DeLaurentiis
(De Laurentiis)
Schloendorff

15

Christian Jacque
(Christian-Jacque)

Fische

3

Aal
Hai

4

Albe
Alse
Anke
Arbe
Asch
Bars
Blei
Butt
Else
Fink
Furn
Lang
(auch Leng oder Lenk)
Lump
Nase
Orfe
Pole
Rump
Salm
Sild
Urbe
Wels
Zope

5

Aland
(auch Alant)
Alose
Amaul
Barbe
Boers
Brill
Felch
Fogas
Hecht
Inger
Kilch
Lachs
Lanke
Laube
Mugel
Orade
Pilot
Renke
Sepia
Sohle
Stint
Stoer
Umber
Zunge

6

Aesche
Albock
Angler
Barsch
Belche
Beluga
Blicke
Bonite
Brachs
Brasse
Bricke
Clupea
Dorade
Dorsch
Groppe
Gurami
Harder
Hausen
Hering
Huchen
Merlan
Pfelle
Pirana
Quappe
Rapfen
Remora
Rochen
Sander
Schiel
Schill
Schlei
Seeaal
Tarpon
Turbot
Ukelei
Waller
Zaerte
Zander
Zingel

7

Aalbutt
Anbeiss
Berster
Blauhai
Brachse
Dornhai
Elbbutt
Elritze
Felchen
Flunder
Flunsch
Forelle
Grundel
Guester
Kapelan
(auch Kapelin)
Karpfen
Koehler
Makrele
Maraene
Muraene
Pleinze
Ploetze
Rotauge
Sandaal
Sardine
Scholle
Schroll
Seehase
Seewolf
Selache
Sprotte
Sterlet
Xiphias

8

Aalraupe
Anchovis
Arapaima
Blauling
Blaunase
Brachsen
Dickkopf
Flughahn
Flussaal
Goldbutt
Goldmaid
Goldorfe
Gruendel
Haifisch
Heilbutt
Kabeljau
Kalmueck
Kohlmaul
Kresling
Laberdan
Lamprete
Maifisch
Meereber
Nerfling
Neunauge
Platteis
Rotfeder
Rotzunge
Russnase
Saibling
Sandbutt
Sardelle
Schmerle

Schupper
Schuster
Schwuppe
Seebader
Seebarbe
Seekatze
Seelachs
Seenadel
Seeotter
Seezunge
Truesche

9

Aalmutter
Aalquappe
Amphioxus
Bandfisch
Blaufisch
Bueckling
Ellerring
Finnfisch
Gangfisch
Glattbutt
Goldfisch
Grundling
Haeseling
Hammerhai
Heuerling
Hornhecht
Igelfisch
Karausche
Katzenhai
Knurrhahn
Kohlfisch
Lippfisch
Meeradler
Meerbarbe
Meeresaal
Mondfisch
Nilbarsch
Raubfisch
Rheinsalm
Schmuetze
Schnaepel
Schneider
Seeteufel
Steinbutt
Stichling
Thunfisch
Wattfisch
Zitteraal

10

Adlerfisch
Bitterling
Blackfisch
Blaufelche
Buechtling
Donaulachs
Dornrochen
Goldbarsch
Gruendling
Hundszunge
Kaulbarsch
Klippfisch
Klumpfisch
Kugelfisch
Lurchfisch
Luzonfisch
Meeraesche
Meerdrache
Meerjunker
Meerteufel
Molchfisch
Muchlkappe
Panzerwels
Rabenfisch
Rheinlachs
Rotkarpfen
Saegefisch
Schleimaal
Schraetzer
Schwertwal
Seeforelle
Sprenzling
Stockfisch
Weissfisch
Wrackfisch
Zitterwels

11

Bachforelle
Bartgrundel
Blaufelchen
Fetzenfisch
Flussbarsch
Glattrochen
Goldmakrele
Hammerfisch
Hechtbarsch
Hechtdorsch
Junkerfisch
Kofferfisch
Lotsenfisch
Lungenfisch
Meerforelle
Meergrundel
Menschenhai
Mooskarpfen
Nagelrochen
Petersfisch
Saegebarsch
Schellfisch
Schusslaube
Seeskorpion
Seeschwalbe
Silberlachs
Vipernfisch
Weissfelche
Wrackbarsch
Zahnkarpfen
Zauberfisch
Zitterfisch

12

Grossflosser
Keulenrochen
Lanzettfisch
Lederkarpfen
Matjeshering
Meerneunauge
Nashornfisch
Papageifisch
Schwertfisch
Schwertstoer
Seepferdchen
Seestichling
Steinbeisser
Zitterrochen

13

Floesselhecht
Flussneunauge

Heringskoenig
Korallenfisch
Moderlieschen
Schiffshalter
Schriftbarsch
Teufelsrochen

14

Flussgrundling
Labyrinthfisch
Papageienfisch
Petermaennchen
Schlammbeisser
Schwalbenfisch
Schwarzgrundel
Schwerttraeger
Spiegelkarpfen

15

Fledermausfisch
FliegenderFisch
(Fliegender Fisch)
Schleierschwanz
Schuppenkarpfen

Flüsse

(Alphabetisch nach Erdteilen)

1. Afrika *2. Amerika* *3. Asien* *4. Australien* *5. Europa*

1. AFRIKA

3

Dja
Nil
Omo
Omu

4

Adar
Bani
Juba
Sebu
Tana
Vaal

5

Akobo
Benue
Djuba
Kasai
Komoe
Kongo
Kotto
Mbomu
Niger
Ogowe
Sanga
Sobat
Uelle
Volta

6

Atbara
Gambia
Kunene
Lomami
Lukuga
Muluja
Oranje
Rovuma
Sanaga
Schari
Sokoto
Swakop
Ubangi

7

Aruwimi
Bandama
Dschuba
Kingani
Kubango
Lakdera
Limpopo
Lulonga
Mangoki
Pangani
Sambesi
Sankuru
Semliki
Senegal
Takasch

8

Komadugu
Okavango
Scheliff
Tschuapa

9

BlauerNil
BrakRiver
Matsiatra
Sassandra
Schangani

10

BahrelArab
(Bahr el Arab)
Medscherda
WeisserNil

11

BahrelAbiad
(Bahr el Abiad)
BahrelAsrak
(Bahr el Asrak)

12

BahrelDjebel
(Bahr el Djebel)
BahrelGhazal
Bahr el Ghazal)
WebiSchebeli
(Webi Schebeli)
WeisserVolta
(Weisser Volta)

13

Gazellenfluss

14

SchwarzerVolta
(Schwarzer Volta)

2. AMERIKA (MITTEL-, NORD- UND SÜDAMERIKA)

3

Ené
Ica

4

Jary
Napo
Ohio
Para
Paru

5

Cauca
Miami
Owens
Plata
(La Plata)
Snake
Yukon

6

Albany
Carson
Dakota
Fraser
Hudson
Javari
Kansas
Manamo
Ottawa
Parana
Sonora

7

Alabama
Berbice
Guapore
LaPlata
Madeira
Maranon
Niagara
Orinoco
Potomac
RioBeni
SanJuan
Schingu
Surinam
Tapajoz
Uruguay

8

Amazonas
Apurimac
Arkansas
Chukamba
Deleware
Huallaga
Merrimac
Missouri
Parahyba
Pastassa
RedRiver
RioChico
RioNegro
RioYaqui

9

Athabaska
Mackenzie
Pilcomayo
RioGrande
RioSalado
SaintJohn
Wisconsin

10

FlintRiver
JamesRiver
Paraguassu
PeaceRiver
RioJamundo
Sacramento
WhiteRiver
YazooRiver

11

HudsonRiver
KansasRiver
Lorenzstrom
Mississippi
NelsonRiver
OttawaRiver
Susquehanna
WabashRiver

12

BighornRiver
PotomacRiver
RiodelaPlata
(Rio de la Plata)
Saskatchewan
StewartRiver

13

ArkansasRiver
BigBlackRiver
CanadianRiver
EastMainRiver
HumboldtRiver
IllinoisRiver
KentuckyRiver
NebraskaRiver
SavannahRiver

14

ChurchillRiver
MackenzieRiver
Schlangenfluss
TennesseeRiver

15

CumberlandRiver
Magdalenenstrom

3. ASIEN

2

Ik
Ob
Ui

3

Amu
(Amu Darya)
Ili
Ket
Kur
Tom
Uil

4

Aksu
Amur
Aras
Assa
Jana
Kuma
Maja
Moma
Onon
Rion
Ural

5

Aldan
Argun
Atrai
Gogra
Kabul
Karun
Kuban
Menam
Okawa
Purna
Terek
Tobol
Tschu
Witim

6

Abakan
Anabar
Anadyr
Angara
Ganges
Ghagra
Ischim
Jordan
Kapuas
Kolyma
Mekong
Olekma
Omolon
Orchon
Pahang
Saluen
Taimyr
Tigris
Ussuri

7

Bjelaja
Euphrat
Hilmend
Irawadi
Irtysch
Jarkand
Kerulen
Krishna
Kumgang
Orontes
Pekiang
Sakaria
Schilka

Selenga
Sungari
Wukiang

8

Brahmani
Chatanga
Godawari
Hankiang
Jenissei
Mahanadi
Menderes
Minkiang
SinKiang
Tschinab

Tunguska
(Obere, Steinige, Untere Tunguska)
Tunkiang

9

Indigirka
Indragiri
Indrawadi
Jalukiang
Madhumati
Mahananda
MenamPing
Satledsch
Tschambal

10

Serafschan
Skamandros

11

Brahmaputra

12

Jangtsekiang
JeschilIrmak
(Jeschil-Irmak)

Heilungkiang
Kinschakiang
Lantsankiang

14

Hungschuikiang

15

SchwarzeIrtysch
(auch: Schwarzer Irtysch)

4. AUSTRALIEN

(Soweit gebräuchlich, mit dem Zusatzwort »River«)

4

Lora

5

Bogan
Finke
Roper
Sepik

6

Barcoo
Cooper
Murray

7

Alberga
Lachlan
Thomson

8

Georgina
Victoria

9

Condamine
Fortescue
Murchison

11

BarwonRiver
NormanRiver
PalmerRiver

12

AlbergaRiver
DarlingRiver

FitzroyRiver
GilbertRiver
Murrumbidgee

13

FlindersRiver
GascoyneRiver
MitchellRiver

14

AshburtonRiver
MackenzieRiver

15

DiamantinaRiver
HawkeburryRiver

5. EUROPA

1. (Gesamt-)Deutschland

2. Europäisches Ausland

1. (Gesamt-)Deutschland

3

Ahr
Alb
Alf
Alz
Elz
Ems
Ilm
Inn
Ise
Itz
Oos
Rur

4

Alle
Alme
Bode
Dill
Eder
Elbe
Elde
Erft
Eltz
Gera
Glan
Ihle
Ilse
Isar
Jade
Lahn
Leba
Lech
Main
Murg
Naab
Nahe
Oder
Oker
Oste
Paar
Ruhr
Saar
Sieg
Urft
Vils
Wied
Wurm

5

Achen
Aisch
Aland
Aller
Ammer
Amper
Argen
Bober
Deime
Donau
Eider
Fulda
Gilge
Guenz
Hamme
Havel
Helme
Hunte
Iller
Jagst
Leine
Lenne
Liebe
Lippe
Memel
Mosel
Mulde
Netze
Nidda
Nogat
Nuhte
Peene
Pissa
Plane
Queis
Regen
Rhein
Ruwer
Saale
Spree
Stoer
Swine
Traun
Trave
Uchte
Ucker
Weide
Werra
Weser
Wiese
Wuerm

6

Alster
Diemel
Elster
Ennepe
Geeste
Gutach
Inster
Jeetze
Kinzig
Kocher
Moehne
Nagold
Neckar
Neisse
Pregel
Queich
Rodach
Stober
Stolpe
Tauber
Trebel
Vechte
Warnow
Warthe
Wipper
Wuemme
Wupper
Wutach

7

Bartsch
Baunach
Brigach
Dreisam
Emscher
Ilmenau
Kueddow
Loisach
Pegnitz
Pleisse
Radaune
Rednitz
Regnitz
Schwalm
Sprotte
Unstrut

8

Altmuehl
Angerapp
Dievenow
Holtemme
Innerste
Katzbach
Klodnitz
Krueckau
Malapane
Passarge
Persante
Pulsnitz
Schwarza
Stockach
Tollense
Wakenitz
Woernitz
Zschopau

9

Gersprenz
RoterMain
Schmutter
Weistritz

10

Weisseritz

11

Schwarzbach
WeisserMain

12

WeisseElster

13

GlatzerNeisse
SchwarzeLaber
Schwarzwasser

14

SchwarzeElster

2. Europäisches Ausland

2

Po

3

Aar
Ain
Arc
Bug
Dee
Dol
Don
Ega
Kem
Lek
Lot
Lys
Mur
Ner
Oka
San
Ter
Ufa
Usa
Var
Wym

4

Aare
(oder Aar)
Ache
Ager
Agri
Aire
Arno
Arve
Aube
Aude

Aupa
Avon
Bega
Drau
Ebro
Eger
Enns
Eure
Gard
Gers
Gran
Iser
Kama
Loir
Lusa
Maas
Newa
Oise
Omme
Ossa
Raab
Reka
Reno
Riva
Sajo
Sana
Save
Sihl
Styr
Suga
Tajo
Tarn
Tejo
Thur
Tosa
Tyne
Ugra
Ural
Ussa
Ybbs
Yser

5

Adige
Adour
Aisne
Ancre
Begna
Bosna
Clyde
Disna
Dives
Donau
Donez
Doubs
Drina
Drôme
Dwina
Etsch
Indre
Isère
Isker
Jalon
Jucar
Kerka
Krems
Kuban
Loire
March
Marne
Mesta
Meuse
Muerz
Narew
Onega
Piave
Pruth
Reuss
Rhône
Ronco
Saône
Savio
Segre
Seine
Sèvre
Somme
Tagil
Tamar
Terek
Thaya
Tiber
Varde
Wolga
Yonne

6

Albula
Allier
Aragon
Ariège
Beraun
(Beroun)
Creuse
Djesna
Dnjepr
Eisack
Huisne
Isonzo
Leitha
Limmat
Meduna
Moldau
Morawa
Moskwa
Narowa
Neutra
Njemen
Ourthe
Pilica
Pripet
Rubico
Samara
Sarthe
Semois
Severn
Tamina
Theiss
Themse
Ticino
Tormes
Vardar
Vienne

7

Acheron
Ardèche
Aveyron
Bitjuga
Bjelaja
Derwent
Dnjestr
Drewenz
Dunajec
Durance
Garonne
Gironde
Herault
Laibach
Mayenne
Meurthe
Mottlau
Narenta
Peneios
Salzach
Schelde
Shannon
Stubach
Trebbia
Vilaine
Wetluga
Wisloka
Wojutza
Wolchow

8

Armançon
Beresina
Charente
Dordogne
Guadiana
Kostroma
RioTinto
Schwarza
Volturno
Weichsel

9

Bistritza
Guadalete
Jalomitza

Luschnitz
Marecchia
Petschora

10

Ardschisch
Blackwater
DoraBaltea
Garigliano

Guadalimar
Manzanares
Mereczenka

11

DoraRiparia
Guadalaviar
Scheschuppe
Tagliamento

12

AngermanAelv
(Angerman Aelv)
Aspropotamos
Guadalquivir
Tscheremosch

13

Kirminginjoki
Kokemaeenjoki

OesterdalAelv
(Oesterdal Aelv)

14

VaesterdalAelv
(Vaesterdal Aelv)

15

SchnelleKoeroes
SchwarzeKoeroes

Flugwesen

1. Begriffe aus dem Gesamtbereich der Luftfahrt 2. Bekannte Flieger und Luftfahrt-Pioniere

1. BEGRIFFE AUS DEM GESAMTBEREICH DER LUFTFAHRT

3

Boe
Hub
Rad

4

Flug
Funk
Heck
Hoch
Loch
Luft
Tank
Tief

5

Basis
Duese
Motor
Pilot
Piste
Radar
Rolle
Ruder
Rumpf
Start
Sturz
Winde

6

Ballon
Bomber
Fracht
Gondel
Hangar
Jaeger
Kabine
Kanzel
Ortung
Rakete
Steuer
Drachen
Flieger
Fluegel
Gleiter
Landung

7

abheben
Airport
Aufwind
Ballast
Clipper
Cockpit
Copilot
(Co-Pilot)
Looping
Peilung

8

Aeroplan
Auftrieb
Fahrwerk
Flugboot
Fluggast
Flugzeug
Katapult
Knueppel
Landetau
Leitwerk
Luftloch
Luftpost
Rollbahn
Rollfeld
Windsack
Zeppelin

9

aufsetzen
Bugkanzel
Eindecker
Einsitzer

Flughafen
Flughoehe
Flugplatz
Gleitflug
Hangstart
Propeller
Schwimmer
Segelflug
Sturzflug

10

Aeronautik
ausklinken
Beobachter
Bodennebel
Bordfunker
Fallschirm
Frachtraum
Freiballon
Halteleine
Helicopter
(auch Helikopter)

Hochdecker
Luftballon
Lufthoheit
Luftschiff
Tiefdecker
Landeplatz

11

Aerodynamik
Benzinmotor
Duesenmotor
Fahrgestell
Flugstrecke
Funkpeilung
Hoehenruder
Kuehlwasser
Luftlandung
Schleppseil
Schwebeflug
Seitenruder
Stewardesse
Tragflaeche

12

Blindlandung
Doppeldecker
Duesenjaeger
Fliegerhorst
Flugkapitaen
Hoehensteuer
Hubschrauber
Lastensegler
Luftkorridor
Segelflieger
Seitensteuer
Sportflieger

13

Absprungbasis
Ballonfuehrer
Flugzeughalle
Katapultstart
Luftpassagier
Luftstroemung

Segelflugzeug
Sportflugzeug
Sportmaschine

14

Bombenflugzeug
Duesenflugzeug
Duesenmaschine
Passagierliste
Positionslampe
Transozeanflug
Versuchsballon
Wasserflugzeug
Wetterflugzeug

15

Charterflugzeug
Flugzeugfuehrer
Flugzeugtraeger
Haltemannschaft
Raketenflugzeug
Zwischenlandung

2. BEKANNTE FLIEGER UND LUFTFAHRT-PIONIERE
(Anmerkung: Nationalität)

4

Udet *D*

5

Grade *D*

Hirth *D*
Koehl *D*

6

Farman *frz.*
Fokker *holl.*
Gronau *D*
(W. v. Gronau)
Ikarus *griech.*
Rasche *D*
Wright *USA*

7

Bertram *D*
Blériot *frz.*
Boelcke *D*
Dornier *D*
Eckener *D*

Lehmann *D*
Loerzer *D*
Piccard *schweiz.*
Rumpler *öst.*
Suering *D*

8

Beinhorn *D*
Fieseler *D*
Parseval *D*
Zeppelin *D*
(F. v. Zeppelin)

9

Blanchard *frz.*
Huenefeld *D*
Immelmann *D*
Lindbergh *USA*
Plueschow *D*

10

Cunningham *brit.*
Lilienthal *D*
Richthofen *D*
(F. v. Richthofen)

11

Fitzmaurice *ir.*
Montgolfier *frz.*

12

Christiansen *D*
SantosDumont *bras.*
(Santos Dumont)

13

Messerschmitt *D*

15

LeonardodaVinci *it.*
(Leonardo da Vinci)

Geographische Begriffe

2

Au

3

Alm
Arm
Aue
Bai
Col
Gau
Ile
Kap
Kar
Kog
Lac
Ort
Pic
Pik
Piz
Pol
Ras
Roc
See
Tal
Weg

4

Bach
Belt
Berg
Bett
Cape
Côte
Damm
Dorf
Enge
Fall
Feld
Fels
Flur
Furt
Gatt
Golf
Grat
Haff
Hain
Hang
Horn
Kamm
Kees
Kolm
Koog
Kulm
Lago
Lake
Land
Lauf
Lido
Maar
Meer
Mont
Moor
Mure
Oase
Oede
Pass
Peak
Pico
Rain
Rand
Ried
Riff
Sand
Sund
Ufer
Wald
Watt
Wehr
Zone

5

Anger
Atoll

Bucht
Buhne
Bruch
Busen
Canon
Deich
Delta
Duene
Ebene
Fjord
Fluss
Forst
Geest
Hafen
Halde
Heide
Hoehe
Horst
Insel
Kamin
Kanal
Karst
Kegel
Klamm
Kluft
Kogel
Kuppe
Matte
Monte
Mount
Mulde
Ozean
Pampa
Priel
Rinne
Senke
Sohle
Spalt
Staat
Stadt
Strom
Sumpf
Taiga
Teich
Tobel
Trift
Wiese
Zacke
Zinne

6

Abhang
Arktis
Becken
Bezirk
Breite
Eiland
Felsen
Ferner
Foerde
Furche
Gebiet
Gegend
Geiser
Gipfel
Globus
Graben
Gracht
Grenze
Hallig
Himmel
Hoehle
Huegel
Kanton
Kessel
Klippe
Krater
Kueste
Laenge
Lagune
Marsch
Massiv
Platte
Quelle
Sattel
Spalte
Steppe
Strand
Tropen
Tundra
Urwald
Vulkan
Wueste

7

Engpass
Enklave
Erdteil
Flecken
Gebirge
Geroell
Gestade
Hochtal
Hohlweg
Moraene
Nehrung
Nordpol
Oedland
Plateau
Praerie
Provinz
Savanne
Schaere
Suedpol
Talenge
Untiefe
Waechte
Zufluss

8

Aequator
Archipel
Erdachse
Erdkreis
Dschebel
Eruption
Festland
Flussarm
Gefaelle
Gelaende
Hochland
Horizont
Landenge
Lichtung
Meerenge
Meridian
Muendung
Oberland
Sandbank
Schlucht
Staudamm
Talsohle
Tiefland
Traverse
Weltmeer
Wildbach

9

Antarktis
Berglehne
Binnensee
Boeschung
Erdspalte
Felskuppe
Flachland
Flussbett
Formation
Gemarkung
Gewaesser
Gletscher
Golfstrom
Halbinsel
Hochebene
Hoehenzug
Kontinent
Kratersee
Landzunge
Niederung
Polarzone
Seekueste
Tafelland
Talsperre
Tiefebene
Unterland

10

Baumgrenze
Bergmassiv
Binnenmeer
Gebirgssee
Gebirgszug
Hafenstadt

Hauptstadt
Hinterland
Huegelland
Landschaft
Landstrich
Marschland
Nebenfluss
Quellfluss
Seenplatte
Stufenland
Urstromtal
Waldgrenze
Wasserfall
Wattenmeer

11

Bergruecken
Breitengrad
Flachkueste
Hemisphaere
Hochgebirge
Hochplateau
Laengengrad
Landruecken
Polargebiet
Schwemmland
Steilkueste
Talschlucht
Wanderduene

12

Grundmoraene
Korallenriff
Kreidefelsen
Nationalpark
Schneegrenze

13

Hoheitsgebiet
Kettengebirge
Koralleninsel
Mittelgebirge

Stromschnelle
Wasserscheide

14

Erdoberflaeche
Gletschersohle
Schiffahrtsweg
Seenlandschaft

15

Gletschermassiv
Kuestenstreifen
Sumpflandschaft

Gesellschaftsspiele, Glücksspiele

(Kartennamen und Spiel-Begriffe einbezogen)

2

As
Go
Re

3

Jeu
Pik
Rot
Zug

4

Acht
Ambo
Bild
Bock
Bube
Dame
Daus
Drei
Hand
Herz
Karo
matt
Mond
Neun
Noir
Null
Ober
Pair
Patt
Pick
Puff
Quiz
Skat
Solo
Turm
Vier
Zehn
Zero
Zwei

5

Atout
Bauer
Bluff
Coeur
Farbe
Fuenf
Grand
Gruen
Halma
Jeton
Joker
Jolly
Junge
Karte
Kreuz
Lotto
Pasch

Peter
Pharo
Pique
Poker
remis
Rommé
Rouge
Runde
Salta
Sechs
Skues
Stein
Talon
Terno
Treff
Valet
Whist

6

Biribi
Boccia
Bridge
Contra
Ecarté
(auch Ekarté)
Eichel
Gambit
Gammon
Gobang
Hasard
Impair
Koenig
MauMau
(Mau-Mau)
Muehle

Ouvert
Passen
Pharao
Piquet
Pochen
Puzzle
Ramsch
Reiter
Schach
Sieben
Taille
Tantes
(auch Tantos)
Tarock
Trumpf

7

Billard
Canasta
Couleur
Einsatz
Kiebitz
Knobeln
Laeufer
Mariage
Mischen
Renonce
Rochade
Roessel
Roulett
Schwarz
Schelle
Tombola
Vorhand
Wuerfel

8

Bakkarat
(auch Baccarat)
Croupier
Eckstein
Lotterie
Papillon
Patience
Quartett
Revanche
Roulette
(oder Roulett)
springen
Springer
Vabanque
(auch Va banque)
Wuerfeln

9

Blindekuh
GrandHand
(Grand Hand)
kiebitzen
Mauscheln
Schafkopf
(auch Schafskopf)
Schnapsen
Schneider
Vingtetun
(Vingt et un/ „17 und 4")

10

Blindspiel
Brettspiel
Doppelkopf
Hinterhand
Klaberjass
Nullouvert
(Null ouvert)
Spielkarte
Spielmarke
Tricktrack
Wettrennen

11

Kartenspiel
Muehlebrett
Puzzlespiel
Rougeetnoir
(Rouge et noir)
Schachbrett
Schachfigur
Zahlenlotto
Zwickmuehle

12

Gluecksspiel
GoldeneSechs
(Goldene Sechs)
Riennevaplus
(Rien ne va plus)
Sambacanasta
Wuerfelspiel

13

Einundzwanzig

Pfaenderspiel
Simultanspiel
Versteckspiel
Wettrennspiel

14

Blindekuhspiel
Doppelquartett
Faitesvotrejeu
(Faites votre jeu)
Kartenlotterie
Schieberramsch
SchwarzerPeter
(Schwarzer Peter)

15

Sechsundsechzig

Getränke

3

Ale
Gin
Hag
Met
Nes
Obi
Rum
Tee

4

Asti
Bier
Boza
Flip
Grog
Koem
Koks
Korn
Mate
Most
Pils
Saft
Sekt
Soda
Wein

5

Arrak
Bados
Bowle
Fusel
Kakao
Milch
Mokka
(auch Mocca)
Mosel
Sprit
Tinto
Wodka
Zider

6

Brandy
Brause
Cherry
Cognac
(auch Cognak oder Kognak)
Enzian
Kaffee
Kirsch
Likoer
Malaga
Pernod
Porter
Punsch
Sherry
Treber
Wasser
Weisse
Wermut
Whisky

7

Absinth
Alkohol
Allasch
Aquavit
Brunnen
Chianti
Cinzano
Curaçao
Genever
Himbeer
Joghurt
Kuemmel
Madeira
Marsala
Pilsner
Rotwein
Schnaps
Selters
Sprudel
Tokajer
Zitrone

8

Alicante
Anisette
Apéritif
Bockbier
Bordeaux
Cocktail
Falerner
Heuriger
Limonade
Maitrank
Malzbier
Obstwein
Pilsener
Portwein
Rauscher
Reisbier
Spumante
Tintillo

9

Angostura
Apfelsaft
Burgunder
Eiskaffee
Gluehwein
Grenadine
KalteEnte
(Kalte Ente)
Machandel

Orangeade
Rheinwein
Slibowitz
(auch Sliwowitz)
Starkbier
Weinbrand
Weissbier
Weisswein

10

Bilzbrause
Branntwein
Boroviczka
Champagner
Chartreuse
Eiercognac
Eierpunsch

Eiskuemmel
Exportbier
Fruchtsaft
Goldwasser
Ingwerbier
Knickebein
Malzkaffee
Maraschino
Schaumwein
Schokolade
Sodawasser
Weizenbier

11

Drachenblut
Erdbeersaft
Gerstenbier

Himbeersaft
Kamillentee
Maerzenbier
Magenbitter
Muskateller
Quellwasser
Steinhaeger

12

Apfelsprudel
Benediktiner
CherryBrandy
(Cherry Brandy)
Hoppelpoppel
Kirschwasser
Schorlemorle
Selterwasser
(od. Selterswasser)

13

Brunnenwasser
Eisschokolade
Gerstenkaffee
Mineralwasser

14

Brauselimonade
Gesundheitstee
Pfefferminztee
Schwedenpunsch
Zitronenwasser

15

Karmelitergeist
Muskatellerwein
Zitronensprudel

Gewichte und Maße

1. Deutsche und in Deutschland benutzte internationale Gewichte und Maße

2. Gewichte und Maße des Auslands

1. DEUTSCHE UND IN DEUTSCHLAND BENUTZTE INTERNATIONALE GEWICHTE UND MASSE *(Auch aus früherer Zeit)*

2

Ar
PS

3

BRT
Lot
NRT
Ohm

4

Atue
Elle
Fuss
Grad
Gran
Kufe
Mass
Phon
Rute
Sack
Volt
Watt
Zoll

5

Acker
Fuder
Gamma
Graen
Gramm
Hufen
Kanne
Kerze
Linie
Liter
Lumen
Meile
Meter
Metze
Quart
Quent
Quint
Spint
Stein

6

Ampere
Hektar

Mandel
Mikron
Minute
Morgen
Oxhoft
Schock
Seidel
Simmer
Stunde
Wispel

7

Celsius
Dutzend
Kalorie
Klafter
Reaumur
Sekunde
Tagwerk
Zentner

8

Kilowatt
Scheffel

9

Dezigramm
Deziliter
Dezimeter
Kilogramm
Kilometer

10

Fahrenheit
Hektoliter
Kelvingrad
Kubikmeter
Mikroliter
Milligramm
Milliliter
Millimeter
Zentigramm
Zentiliter
Zentimeter

11

Atmosphaere
Celsiusgrad

Kilokalorie
Reaumurgrad

12

Quadratmeter

13

Doppelzentner
Pferdestaerke
Sekundenmeter
(Metersekunden)

14

Fahrenheitgrad
Kubikdezimeter

15

Kubikzentimeter

2. GEWICHTE UND MASSE DES AUSLANDS

2

Li *China*

3

Are *Frankreich*
Bag *Afrika, Indien, USA*
Guz *Indien*
Ken *Japan*
Oka *Griechenland, Türkei*

Pot (auch Pott)	*Dänemark, Frankreich, Großbritannien, Kanada, Norwegen, Schweiz*
Sai	*Japan*
Teh	*Birma*

4

Acre	*Großbritannien, Kanada, USA*
Bale	*Ägypten, Argentinien, Indien, USA*
Deka	*Österreich*
Dram	*Großbritannien,*
Foot	*Großbritannien Kanada, USA*
Inch	*Großbritannien, Kanada, USA*
Line	*Großbritannien*
Mile	*USA*
Mina	*Mexiko*
Orna	*Italien*
Pint	*Großbritannien, Kanada, USA*
Pipa	*Argentinien, Brasilien, Portugal, Spanien*
Pipe	*Frankreich, Großbr.*
Rood	*Großbritannien, Kanada, USA*
Sack	*Großbritannien*
Saco	*Brasilien, Kolumbien, Mexiko, Venezuela*
Yard	*Großbritannien, Kanada, USA*

5

Candy	*Indien*
Chain	*Großbritannien*
Legua	*Spanien*
Libra	*Mittel-, Südamerika*
Ounce	*Großbritannien, Kanada, USA*
Pouce	*Frankreich*
Pound	*Großbritannien, Kanada, USA*
Quart	*Großbritannien, Kanada, USA*
Stone	*Großbrit., Kanada*
Tschi	*China, Japan*
Tsubo	*Japan*
Wedro	*Rußland*
Werst	*Rußland*

6

Arroba	*Argentinien, Brasilien, Paraguay, Portugal, Spanien*
Barrel	*Großbritannien, Kanada, USA*
Barril	*Mittel-, Südamerika*
Bushel	*USA*
Cental	*USA*
Fathom	*Großbr., Kanada*
Feddan	*Ägypten*
Firkin	*Großbr., Kanada*
Gallon	*Großbritannien, Kanada, USA*
Litron	*Belgien*
Netton (net ton)	*USA*

Schaku	*Japan*
Seitel	*Österreich*
Talent	*Griechenland*
Zaspel	*Österreich*

7

Arschin	*Rußland*
Barilon	*Spanien*
Estadio	*Brasilien, Portugal, Spanien*
Furlong	*Großbritannien*
Quarter	*Großbritannien, Kanada, USA*
Saschen	*Rußland*
Section	*USA*
Tschang	*China*

8

Botschka	*Rußland*
Dscherib	*Iran*
Esterlin	*Belgien, Frankreich*
Hogshead	*Großbritannien, Kanada, USA*
Shortton *(short ton)*	*USA*
Standard	*Großbr., Kanada, Skandinavien*
Werschok	*Rußland*

9

Cubicinch *(cubic inch)*	*Großbr., Kanada*
Cubicfoot *(cubic foot)*	*Großbr., Kanada*
Cubicyard *(cubic yard)*	*Großbr., Kanada*
Desjatine	*Rußland*
Troyounce *(troy ounce)*	*Großbritannien, Kanada, USA*
Troypound *(troy pound)*	*Großbr., Holland, Kanada, USA*

10

Englishton *(english ton)*	*Großbr., Ägypten*
Liquidpint *(liquid pint)*	*Großbritannien*
Londonmile *(London mile)*	*Großbritannien*
Squareinch *(square inch)*	*Großbritannien, Kanada, USA*
Squaremile *(square mile)*	*Großbritannien, Kanada, USA*
Squarefoot *(square foot)*	*Großbritannien, Kanada, USA*
Squareyard *(square yard)*	*Großbritannien, Kanada, USA*

11

Liquidquart *(liquid quart)*	*Großbritannien*
Pennyweight	*Großbritannien*
Statutemile *(statute mile)*	*Großbritannien*

12

Liquidgallon *(liquid gallon)*	*Großbritannien, USA*
Nauticalmile *(nautical mile)*	*Großbritannien*

13

Hundredweight	*Großbritannien, Kanada, USA*

Götter und Sagengestalten

1. Alt-Ägyptische Götter und Sagengestalten 2. Griechische Götter und Sagengestalten 3. Nordisch-Germanische Götter und Sagengestalten 4. Figuren der Nibelungensage 5. Römische Götter und Sagengestalten

1. ALT-ÄGYPTISCHE GÖTTER UND SAGENGESTALTEN

2

Re

3

Geb
Mat
Nil
Nut

4

Amon
(auch Amun)
Apis
Atum
Bast
Isis
Ptah
Schu
Seth
Thot
Month
Neith
Nilus
Sebak
Sobek
Thoth
Usiri

5

Ammon
Belos
Chons
Horus
Mentu

6

Anubis
Chnemu
Chonsu
Danaos
Hathor
Mendes
Neilus
Osiris
Tefnut

7

Canobus
Serapis

8

Bubastis
Haroeris
Nephthys

2. GRIECHISCHE GÖTTER UND SAGENGESTALTEN

2

Ge	*Erdgöttin*
Io	*Eine der Geliebten des Zeus*

3

Bia	*Göttin der Gewalt*
Deo	*Göttin der Fruchtbarkeit*

Eos	*Göttin der Morgenröte*
Nyx	*Göttin der Nacht*
Pan	*Gott des Mittags; Beschützer der Herden, Hirten, Jäger*

4

Ajax	*Held von Troja*
Ares	*Gott des Krieges*
Dike	*Göttin der Gerechtigkeit*
Echo	*Bergnymphe*
Eris	*Göttin der Zwietracht*
Eros	*Gott der Liebe*
Gaia	*Erdgöttin*
Hebe	*Göttin der Jugend*
Hera	*Göttin der Ehe und Familie*
Iris	*Göttin des Regenbogens, Götterbotin*
Leda	*Zeus-Geliebte*
Nike	*Göttin des Sieges*
Styx	*Göttin der Unsterblichen*
Zeus	*Vater aller Götter*

5

Aegir	*Meergott*
Atlas	*Träger des Himmels*
Danae	*Zeus-Geliebte*
Elpis	*Göttin der Hoffnung*
Hades	*Gott der Unterwelt*
Horen	*Göttinnen der Natur und Jahreszeiten*
Hymen	*Gott der Ehe*
Ladon	*Flußgott*
Manto	*Seherin*
Metis	*Göttin der Klugheit*
Momos	*Gott des Spottes*
Niobe	*Geliebte des Zeus*
Satyr	*Berg- und Waldgeist*
Tyche	*Göttin des Glücks*

6

Aigina	*Eine der Zeus-Geliebten*
Aiolos	*Gott der Winde*
Apollo *(auch Apollon)*	*Gott des Lichtes und Frühlings*
Asopos	*Flußgott*
Athena *(auch Athene)*	*Göttin der Weisheit, Tochter des Zeus*
Eirene	*Göttin des Friedens*
Europa	*Zeus-Geliebte*
Helios	*Sonnengott*
Hermes	*Gott der Fruchtbarkeit, Götterbote*
Hekate	*Göttin der Nacht*
Hestia	*Göttin des Herdes*
Hypnos	*Gott des Schlafes*
Ikelos	*Gott des Traumes*
Kastor	*Sohn des Zeus*
Kratos	*Gott der Kraft*
Kronos	*Gott der Fruchtbarkeit*

Kybele	*Göttin des Mondes, der Geister und Gespenster*
Nereus	*Meergott*
Peitho	*Göttin des Hades*
Peneos	*Flußgott*
Plutos	*Gott des Reichtums*
Pluton	*Gott der Unterwelt*
Pontos	*Gott der Meere*
Python	*Drache*
Semele	*Zeus-Geliebte*
Selene	*Mondgöttin*
Tethys *(auch Thetis)*	*Göttin des Meeres*
Themis	*Göttin der Gerechtigkeit*
Triton	*Meeresgott, Sohn des Poseidon*
Typhon	*Ungeheuer*
Uranos	*Gott des Himmels*

7

Alkmene	*Eine der Geliebten des Zeus*
Alpheus	*Flußgott*
Antaios	*Riese*
Anteros	*Gott der Sorge und Teilnahme*
Antiope	*Zeus-Geliebte*
Apollon *(auch Apollo)*	*Gott des Lichtes und Frühlings*
Artemis	*Göttin der Jagd, Schwester Apollons*
Astraea	*Göttin der Gerechtigkeit*
Atropos	*Schicksalsgöttin*
Bacchus *(auch Bakchos)*	*Gott des Weines*
Demeter	*Göttin der Fruchtbarkeit, des Ackerbaus; Geliebte des Zeus*
Dryaden	*Baumnymphen*
Echidna	*Nymphe*
Eunomia	*Göttin der Ordnung*
Najaden	*Wassernymphen*
Nemesis	*Göttin der Gerechtigkeit*
Oreaden	*Bergnymphen*
Peneios	*Flußgott*
Perseus	*Sohn des Zeus und der Danae, Günstling der Athene*
Phorkys	*Meeresgott*
Priapos	*Gott der Fruchtbarkeit*
Proteus	*Gott der Verwandlung, Weissagung*
Silenos	*Gefährte des Bacchus*
Theseus	*Heldengestalt*

8

Alethaia	*Göttin der Wahrheit*
Alpheios	*Flußgott*
Amazonen	*Kriegführende Frauen*

Dionysos	*Gott des Weines, des Rausches, der Melancholie*
Eurynome	*Eine der Geliebten des Zeus*
Galataia	*Meeresnymphe*
Giganten	*Riesen*
Harmonia	*Göttin der Eintracht*
Harpyien	*Sturm- und Todesgöttinnen*
Herakles	*Zeus-Sohn, griechischer Held*
Kallisto	*Geliebte des Zeus*
Kerberos	*Höllenhund*
Kyklopen	*Einäugige Riesen*
Morpheus	*Gott der Träume*
Nereiden	*Nymphen*
Poseidon	*Gott der Gewässer*
Tartaros	*Gott der Unterwelt*
Tantalus	*Sohn des Zeus, Phrygierkönig*
Thanatos	*Gott des Todes*
Tiresias *(auch Teiresias)*	*Blinder Seher*

9

Aphrodite	*Göttin der Liebe und Schönheit, Geliebte des Zeus*
Asklepios	*Gott der Heilkraft, Sohn des Apoll*
Charybdis	*Meerungeheuer*
Hymenaeos	*Gott der Ehe*
Mnemosyne	*Göttin des Gedächtnisses, Zeus-Geliebte*
Phantasos	*Gott der Träume*
Teiresias *(auch Tiresias)*	*Blinder Seher*

10

Amphiaraos	*Seher*
Amphitrite	*Meeresgöttin*
Argonauten	*Heldengeschlecht*
Eileithyia	*Göttin der Geburten*
Epimetheus	*Bruder des Prometheus*
Hephaistos	*Gott des Feuers, der Bau- und Schmiedekunst*
Minotauros	*Ungeheuer*
Persephone	*Göttin der Unterwelt, Frau des Hades*
Polydeukes	*Sohn von Zeus und Leda*
Prometheus	*Sohn des Japetos*
Telemachos	*Sohn des Odysseus*

11

Rhadamantys	*Richter der Unterwelt, vermählt mit Alkmene*

12

PallasAthene *(Pallas Athene)*	*Göttin der Weisheit*

3

Fro	*(= Frey) Gott des Friedens und der Fruchtbarkeit*
Hel	*Göttin der Unterwelt*
Syn	*Göttin der Gerechtigkeit*
Tiu	*Gott des Krieges*
Tyr	*(= Tiu) Gott des Krieges*
Ull	*Bogenschütze und Schutzpatron der Skiläufer*
Urd	*Norne (Schicksalsgöttin)*
Var	*Göttin der Treue und Wahrheit*
Zio	*(= Tiu) Gott des Krieges*
Ziu	*(= Tiu) Gott des Krieges*

4

Frea	*(= Frija) Wodans Frau, Mutter der Götter und Menschen*
Frey	*Gott des Friedens und der Fruchtbarkeit*
Idun	*Frau des Bragi, Göttin der Unsterblichkeit*
Lofn	*Gott der Ehe*
Loki	*Gott des Feuers*
Odin	*(= Wodan) Oberster aller Götter, Vater aller Menschen*
Thor	*(= Donar) Donnergott, Sohn Wodans*
Tiuz	*(= Tiu) Gott des Krieges*
Wali	*Gott des Frühlings*
Wara	*(= Var) Göttin der Treue und Wahrheit*

5

Braga	*(= Bragi) Gott der Dichtkunst und Beredsamkeit*
Bragi	*Gott der Dichtkunst und Beredsamkeit*
Donar	*Donnergott, Sohn Wodans*
Freia	*(= Freya) Göttin der Fruchtbarkeit und Liebe*
Freya	*Göttin der Fruchtbarkeit und Liebe*
Freyr	*(= Frey) Gott des Friedens und der Fruchtbarkeit*
Frigg	*(= Frija) Wodans Frau, Mutter der Götter und Menschen*
Frija	*Wodans Frau, Mutter der Götter und Menschen*
Iduna	*(= Idun) Frau des Bragi, Göttin der Unsterblichkeit*
Noerd	*Gott des Reichtums und der Schiffahrt*
Skuld	*Norne (Schicksalsgöttin)*
Uller	*(= Ull) Bogenschütze und Schutzpatron der Skiläufer*
Widar *(auch Vidarr)*	*Sohn Wodans, Gott der Verschwiegenheit*

Wodan	*(= Odin) Oberster aller Götter, Vater aller Menschen*
Njoerd	*(= Noerd) Gott des Reichtums und der Schiffahrt*

6

Balder	*Gott der Güte, des Lichts und des Frühlings*
Baldur	*(= Balder) Gott der Güte, des Lichts und des Frühlings*
Freyja	*(= Freia und Freya) Göttin der Fruchtbarkeit und Liebe*
Frigga	*Göttin des Herdes*
Gefjon	*Göttin der Unschuld*
Hoedur *(auch Hoedr)*	*Der Blinde, der Balder tötet*
Loeffa	*Göttin der Ehe*

7

Asynien	*Nordische Göttinnen*
Forseti	*Richter, Friedensgott*

8

Heimdall	*Himmelswächter*
Werdandi	*Norne (Schicksalsgöttin)*

9

Walkueren	*Schildmädchen; geleiten die Gefallenen vom Schlachtfeld nach Walhall*

4. FIGUREN DER NIBELUNGENSAGE

3

Ute	*Kriemhilds Mutter*

4

Mime *(auch Mimir)*	*Zwergenschmied, der Siegfried aufzog*

5

Etzel	*König der Hunnen*
Freia	*Göttin der Jugend und Schönheit*
Hagen	*Gefolgsmann Gunthers*
Mimir *(auch Mime)*	*Zwergenschmied, der Siegfried aufzog*
Wotan	*Göttervater*

6

Fafner (oder Fafnir)	*In einen Drachen verwandelter Riese, Bewacher des Nibelungenschatzes*
Fasolt	*Riese*
Gernot	*Bruder Gunthers*
Tronje	*Zunamen Hagens*
Volker	*Spielmann*

7

Bloedel	*Etzels Bruder*
Gunther	*König von Burgund*
Gutrune	*Gunthers Schwester*

8

Alberich	*Nibelungenfürst, Hüter des Goldschatzes*
Brunhild *(auch Bruenhild)*	*Gunthers Frau*
Dietrich	*Dietrich von Bern*
Giselher	*Bruder Gunthers*
Ruediger	*Markgraf Rüdiger von Bechelaren*
Siegmund	*Siegfrieds Vater, König von Niederland*
Woglinde	*Rheintochter*

9

Kriemhild	*Schwester Gunthers, Siegfrieds Frau*
Siegfried	*Siegmunds Sohn, Held der Niebelungensage*
Wellgunde	*Rheintochter*

10

Hildebrand	*Waffenmeister Dietrichs von Bern*
Flosshilde	*Rheintochter*

5. RÖMISCHE GÖTTER UND SAGENGESTALTEN

3

Sol	*Sonnengott*

4

Amor	*Gott der Liebe*
Cura	*Göttin der Sorgen*
Fama	*Göttin der Geltung, der Gerüchte*
Faun	*Gott des Ackerbaus und der Viehzucht*
Juno	*Göttin der Ehe, der Geburten, des Mondes*
Luna	*Mondgöttin*

Mars	*Gott des Krieges*
Mors	*Gott des Todes*

5

Apoll	*(= Apollo)*
Ceres	*Göttin der Fruchtbarkeit*
Diana	*Göttin der Jagd*
Flora	*Göttin der Blumen*
Furia *(Mehrzahl: Furiae)*	*= 3 Göttinnen der Rache: Alekto, Megara, Tisiphone*
Janus	*Gott des Friedens und der Zeit*
Jocus	*Gott des Scherzes*
Orkus	*(= Pluto) Gott der Unterwelt; auch Gott des Reichtums*
Pluto	*Gott der Unterwelt; auch Gott des Reichtums*
Suada	*Göttin der Überredungskunst*
Venus	*Göttin der Liebe und Schönheit*
Vesta	*Göttin des Herdes*

6

Aeolus	*Gott der Winde*
Apollo	*Gott des Lichtes, des Frühlings, der Dichtkunst*
Aurora	*Göttin der Morgenröte*
Cupido	*(= Amor) Gott der Liebe*
Erebus	*Gott des Unterwelt-Dunkels*
Faunus	*Schutzgott der Herden, Hirten, Jäger*
Levana	*Schutzgöttin der Neugeborenen*
Merkur	*Gott des praktischen Verstandes; Götterbote*
Neptun	*Gott der Gewässer*
Pomona	*Göttin der Gärten*
Somnus	*Gott des Schlafes*

7

Bacchus	*Gott des Weines, der Melancholie, des Rausches*
Fortuna	*Göttin des Glücks*
Jupiter	*Göttervater*
Majesta	*Göttin der Natur*
Minerva	*Göttin der Weisheit*
Pluvius	*Gott des Regens*
Salacia	*Göttin der Salzfluten*
Silenus *(auch Silen)*	*Gott der Quellen*
Veritas	*Göttin der Wahrheit*

8

Favonius	*Gott der Winde*
Hercules *(auch Herkules)*	*Heroe*

Juventas	*Göttin der Jugend*
Libertas	*Göttin der Freiheit*
Lupercus	*Gott der Hirten*
Neptunus	*(= Neptun) Gott der Gewässer*
Saturnus	*Gott der Fruchtbarkeit*
Silvanus	*Waldgott*
Victoria *(auch Viktoria)*	*Siegesgöttin*
Vulcanus *(auch Vulkanus)*	*Gott des Feuers, der Bau- und Schmiedekunst*

9

Amoretten	*Götter der Liebe*
Concordia	*Göttin der Gerechtigkeit*
Discordia	*Göttin der Zwietracht*
Mercurius	*(= Merkur) Gott des praktischen Verstandes; Götterbote*
Pudicitia	*Göttin der Keuschheit*
Vertumnus	*Gott der Wandlungen*

10

MagnaMater *(Magna Mater)*	*Göttin des Mondes, der Natur und Kultur*
Proserpina	*Göttin der Unterwelt, Schattenkönigin*
Aesculapius *(auch Aeskulapius)*	*Gott der Gesundheit und Medizin; Sohn des Apoll*

Griechische Buchstaben

2

My
Ny
Pi
Xi

3

Chi
Eta
Phi
Psi
Rho
Tau

4

Beta
Jota
Zeta

5

Alpha
Delta
Gamma
Kappa
Omega
Sigma
Theta

6

Lambda

7

Epsilon
Omikron
Ypsilon

Hauptstädte

(Nach Erdteilen und Staaten in alphabetischer Reihenfolge – Buchstabenzahl vor den Namen der Hauptstädte)

1. Afrika 2. Asien 3. Australien 4. Europa 5. Mittelamerika 6. Nordamerika 7. Südamerika

1. AFRIKA

Ägypten (VAR)	5	Kairo
Algerien	6	Algier
Äthiopien (Abessinien)	10	AddisAbeba *(Addis Abeba)*
Angola	16	SaoPaulode Luanda *(Sao Paulo de Luanda)*
Basutoland	6	Maseru
Betschuanaland	8	Mafeking
Dahomey	9	PortoNovo *(Porto Novo)*
Elfenbeinküste	7	Abidjan
Französisch-Somaliland	9	Dschibuti
Gabun	10	Libreville
Gambia	8	Bathurst
Ghana	5	Accra
Guinea	7	Conakry
Kamerun	6	Jaunde
Kenya	7	Nairobi
Kongo	12	Léopoldville
und	11	Brazzaville
Liberia	8	Monrovia
Libyen	8	Tripolis
Madagascar	10	Tananarive
Mali	6	Bamako
Marokko	5	Rabat
Mauretanien	9	Nuakchott
Niger	5	Niamy
Nigeria	5	Lagos
Nyassaland	5	Zomba
Portugiesisch-Guinea	6	Bissau
Portugiesisch-Ostafrika	15	Lourenco Marques *(Lourenco Marques)*
Réunion	7	StDénis *(St. Dénis)*
Rhodesien (Nord-)	6	Lusaka
Rhodesien (Süd-)	9	Salisbury
Ruanda-Urundi	8	Usumbura
Senegal	5	Dakar
Sierra Leone	8	Freetown
Somalia	10	Mogadiscio
Spanisch-Guinea	11	SantaIsabel *(Santa Isabel)*
Spanisch-Westafrika	13	VillaCisneros *(Villa Cisneros)*

Südafrika	8	Pretoria
Sudan	8	Khartoum
Südwestafrika	7	Windhuk
Swasiland	7	Mbabane
Tanganyika	11	DaresSalaam *(Dares-Salaam)*
Togo	4	Lome
Tschad	8	FortLamy *(Fort Lamy)*
Tunesien	5	Tunis
Uganda	7	Entebbe
Volta	11	Ouagadougou
Zentralafrikanische Republik	6	Bangui

2. ASIEN

Aden	4	Aden
Afghanistan	5	Kabul
Bhutan	7	Punakha
Burma	6	Rangun
Ceylon	7	Colombo
China (Volksrepublik)	7	Peking
China (National-)	6	Taipeh
Hongkong	8	Victoria
Indische Union	8	NeuDelhi *(Neu-Delhi)*
Indonesien	8	Djakarta
Irak	6	Bagdad
Iran (Persien)	7	Teheran
Israel	9	Jerusalem
Japan	5	Tokio
Jemen	4	Sana
Jordanien	5	Amman
Kambodscha	8	PnomPenh *(Pnom Penh)*
Korea (Nord-)	10	Pjoengjang
Korea (Süd-)	5	Seoul
Kuwait	6	Kuwait
Laos	9	Vientiane
Libanon	6	Beirut
Malaysia	11	KualaLumpur *(Kuala Lumpur)*
Nepal	8	Katmandu
Pakistan	10	Rawalpindi
Philippinen	10	QuezonCity *(Quezon City)*
Saudi-Arabien	7	ErRiyâd *(Er Riyâd)*
Singapur (Singapore)	9	Singapore
Sowjetunion (Asiatische und europäische Unionsrepubliken)	6	Moskau
Syrien	8	Damaskus
Thailand	7	Bangkog
Tibet	5	Lhasa
Türkei	6	Ankara
Vietnam (Nord-)	5	Hanoi
Vietnam (Süd-)	12	SaigonCholon *(Saigon-Cholon)*
Zypern (auch Cypern)	7	Nicosia

3. AUSTRALIEN

(Hauptstädte des Bundesbezirks und der Landesteile)

Bundesbezirk	8	Canberra	*Tasmanien*	6	Hobart
Neusüdwales	6	Sydney	*Victoria*	9	Melbourne
Nordaustralien	6	Darwin	*Westaustralien*	5	Perth
Queensland	8	Brisbane	*Neuseeland*	10	Wellington
Südaustralien	8	Adelaide			

4. EUROPA

(Bundesrepublik Deutschland auch Landeshauptstädte – UdSSR auch Hauptstädte aller europäischen und asiatischen Unionsrepubliken)

Albanien	6	Tirana
Andorra	14	AndorralaVieja *(Andorra la Vieja)*
Belgien	8	Bruessel
Bulgarien	5	Sofia
Dänemark	10	Kopenhagen
Deutschland, Bundesrepublik	4	Bonn
Landeshauptstädte		
Baden-Württ.	9	Stuttgart
Bayern	8	Muenchen
Berlin	6	Berlin
Bremen	6	Bremen
Hamburg	7	Hamburg
Hessen	9	Wiesbaden
Niedersachsen	8	Hannover
Nordrhein-Westfalen	11	Duesseldorf
Rheinland-Pfalz	5	Mainz
Saarland	12	Saarbruecken
Schleswig-Holstein	4	Kiel
Finnland	8	Helsinki
Frankreich	5	Paris
Griechenland	5	Athen
Großbritannien	6	London
Irland	6	Dublin
Island	9	Reykjavik
Italien	3	Rom
Jugoslawien	7	Belgrad
Liechtenstein	5	Vaduz
Luxemburg	9	Luxemburg
Monaco	6	Monaco
Niederlande (Holland)	7	DenHaag *(Den Haag)*

Norwegen	4	Oslo
Österreich	4	Wien
Polen	8	Warschau
Portugal	8	Lissabon
Rumänien	8	Bukarest
San Marino	9	SanMarino *(San Marino)*
Schweden	9	Stockholm
Schweiz	4	Bern
Sowjetisch besetzte Zone Deutschlands	6	Berlin (Ost-)
Sowjetunion	6	Moskau
Europäische und asiatische Unionsrepubliken der UdSSR:		
Armenische SSR	7	Jerewan
Aserbaidshanische SSR	4	Baku
Belorussische SSR	5	Minsk
Estnische SSR	5	Reval
Grusinische SSR	6	Tiflis
Kasachische SSR	7	AlmaAta *(Alma Ata)*
Kirgisische SSR	6	Frunse
Lettische SSR	4	Riga
Litauische SSR	5	Wilna
Moldauische SSR	10	Kischinjow
Russische SFSR	6	Moskau
Ukrainische SSR	4	Kiew
Usbekische SSR	9	Taschkent
Tadshikische SSR	10	Stalinabad
Turkmenische SSR	10	Aschchabad
Spanien	6	Madrid
Tschechoslawakei	4	Prag
Ungarn	8	Budapest
Vatikanstadt	3	Rom

5. MITTELAMERIKA

Britisch-Honduras	6	Belize
Costarica	7	SanJosé *(San José)*
Dominikanische Republik	14	Ciudad Trujillo *(Ciudad Trujillo)*
El Salvador	11	SanSalvador *(San Salvador)*
Föderation Westindien	11	PortofSpain *(Port of Spain)*
Guatemala	9	Guatemala
Honduras	11	Tegucigalpa
Kuba	6	Habana
Mexiko	10	MexicoCity *(Mexico City)*
Nicaragua	7	Managua
Panama	10	PanamaCity *(Panama City)*
Puerto Rico	7	SanJuan *(San Juan)*

6. NORDAMERIKA

(USA auch Hauptstädte der Bundesstaaten)

Kanada	6	Ottawa
Vereinigte Staaten von (Nord-) Amerika – USA –	10	Washington
Bundesstaaten		
Alabama	10	Montgomery
Alaska	6	Juneau
Arizona	7	Phoenix
Arkansas	10	LittleRock *(Little Rock)*
California (Kalifornien)	10	Sacramento
Colorado	6	Denver
Connecticut	8	Hartford
Distrikt Columbia	10	Washington
Deleware	5	Dover
Florida	11	Tallahassee
Georgia	7	Atlanta
Hawaii	8	Honolulu
Idaho	9	BoiseCity *(Boise City)*
Illinois	11	Springfield
Indiana	12	Indianapolis
Iowa	8	DesMoines *(Des Moines)*
Kansas	6	Topeka
Kentucky	9	Frankfort
Louisiana	10	BatonRouge *(Baton Rouge)*
Maine	7	Augusta
Maryland	8	Annapolis
Massachusetts	6	Boston
Michigan	7	Lansing
Minnesota	7	StPaul *(St.Paul)*
Mississippi	7	Jackson
Missouri	13	JeffersonCity *(Jefferson City)*
Montana	6	Helena
Nebraska	7	Lincoln
Nevada	10	CarsonCity (Carson City)
New Hampshire	7	Concord
New Jersey	7	Trenton
New Mexico	7	SantaFé (Santa Fé)
New York	6	Albany
North Carolina	7	Raleigh
North Dakota	8	Bismarck
Ohio	8	Columbus
Oklahoma	12	Oklahoma City *(Oklahoma City)*
Oregon	5	Salem
Pennsylvania	10	Harrisburg
Rhode Island	10	Providence
South Carolina	8	Columbia
South Dakota	6	Pierre
Tennessee	9	Nashville
Texas	6	Austin
Utah	12	SaltLakeCity *(Salt Lake City)*

Vermont	10	Montpelier	*West Virginia*	10	Charleston
Virginia	8	Richmond	*Wiconsin*	7	Madison
Washington	7	Olympia	*Wyoming*	8	Cheyenne

7. SÜDAMERIKA

Argentinien	11	BuenosAires *(Buenos Aires)*	*Ecuador*	5	Quito
Bolivien	5	LaPaz *(La Paz)*	*Französisch-Guayana*	7	Cayenne
Brasilien	8	Brasilia	*Kolumbien*	6	Bogota
Britisch-Guayana	10	Georgetown	*Niederländisch-Guayana*	10	Paramaribo
Chile	8	Santiago *(auch Santiago de Chile)*	*Paraguay*	8	Asuncion
			Peru	4	Lima
			Uruguay	10	Montevideo
			Venezuela	7	Caracas

Haustiere

3

Kuh
Sau

4

Eber
Ente
Esel
Gans
Hahn
Huhn
Hund
Kalb
Muli
Pony
Rind
Ross

5

Biene
Bulle
Erpel
Geiss
Henne
Kamel
Kater
Katze
Ochse
Pferd
Schaf
Stier
Stute
Zicke
Ziege

6

Ferkel
Fohlen
Glucke
Gockel
Hammel
Hengst
Kapaun
Kueken

7	8	9	11	12
Bueffel	Enterich	Kaetzchen	Goldhamster	Kanarienvogel
Fuellen	Truthahn	Kaninchen		Wellensittich
Schwein				

Hunderassen

3

Fox

4

Chin
Mops

5

Boxer
Dingo
Dogge
Pudel
Spitz
Ulmer

6

Barbet
Barsoi
Bassat
Beagle
Bracke
Bullie
Collie
Dackel
Pommer
Setter
Teckel

7

Afghane
Bastard
Erdhund
Griffon
Harrier
Mastiff
Pointer
Rattler
Spaniel
Terrier
Whippet

8

Bluthund
Bulldogg
ChowChow
(Chow-Chow)
Malteser
Pekinese
Pinscher
Windhund

9

Bulldogge
Dachshund
Dobermann
Fuchshund
Greyhound
Otterhund
Schnauzer
Tibethund
Windspiel
Wolfshund

10

Bologneser
Dalmatiner
Eskimohund
Foxterrier
Hirschhund
Leonberger
Rottweiler
Seidenhund
Tibetdogge
Tigerdogge
UlmerDogge
(Ulmer Dogge)
Zwergpudel
Zwergspitz

11

BullMastiff
(Bull Mastiff)
BullTerrier
(Bull Terrier)
Huehnerhund
IrishSetter
(Irish Setter)
KingCharles
(King Charles)

Rehpinscher
Seidenpudel
Seidenspitz
SkyeTerrier
(Skye Terrier)
Stoeberhund
Vorstehhund
Wachtelhund
Zwergdackel

12

Bernhardiner
Fuchsterrier
GordonSetter
(Gordon Setter)
IrishTerrier
(Irish Terrier)
Labradorhund
Parforcehund
Schaeferhund
Schweinshund
Zwergrattler
Zwergspaniel
Zwergterrier

13

Affenpinscher
Bullenbeisser
Cockerspaniel
DeutscheDogge
(DeutscheDogge)
Fleischerhund
ScotchTerrier
(Scotch Terrier)
Sussexspaniel
(Sussex Spaniel)
Zwergpinscher

14

DaenischeDogge
(Daenische Dogge)
Neufundlaender
RauhhaarTeckel
(Rauhhaar-Teckel)
Schnuerenpudel

15

AiredaleTerrier
(Airedale Terrier)
Riesenschnauzer

Insekten und Ungeziefer

(Käfer und Schmetterlinge = eigene Kapitel)

4

Emse
Floh
Imme
Kerf
Laus
Made

5

Assel
Biene
Breme
Bremse
Gelse
Glutt
Hafte
Larve
Milbe
Motte
Nisse
Russe
Wanze
Wespe
Zecke
Zirpe

6

Ameise
Bohrer
Dassel
Drohne
Fliege
Grille
Hummel
Muecke
Schabe
Soldat
Tsetse
Weisel
Zikade

7

Brummer
Erdfloh
Libelle
Moskito
Ohrwurm
Reblaus
Schnake
Schwabe
Termite

8

Bandwurm
Erdbiene
Erdkrebs
Erdwanze
Erdweber
Filzlaus
Franzose
Goldauge
Haarling
Heimchen
Heupferd
Holzbock
Holzlaus
Hornisse
Kakerlak
(auch Kakerlake)
Kammfloh
Kerbtier
Kopflaus
Kornwurm
Kurzhorn
Mehlwurm
Qualster

Sandfloh
Skorpion
Spulwurm
Tarantel
Trichine
Wandlaus
Wegwespe

9

Aasfliege
Anopheles
Baumwanze
Bettwanze
Bohrassel
Engerling
Erdgrille
Federling
Feldwespe
Goldwespe
Grabwespe
Halmwespe
Holzbiene
Holzwespe
Hundefloh
Hundelaus
Kornmotte
Lehmwespe
Meerwanze
Pelzmotte
Rollassel
Sandwespe
Schaflaus
Schneider
Siebwespe
Singzirpe
Sprengsel
Staublaus
Vogelfloh
Wegewespe
Zehrwespe

10

Biesfliege
Bienenlaus
Blasenfuss
Blattwanze
Bohrfliege
Brotbohrer
Federmotte
Feldgrille
Feuerwanze
Flohkaefer
Gichtwespe
Goldfliege
Halmfliege
Hausgrille
Hausspinne
Holzameise
Honigbiene
Igelfliege
Kornfliege
Lausfliege
Legebohrer
Mannazirpe
Mauerwespe
Mordfliege
Papierlaus
Perlenauge
Plattbauch
Raubfliege
Rossameise
Schafzecke
Schildlaus
Schneefloh
Seejungfer
Singzikade
Tannenlaus
Tanzfliege
Uferfliege
Viehbremse
Wachsmotte
Waldameise
Weichwespe
Zuckergast

11

Afterspinne
Blindbremse
Brechfliege
Brummfliege
Buecherlaus
Faltenwespe
Federfliege
Feuerfliege
Gabelmuecke
Goldjungfer
Grashuepfer
Haferfliege
Heuschrecke
Huehnerlaus
Hungerwespe
Kaesefliege
Kellerassel
Kleiderlaus
Kraetzmilbe
Kreuzspinne
Leuchtzirpe
Magenbremse
Mannazikade
Panzerassel
Papierwespe
Pelzfresser
Pillenwespe
Regenbremse
Schaffliege
Schaumzirpe
Stechfliege
Stechmuecke
Steinhummel
Tausendfuss
Vogelspinne
Wassermotte
Wespenbiene

12

Arbeitsbiene
Ameisenloewe
Blumenfliege
Buckelfliege
Darmtrichine
Eschenzikade
Fiebermuecke
Heusprengsel
Hummelfliege
Kirschfliege
Kleidermotte
Kuemmelmotte
Menschenfloh
Rachenbremse
Raupenfliege
Riesenameise
Rinderbremse
Schaumzikade
Schlupfwespe

Schwebfliege
Stubenfliege
Tapetenmotte
Teichlaeufer
Tsetsefliege
Wadenstecher
Waffenfliege
Walzenspinne
Wanderameise
Wasserreiter
Weizenfliege
Wollschweber

13

Eintagsfliege
Fleischfliege
Gerstenfliege
Gletscherfloh
Graspferdchen
Kuckucksbiene
Kuechenschabe
Mittagsfliege
Moehrenfliege
Ohrenkriecher
Schlammfliege
Schnellfliege
Schwirrfliege
Spargelfliege
Warzenbeisser
Wasserjungfrau

14

Blattlausloewe
Dickkopffliege
Gluehwuermchen
Habichtsfliege
Kapseltrichine
Koecherjungfer
Muskeltrichine
Schmeissfliege
Schnabelfliege
Sonnenschweber
Trauerschweber
Wasserskorpion

15

Fangheuschrecke
Feldheuschrecke
Gottesanbeterin
Grabheuschrecke
Laternentraeger
Laubheuschrecke
Maulwurfsgrille
Silberfischchen
Tausendfuessler

Inseln und Halbinseln

(Alphabetisch nach Erdteilen)

Einzel-Insel ohne Anmerkung, Halbinsel = HI, Inselgruppe = IG

1. Afrika *2. Amerika* *3. Asien* *4. Australien* *5. Europa*

1. AFRIKA

4

Mahé

5

Ferro
Mafia

Palma
Pemba
Sinai *HI*

6

Bolama
Dahlak *IG*

Gomera
Mombas
Philae

7

Aldabra *IG*
Annabom

Kanaren *IG*
Kerkena *IG*
Komoren *IG*
Madeira
Massaua
Réunion
SaoTomé
Sokotra

8

Sansibar

9

Amiranten *IG*
Ascension
Kerguelen *IG*
Lanzarote
Mauritius
Rodriguez
SaoThiago
Teneriffa

10

Madagaskar
Maskarenen *IG*
SesseInsel
Seychellen *IG*
(oder Seychelles)
BouvetInsel
GranCanaria
IledeFrance
SanktHelena

11

Elephantine
FernandoPoo

12

CaymanInseln *IG*

13

Fuerteventura
PrinzenInseln *IG*

14

BissagosInseln *IG*
IlhadoPrincipe
(Ilha do Principe)
TristandaCunha
(Tristan da Cunha)

15

SomaliHalbinsel *HI*
(Somali-Halbinsel)

2. AMERIKA
(Mittel-, Nord- und Südamerika)

4

Cuba
(auch Kuba)

5

Aruba
Coiba
Disko
Gaspé *HI*
Haiti

6

Alaska *HI*
Andros *IG*
Avalon *HI*
Bahama *IG*
Cedros
Chiloe
Kadiak
Marajo
Nocoya *HI*
Tobago

7

Aleuten *IG*
Antigua
Bonaire
Curaçao
Grenada
Jamaika
Nugsuak *HI*
SanJuan *IG*
Socorra
Dominica
Labrador *HI*
Melville *HI*
Montreal
Trinidad

8

Anguilla
Antillen *IG*
(Große Antillen / Kleine Antillen)
Barbados
Bermudas *IG*
Brooklyn

9

Banksland
Eleuthera
Feuerland *IG*
Galapagos *IG*
Margarita
Paraguana *HI*
Vancouver

10

Baffinland
Cornwallis *HI*
Cumberland *HI*
Desolation
Guadeloupe
LongIsland
Martinique
Montserrat
OsterInsel
PinosInsel
PuertoRico
SantaLuzia
Wellington

11

EllisIsland
GrahamInsel
Neufundland
ParryInseln *IG*
Providencia

12

AndrosInseln *IG*
BahamaInseln *IG*
NewBrunswick

PerlenInseln
SaintVincent
TeufelsInsel

13

BathurstInsel
BermudaInseln *IG*
FichtenInseln *IG*
JuanFernandez
KiefernInseln *IG*
LeewardInseln *IG*
NeuSchottland

14

FalklandInseln *IG*
JoinvilleInsel
SandwichInseln *IG*
SanFelixInseln *IG*
TierradelFuego
(Tierra del Fuego)

15

ManhattanIsland
NeuBraunschweig
PrinzWalesInsel
Weihnachtsinsel

3. ASIEN

3

Diu
Ios
Kos

4

Bali
Cebu
Java
Koje
Kola *HI*
Nias
Symi

5

Banda *IG*
Banka
Ceram
Hondo
Jesso
Korea *HI*
Luzon
Macao
Ormus
Perim
Samar
Sumba
Timor

6

Batjan
Borneo
Ceylon
Flores
Hainan
Imbros
Jalmal *HI*
Labuan
Lombok
Madura
Negros
Penang
Rhodos
RiuKiu *IG*
Sagami *HI*
Taimyr *HI*
Cypern
(auch Zypern)

7

Amboina
Arabien *HI*
Bahrein *IG*
Celebes
Formosa
Gujerat *HI*
Kiushiu
Kurilen *IG*

Malakka *HI*
Mindoro
Okinawa
Sumatra
Sumbawa
Talawan

8

Billiton
Hokkaido
Honschiu
Karafuto
Krakatau
Kwantung *HI*
Mindanao

Molukken *IG*
Sachalin
Sporaden *IG*

9

Andamanen *IG*
AruInseln *IG*
Halmahera
Insulinde *IG*
Karpathos
Malediven *IG*
Nikobaren *IG*
Schantung *HI*
Tsuschima

10

Indonesien *IG*
Kleinasien *HI*
Lakkadiven *IG*
Pescadores *IG*

11

BoninInseln *IG*
Kamtschatka *HI*
Philippinen *IG*
SundaInseln *IG*

12

FarsanInseln *IG*
Hinterindien *HI*

MerguiInseln *IG*
Vorderindien *HI*
VulkanInseln *IG*
WrangelInsel

13

FischerInseln *IG*
KeelingInseln *IG*

14

HenriettaInsel
MentaweiInseln *IG*

4. AUSTRALIEN
(Ozeanien einbezogen)

3

Epi
Nui
Ono

4

Beru *IG*
Guam
Huon
Lifu
Maré
Ngau
Tana
Uvéa
Wake
York *HI*

5

Bauro
(San Christobal)
Efate

Kuria
Maewo
Mitre
Moala
Nauru
Ndeni
Samoa *IG*

6

Ambrim
Arorei
Bikini

Cherry
Curtis
Matuku
Sunday
Tahiti
Tarawa
Torres *IG*
Totoya

7

Bellona
Kandavu

Loyalty *IG*
Norfolk
Rendova
Rennell

8

Aneityum
Eniwetok
Eromanga
LordHowe *IG*
Malekula

Melville
Starbuck
VitiLevu

9

KingInsel
Marquesas *IG*
Tasmanien *IG*
Tongatabu
VanuaLevu

10

CookInseln *IG*
HavreRocks *IG*
Melanesien *IG*
Neuseeland
Polynesien *IG*

11

BarrowInsel
Guadalcanar
Mikronesien *IG*
SantaIsabel

12

Bougainville
ElliceInseln *IG*
NeueHebriden *IG*
NorfolkInsel

13

ChathamInseln *IG*
FidschiInseln *IG*
GilbertInseln *IG*

NeuKaledonien *IG*
TokelauInseln *IG*

14

KermadecInseln *IG*
MarshallInseln *IG*

15

DirkHartogInsel
FourneauxInseln *IG*
SantaCruzInseln *IG*

5. EUROPA

1.(Gesamt)-Deutschland *2. Europäisches Ausland*

1. (GESAMT-)DEUTSCHLAND

4

Hela *HI*
Sylt

5

Amrum
Foehr
Hooge *(Hallig)*
Juist
Riems
Ruden

6

Angeln *HI*
Borkum
Mainau
Mellum
Ruegen
Ummanz
Usedom
Werder
Wittow *HI*
Wollin
Zingst *HI*

7

Baltrum
Fehmarn
Gristow
Jasmund *HI*
Memmert
Neuwerk

8

Halligen *IG*
Langeoog
Pellworm
Suedfall
Trischen

9

Fischland *HI*
Helgoland
Hiddensee
Langeness
Moenchgut *HI*
Norderney
Reichenau
Suederoog
Wangeroog

10

Eiderstedt *HI*
Nordstrand
Spiekeroog

11

Nonnenwerth

12

Finkenwerder
Frauenwoerth

13

Herrnchiemsee

14

Frauenchiemsee
FrischeNehrung *HI*

15

KurischeNehrung *HI*

2. Europäisches Ausland

3

Kos
Krk
Man
Rab
Urk

4

Arbe
Brac
Elba
Goza
Jura
Kola *HI*
Krim *HI*
Leon
Moon
Roem
Syra
Unst

5

Alsen
Arran
Athos
Capri
Chios
Dagoe
Delos
Fanoe
Gozzo
Hydra
Ibiza
Islay
Kanin *HI*
Korfu
Kreta
Lobau
Malta
Milos
Naxos
Oesel
Paros
Paxos
Samos
Thera
Tinos
Ufnau
Wales *HI*
Wight

6

Aegina
Andros
Attika *HI*
Azoren *HI*
Candia
Fuenen
Ikaria
Irland
Ischia
Island
Ithaka
Jersey
Lemnos
Lesbos
Lipari
Meleda
Oeland
Oléron
Pomona
Rhodos
Thasos
Veglia
Kerkyra
Korsika
Laaland
Liparen *IG*
Lofoten *IG*
Madeira
Menorca
Minorca
Salamis
Seeland
Sikinos
Tenedos
Tromsoe

7

Ameland
Cabrera
Capraja
Gargano *HI*
Gotland
IledeRé
(Ile de Ré)
Istrien *HI*

8

Alderney
Anglesey
Balearen *IG*
Bornholm
Bretagne *HI*
Cornwall *HI*

Cotentin *HI*
Faeroeer *IG*
Galloway *HI*
Goetland
Guernsey
Hebriden *IG*
Juetland *HI*
Kykladen *IG*
Mainland
Mallorca
Mytilene
Pityusen *IG*
Portland *HI*
Santorin
Schaeren *IG*
Schouwen
Sizilien
Skalling *HI*
Skopelos
Stroemoe
Vlieland

9

Apenninen *HI*
Dodekanes *IG*
Gallipoli *HI*
Kalabrien *HI*
Sardinien
Stromboli
Sundewitt *HI*
Walcheren *HI*
Zakynthos

10

Chalkidike *HI*
Formentera
Holderness *HI*
Kephalonia
LaCamargue
Peloponnes *HI*
Samothrake

11

Antikythira
BaerenInsel
Chersonesus
(Thrazischer Ch. heute = Gallipoli/ Taurischer Ch. heute = Krim)
KanalInseln *IG*
Kungsholmen
LaMaddalena
Pantelleria
Spitzbergen *IG*

12

AlandsInseln *IG*
NowajaSemlja
OrkneyInseln *IG*
Portoferrajo
Skandinavien *HI*
Terschelling

13

IledeQuessant
(Ile de Quessant)

14

HoekvanHolland *HI*
IonischeInseln *IG*
ShetlandInseln *IG*

15

FranzJosephLand
Grossbritannien
Schiermonnikoog

Jagd

3

Aas
Bau
Dam
Huf
Ohr
Reh
Ren
Sau

4

Aser
Auge
Baer
Balg
Balz
Bart
Bast
Bett
Bock
Brut
Elch
Elen
Ende
Ente
Fang
Fehe
Fett
Flug
Flur
Gams
Gang
Gans
Hahn
Hase
Hatz
Hege
Holz
Horn
Hund
Jagd
Kitz
Kalb
Kopf
Korn
Lauf
Maul
Nest
Paar

Pass
Ried
Rose
Rute
Satz
Sitz
Spur
Wild
Wolf
Wurf

5

aesen
Aeser
Bache
Beize
Belze
Blatt
Blume
Bruch
Dachs
Decke
Enden
Faehe
Falke
Falle
Fasan
fegen
Feist
Fiepe
Forst
Frass
Frett
Fuchs
Gabel
Geaes
Geiss
Gemse
Haken
Hauer
Haupt
Hecke
Henne
Hetze
Iltis
Jagen
Kehle
Kette
Keule
Kitze
(auch Kitz)
Klaue
Kranz
Krone
Kugel
Lager
Lasso
Lauer
Lefze
Leier
Licht
Loser
Luder
Lunte
Lunze
Luser
Meute
Nagel
Perle
Reuse
Ricke
Riese
Rinde
Rudel
Ruder
Ruede
Schaf
Seher
Spiel
Sporn
Stamm
Stand
Stoss
Suhle
Tatze
Tritt
Wedel
Welpe
Zehen
Zippe

6

Abbiss
Aesung
Altreh
Anbiss
Ansitz
Atzung
Behang
Blende
Blesse
Brunft
Eichel
Faenge
Flamme
Flanke
Flucht
Geaese
Gebell
Gehege
Gehoer
Gelege
Genist
Gewehr
Geweih
Graene
Graser
Haesin
Halali
Hirsch
Jaeger
Kanzel
Keiler
Kessel
Koeder
Koppel
Kraehe
Laeufe
Lappen
Losung
ludern
Maehne
Marder
Moench
Nicker
Nimrod
Perlen
Pikoer
Pirsch
Reiser
Reisig
Revier
Rodung
Roehre
Schale
Schild
Schirm
Schlag
Schrot
Sichel
Spiess
Sprung
Stange
Steiss
Storch
Stumpf
Waffen
Wiesel
Ziehen

7

Abtritt
Alttier
anlegen
Anstand
Auswurf
Bestand
blatten
Buechse
Damtier
Damwild
Dickung
Dressur
Erdjagd
Faecher
Faehrte
Falkner
Fittich
fluegge
forkeln
Gangart
Gebrech
Gehoere
Gehoern

Gekroen
Gelaeuf
Gelaeut
Geroehr
Gesperr
Gestell
Gewerft
Gewicht
Haderer
Halsung
Hauzahn
Horrido
(auch Horridoh)
Kadaver
Kapital
Kranich
Lichter
Loeffel
Puerzel
Rammler
Rebhuhn
Rehbock
Rehkalb
Rehkitz
Reizung
Roehren
Rottier
Rotwild
Ruessel
Sauhatz
Schalen
Schwanz
Sechser
Spiegel
Stangen
Stecher
Strecke
Streife
Stutzen
Traeger
Treiber
Wachtel
Wechsel
wildern
Wildsau

8

Abschuss
Absprung
Anschlag
Auerhahn
Auerwild
Balzjagd
Beitritt
Beizjagd
Birkhahn
Birkhuhn
Birkwild
Bockkitz
Dickicht
Dublette
(auch Doublette)
Elchtier
Fuchsbau
Fuechsin
Gamsbart
Gamsbock
Geaefter
Gefieder
Gesaeuge
Grandeln
Hetzjagd
Hochjagd
Hochsitz
Hubertus
Jagdhorn
Jagdhund
Jungholz
Kahlwild
Kehlbart
Kraeckel
Krickeln
kroepfen
Lauscher
Lockjagd
Paarspur
Passgang
pirschen
Rehgeiss
Rollzeit
Rotfuchs
Schaufel
Scheuche
Schlinge
Schnabel
Schnepfe
Schwarte
Schweiss
Schwinge
Spiesser
Sprosser
Staender
Waidmann
(auch Weidmann)
Waidsack
(auch Weidsack)
Waidwerk
(auch Weidwerk)
waidwund
(auch weidwund)
Wildbahn
Wilderer

9

aufsetzen
Augspross
Ausschuss
Damhirsch
Einschlag
Fangeisen
Falknerei
Faustmann
Federbart
Federwild
Feistzeit
Frettchen
Fuchshatz
Gebraeche
Geraeusch
Gescheide
Gruenrock
Haselhuhn
Haselwild
Hirschkuh
Hochstand
Jagdbeute
Jagdfasan
Jagdpacht
Jagdstuhl
Kaninchen
Lockvogel
Nachsuche
Rothirsch

Schaufeln
Schaufler
Schmalreh
Schneider
Schonzeit
Standarte
Standlaut
Treibjagd
Unterholz
verhoeren
Witterung

10

aufbrechen
Falkenjagd
Fangschuss
Frischling
Fuchshaube
Geschleife
Geschlinge
Hinterlauf
Hirschkalb
Hirschlauf
Jagdschein
Kahlhirsch
Kahlschlag
Klappfalle
Luderplatz
Mutterwild
Niederjagd
Schmaltier
Schuesseln
Standvogel
Tritteisen
vergraemen
Vorderlauf
Wasserjagd
Waidmesser
(auch Weidmesser)
Wildgatter
Wildkanzel

11

Augenspross
Baumrutsche
Falkenbeize
Federlappen
Glockengarn
Haupthirsch
Huettenjagd
Oberruecken
Passgaenger
Schnitthaar
Schwarzwild
Tellereisen
Vergraemung
Waidgenosse
(auch Weidgenosse)
Wildschwein
Wildwechsel

12

Brunftmaehne
Damschaufler
Futterstelle
Hirschgeweih
Kreuzfaehrte
Jaegerlatein
Mischbestand
Schweisshund
Ueberlaeufer
Waldschnepfe

13

Einzelgaenger
Grosswildjagd
Hirschfaenger
Hirschzeichen
Jagderlaubnis
Kesseltreiben
Schnitzeljagd

14

Hinterschaufel
Repetiergewehr
Revierfoerster
Vorderschaufel

15

Forstverwaltung
Grosswildjaeger
Jagdgenehmigung
Jagdvereinigung
Schnepfenstrich
Unterwasserjagd

Käfer

4

Bock
Koch

5

Assel
Stier

6

Eremit
Gerber
Walker

7

Erdfloh
Goliath
Maiwurm

8

Dornbock
Dreihorn
Edelmann

Gelbrand
Goldrand
Grasbock
Hausbock
Kornbock
Langfuss
Waldbock
Zierbock

9

Aaskaefer
Afterbock
Alpenbock
Breitfuss
Gluehwurm
Maikaefer
Negerbock
Oelkaefer
Rehkaefer
Rutenbock
Saegebock
Schwimmer
Vierzeher
Weberbock

10

Bastkaefer
Baumkaefer
Bienenbock
Blattnager
Bockkaefer
Bohrkaefer
Brotkaefer
Buntkaefer
Diebkaefer
Distelbock
Dungkaefer
Edelkaefer
Eichenbock
Fallkaefer
Feldkaefer
Fuenfzeher
Goldkaefer
Halskaefer
Kornkaefer
Hupfkaefer
Junikaefer
Kahnkaefer
Kapuzkaefer
Kornkaefer
Kronkaefer
Kuerschner
Laubkaefer
Laufkaefer
Mehlkaefer
Mistkaefer
Nussbohrer
Pappelbock
Pelzkaefer
Reiskaefer
Rohrkaefer
Rosskaefer
Sandkaefer
Schmalbock
Skarabaeus
Spiessbock
Tastkaefer
Uferkaefer
Walzenbock
Weglaeufer
Weidenbock
Wespenbock
Wollkaefer
Zangenbock
Zimmerbock
Zirpkaefer

11

Angelkaefer
Asselkaefer
Bartlaeufer
Berglaeufer
Blattkaefer
Blattroller
Bluetenbock
Brachkaefer
Brechkaefer
Buchdrucker
Buntlaeufer
Buschkaefer
Dammlaeufer
Duesterbock
Engfluegler
Fadenkaefer
Feldlaeufer
Feuerkaefer
Fichtenbock
Flaumkaefer
Fliegenbock
Glanzkaefer
Glattkaefer
Goldschmied
Grablaeufer
Klopfkaefer
Kranzkaefer
Kugelkaefer
Langarmbock
Moderkaefer
Mooslaeufer
Moschusbock
Obststecher
Pilzfresser
Punktkaefer
Putzlaeufer
Rennlaeufer
Rosenkaefer
Saegekaefer
Salzlaeufer
Samenkaefer
Sandlaeufer
Schabkaefer
Siebenpunkt
Speckkaefer
Staubkaefer
Sumpfkaefer
Tauchkaefer
Teichkaefer
Totenkaefer
Uferlaeufer
Zwergkaefer

12

Apfelstecher
Baumruessler
Bienenkaefer
Blasenkaefer
Blattwickler
Blumenkaefer
Borkenkaefer
Bovistkaefer
Bueschelbock
Dickruessler
Donnerkaefer
Duenenkaefer

Eichelbohrer
Erbsenkaefer
Flinklaeufer
Geisskaefer
Grundlaeufer
Halbfluegler
Hirschkaefer
Kamellaeufer
Kellerkaefer
Keulenkaefer
Klauenkaefer
Kolbenkaefer
Kraeuterdieb
Kreuzlaeufer
Kronenkaefer
Kurzfluegler
Kurzruessler
Larvenkaefer
Leuchtkaefer
Linsenkaefer
Marienkaefer
Metallkaefer
Moebelbohrer
Nachenkaefer
Palmenbohrer
Pflaumenbock
Pillendreher
Pillenkaefer
Pinselkaefer
Prachtkaefer
Raschlaeufer
Raupenjaeger
Rebenstecher
Rindenkaefer
Samenfresser
Sandruessler
Scharrkaefer
Scheibenbock
Schildkaefer
Schilfkaefer
Schmalkaefer
Seidenkaefer
Stutzfluegel
Sumpflaeufer
Taumelkaefer
Totengraeber
Tummelkaefer
Waldgaertner
Warzenkaefer
Wasserkaefer
Weichlaeufer
Wiesenkaefer
Wurzelkaefer

13

Ameisenkaefer
Bluetenkaefer
Buecherbohrer
Duesterkaefer
Einhornkaefer
Erlenruessler
Federfluegler
Fliegenkaefer
Glanzruessler
Goliathkaefer
Grossruessler
Himbeerkaefer
Huelsenkaefer
Kreuzruessler
Kuechenschabe
Maiwurmkaefer
Malvenstecher
Nashornkaefer
Pappelstecher
Puppenraeuber
Rindenlaeufer
Ruesselkaefer
Schwammbohrer
Schwammkaefer
Schwarzkaefer
Schwimmkaefer
Spargelkaefer
Spinnenkaefer
Spinnruessler
Spreizlaeufer
Stachelkaefer
Stengelbohrer
Sumpfruessler
Wanderlaeufer
Wickenstecher

14

Ampferruessler
Birkenspringer
Blatthaehnchen
Bluetenstecher
Buckelruessler
BuntPochkaefer
(Bunt-Pochkaefer)
Distelruessler
Dornhalskaefer
Faulholzkaefer
Feuerschroeter
Gallenruessler
Geheimruessler
Gluehwuermchen
Johanniskaefer
Kabinettkaefer
Kardinalkaefer
Knospenstecher
Kreisellaeufer
Kurzleibkaefer
Lappenruessler
Maulwurfkaefer
Mondhornkaefer
Nesselruessler
Pflanzenkaefer
Pflasterkaefer
Pfuetzenkaefer
Rindenruessler
Salatschneller
Sandlaufkaefer
Schattenkaefer
Schaufelkaefer
Schimmelkaefer
Schmalruessler
Schuppenkaefer
Schwammfresser
Schwefelkaefer
Waldmooskaefer
Wasserruessler
Weidenruessler
Wolfsmilchbock

15

AasKurzfluegler
(Aas-Kurzfluegler)
Blatthornkaefer
Breitkopfkaefer
Brombeerstecher
Duennhalskaefer
ErzPrachtkaefer
(Erz-Prachtkaefer)
Fischchenkaefer
Furchenruessler
Getreidelaeufer

Hoehlenruessler
Huelsenruessler
Kartoffelkaefer
Kiefernruessler
Langhalslaeufer
Lederlaufkaefer
Lilienhaehnchen
Moderholzkaefer
Pflaumenstecher
Rapsglanzkaefer
Ruebenaaskaefer
Saftglanzkaefer
Scheckenlaeufer
Spitzfusskaefer
Strauchruessler
Trichterwickler
Waldsandlaeufer
Zwergbastkaefer

Kleidung

a) Kleidungsstücke *b) Stoffe*

a) KLEIDUNGSSTÜCKE
(Pelze = P)

3

Boa *P*
Cul
Cut
Feh *P*
Fez
(auch Fes)
Hut
Obi

4

Alba
Band
Cape
Fell
Gala
Gurt
Hase *P*
Helm
Hemd
Hose
Lamm *P*
Muff
Nerz *P*
Netz
Pelz
Robe
Seal *P*
Slip
Toga
Wams

5

Anzug
Biber *P*
Bisam *P*
Bluse
Decke
Dress
Frack
Habit
Haube
Iltis *P*
Jacke
Jeans
Joppe
Jupon
Kanin *P*
Kappe
Kasel
Kleid
Luchs *P*
Ornat
Plaid
Pumps
Sakko
Schaf *P*
Schal
Schuh
Shawl
Skunk *P*
Socke
Stola
Talar
Tibet *P*
Tiger *P*
Weste
Zobel *P*

6

Anorak
Barett
Binder
Bolero
Burnus
Dessou
Domino
Fliege
Fohlen *P*
Gewand
Glocke
Jumper
Kaeppi
Kaftan
Kapuze
Kimono
Kittel
Kragen
Livree
Mantel
Marder *P*
Melone
Mieder

Muetze
Murmel *P*
Nutria *P*
Opanke
Ozelot *P*
Pyjama
Raglan
Sarong
Schurz
Shorts
Tracht
Trikot
Tunika
Turban
Ulster
Umhang

7

Cutaway
Filzhut
Gehrock
Guertel
Hamster *P*
Jackett
Kamisol
Karakul *P*
Komplet
Korsett
Kostuem
Krimmer *P*
Litewka
Negligé
Opossum *P*
Overall
Paletot
Pantine
Sandale
Schlips
Slipper
Smoking
Soutane
Stiefel
Strumpf
Sweater
Tschako
Twinset
Uniform
Zwickel

8

AprèsSki
(Après-Ski)
Badehose
Baranken *P*
Breeches
Cachenez
Faeustel
Galosche
Gamasche
Garnitur
Haarband
Halstuch
Hemdhose
Hermelin *P*
Klapphut
Kniehose
Kopftuch
Krawatte
Leibchen
Leibrock
Netzhemd
Oberhemd
Pantalon
Pelerine
Peruecke
Plastron
Polohemd
Pullover
Pumphose
Reifrock
Reithose
Rotfuchs *P*
Ruestung
Schaerpe
Schleier
Schleppe
Schuerze
Sealskin *P*
Seeotter *P*
Sombrero
Strohhut
Turnhemd
Turnhose
Zylinder

9

Astrachan *P*
Badeanzug
Badekappe
Ballkleid
Beinkleid
Blaufuchs *P*
BlueJeans
(Blue Jeans)
Brusttuch
Chemisett
Clubjacke
Covercoat
Halbschuh
Halsbinde
Handschuh
Hausanzug
Hausschuh
Hemdbluse
Hosenrock
Kaninchen *P*
Krinoline
Lackschuh
Nachthemd
Panamahut
Pantoffel
Pelzjacke
Pelzschuh
Persianer *P*
Petticoat
Regenhaut
Soeckchen
Sonnenhut
Sporthemd
Sporthose
Turnschuh
Ueberrock
Ueberwurf
Unterhemd
Unterhose
Unterrock
Waschbaer *P*
Windjacke
Wollsocke

10

Abendkleid
Arztkittel
Bademantel
Bademuetze
Bisamratte *P*
Bratenrock
Brautkleid

Chemisette
(auch Chemisett)
Chinchilla *P*
Edelmarder *P*
Gummischuh
Halskrause
Hausmantel
Hausmuetze
Kalabreser
Lederjacke
Lederweste
Lodenanzug
Lodenjacke
Lumberjack
Morgenrock
Nachtanzug
Nachtjacke
Pelzmantel
Pelzmuetze
Pluderhose
Polarfuchs *P*
Sandalette
Schlafhose
Schlafrock
Schlapphut
Schluepfer
Sportanzug
Sportbluse
Sportkleid
Sportschuh
Stehkragen
Suedwester
Sumpfbiber *P*
Trenchcoat
Ueberschuh
Unterjacke
Unterkleid
Waffenrock
Wollmuetze
Zugstiefel

11

Arbeitshemd
Arbeitshose
Dirndlbluse
Dirndlkleid
Florentiner
Galauniform
Glockenrock
Kinderkleid
Kinderschuh
Knabenanzug
Kniestrumpf
Kombination
Labormantel
Lackstiefel
Ledermantel
Lodenmantel
Nachtgewand
Pelzstiefel
Pudelmuetze
Regenmantel
Regenumhang
Reisemantel
Reisemuetze
Reitstiefel
Schlafanzug
Schlupfhose
Silberfuchs *P*
Sommerkleid
Sportmantel
Sportmuetze
Steinmarder *P*
Strickjacke
Strickkleid
Strickweste
Strumpfband
Strumpfhose
Ueberzieher
Zylinderhut

12

Baskenmuetze
Breitschwanz *P*
Hausschuerze
Hosentraeger
Kindermantel
Kletterschuh
Kostuemjacke
Nylonstrumpf
Schnuerschuh
Schultertuch
Selbstbinder
Sockenhalter
Sommermantel
Sportstrumpf
Strampelhose
Wettermantel
Wintermantel
Zipfelmuetze

13

Buestenhalter
ChapeauClaque
(Chapeau Claque)
Cocktailkleid
Freizeitjacke
Gummischuerze
Kleppermantel
Knickerbocker
Kragenschoner
Matrosenanzug
Matrosenbluse
Paradeuniform
Perlonstrumpf
Schaftstiefel
Schnabelschuh
Spielhoeschen
Spitzenkragen
Strassenschuh
Strumpfhalter
Ueberfallhose
Umschlagetuch
Umstandskleid

14

Fausthandschuh
Glacéhandschuh
Kittelschuerze
Manchesterhose
Ohrenschuetzer
Schiebermuetze
Schillerkragen
Schnuerstiefel
Schuelermuetze
Stulphandschuh
Wickelgamasche
Wickelschuerze
Wildlederschuh
Wochenendanzug

15

Kleiderschuerze
Kuechenschuerze
Servierschuerze
Traegerschuerze

b) STOFFE

(Stoff- und Gewebe-Arten)

4

Cord
Filz
Flor
Garn
Gaze
Jute
Kord
(oder Cord)
Lamé
Lein
Mako
Mull
Rips
Samt
Taft
Tuch
Werg

5

Atlas
Crêpe
Drell
Khaki
Krepp
Linon
Loden
Moiré
Mungo
Nylon
Orlon
Pikee
Satin
Seide
Tuell
Tweed
Voile
Watte
Wolle
Zwirn

6

Alpaka
Batist
Bouclé
Brokat
Chintz
Cotton
Croisé
Damast
Dralon
Drilch
Etamin
Felbel
Flachs
Frotté
Futter
Inlett
Jersey
Kaliko
Kattun
Koeper
Kotzen
Lastex
Leinen
Linnen
Merino
Mohair
Molton
Nessel
Panama
Pepita
Perkal
Perlon
Plissé
Ratiné
Rupfen
Sammet
Sandal
Sarong
Spitze
Velour
(auch Velours)
Velvet
Zephir
Zindel
Zwilch

7

Bobinet
Cheviot
Chiffon
Façonné
Flanell
Flausch
Foulard
Frottee
Gobelin
Luester
Marengo
Melange
Mollino
Nanking
Organdy
Organza
Orléans
Ottoman
Plissee
Pluesch
Stramin
Velours
(auch Velour)
Vigogne

8

Barchent
Buckskin
Cretonne
Drillich
Duchesse
Flamisol
Florette
Goldlamé
Homespun
Indienne
Jacquard
Kamelott
Kammgarn
Kaschmir
Leinwand
Marocain
Moleskin
Musselin
Ninoflex
Popeline
Rohseide
Rosshaar
Siamoise
Tarlatan
Zwillich

9

Baumwolle
Charmeuse
Covercoat
Everglace
Gabardine
Georgette
Grenadine
Halbseide
Kamelhaar
Kreppflor
Lambswool
Madapolam
Wachstuch
Waschsamt
Wollkrepp
Zellwolle

10

Afghalaine
Beiderwand
CrêpeSatin
(Crêpe Satin)
Halbleinen
Honanseide
Kunstseide
Makodamast
Manchester
Mousseline
Reversible
Seidenflor
Waschseide
Waterproof
Wollpanama
Zindeltaft

11

Charmelaine
Estremadura
Merinowolle
Napolitaine
Stichelhaar
Tussahseide

12

CrêpedeChine
(Crêpe de Chine)
Florettseide
Krimmerwolle
Noppenleinen
Valenciennes
Wollmusselin

13

CrêpeMarocain
(Crêpe Marocain)
Espagniolette
(auch Espagnolette)
Kaschmirwolle
Kraeuselkrepp
Shetlandwolle
Velourchiffon

14

Chardonetseide
CrêpeGeorgette
(Crêpe Georgette)
Kloeppelspitze
Lammschurwolle
Merinokammgarn
ValoraJacquard
(Valora-Jacquard)

15

Plisseegestrick
Spezialkammgarn

Kriminalistik

Begriffe der juristischen und kriminalistischen Praxis
(KJ = Ausdrücke im Kriminellen-Jargon)

3

BGB
Eid

4

Dieb
Feme
Gang *KJ*
Haft
Mord
Raub
Spur
StGB

5

Alibi
Bande
Beute
Bulle *KJ*
Fehde
Klage
Kripo
Pinke *KJ*
Rowdy
Zelle
Zeuge

6

Affekt
Anwalt
Apache *KJ*
Arrest
Bandit
Betrug
Beweis
Bluete *KJ*
Buerge
Delikt
Flucht
Gannef *KJ*
Hehler
Kipper *KJ*
Leiche
mogeln *KJ*
neppen *KJ*
Nepper *KJ*

Neppes *KJ*
pennen *KJ*
Schuld
singen *KJ*
Strafe
Taeter
Tatort
Urteil
Wipper *KJ*
Zinken *KJ*

7

Anklage
Anzeige
Arglist
Bluttat
Drohung
Kaution
Meineid
Moerder
Notwehr
Prozess
Raeuber
Richter
Spitzel
Toetung
Verhoer
Vollzug

8

Amnestie
Anschlag
Attentat
Aufschub
Auskunft
Beihilfe
Beistand
berappen *KJ*
Berufung
Einbruch
Fahndung
Gangster
Giftmord
Hehlerei
Indizium
Indizien
Interpol
Kassiber
Kittchen *KJ*
Komplott
Komplice
Konsorte *KJ*
Kuppelei
Lustmord
Notzucht
Revision
Schmiere *KJ*
Verdacht
Vergehen
Widerruf

9

Androhung
Anstifter
baldowern *KJ*
Bedrohung
Belohnung
Betrueger
Diebstahl
Erpresser
Faelscher
Festnahme
Fortdauer
(auch Haftfortdauer)
Gewahrsam
Kidnapper
Klamotten *KJ*
Noetigung
Plaedoyer
Protokoll
Rechtsweg
Rueckfall
Schmuggel
Strafhaft
Strafmass
Totschlag
Ueberfall
Verfahren
Vorladung
Vorstrafe
Zuchthaus
Zuhaelter

10

Anfechtung
Anstiftung
Ausweisung
Beeidigung
Bestechung
Bestrafung
Bewaehrung
Beweislast
Delinquent
Ehrverlust
Einbrecher
Einzelhaft
Entfuehrer
Ergreifung
Ermittlung
Erpressung
Freispruch
Gefaengnis
Geldstrafe
Haftbefehl
Hintermann
Hochverrat
Kidnapping
Kindesraub
Missbrauch
Rechtslage
Steckbrief
Taeuschung
Tatbestand
Tateinheit
Verbrechen
Verhaftung
vermasseln *KJ*
Vernehmung
Verwahrung
Visitation
Widerstand

11

Aberkennung
Angeklagter
Begnadigung
Begruendung
Beleidigung
Beweiskraft
Eidesformel
Entfuehrung

Freilassung
Gestaendnis
Haussuchung
Hochstapler
Nichtigkeit
Raubmoerder
Schuldfrage
Strafantrag
Strafbefehl
Strafkammer
Strafurteil
Todesstrafe
Verbuessung
Verfuehrung
Verhandlung
Verjaehrung
Verkuendung
Verteidiger
Vivisektion

12

Bankeinbruch
Beweisantrag
Beweismittel
Brandstifter
Buschklepper *KJ*
Defraudation
Durchsuchung
Gesamtstrafe
Geschworener
Gnadengesuch
Haftpruefung

Kreuzverhoer
Landesverrat
Menschenraub
Misshandlung
Nebenklaeger
Rechtsirrtum
Rechtsmittel
Staatsanwalt
Strafanstalt
Strafantritt
Strafvollzug
Tippelbruder *KJ*
Uebertretung
Untersuchung
Verteidigung
Veruntreuung
Verurteilung
Zwangsmittel

13

Anschuldigung
Bankueberfall
Beguenstigung
Beschlagnahme
Brandstiftung
Corpusdelicti
(Corpus delicti)
Daktyloskopie
Einzelrichter
Falschmuenzer
Falschspieler

Fingerabdruck
Fluchtversuch
Helfershelfer
Hochverraeter
Jugendrichter
Kindestoetung
Konfrontation
Mitschuldiger
Schwurgericht
Strafaufschub
Straffreiheit
Strafregister
Verbalinjurie
Vollstreckung
Zechprellerei

14

Anklageschrift
Beweisaufnahme
Fluchtverdacht
Gerichtskosten
Hauptverfahren
Indizienbeweis
Mitangeklagter
Nachschluessel
Ordnungsstrafe
Rechtsbeistand
Revisionsfrist
Strafbemessung
Strafmilderung
Strafverfahren
Unterschlagung

Wiederaufnahme
Zustaendigkeit

15

Bandendiebstahl
Beschwerderecht
Beweissicherung
Fahrlaessigkeit
Falschmuenzerei
Freiheitsstrafe
Kriminalpolizei
Landesverrat
Landstreicherei
Leumundszeugnis
Milderungsgrund
Mittaeterschaft
Muenzverbrechen
Offenbarungseid
Polizeiaufsicht
Regressanspruch
Revisionsantrag
Schuldenhaftung
Strafaussetzung
Strafverfolgung
Toetungsabsicht
verschuettgehen *KJ*
(verschütt gehen)
Volljaehrigkeit
Voruntersuchung
Wahrheitsbeweis
Zuchthausstrafe
Zuwiderhandlung

Literatur

1. Literarische Gebiete und Werkformen

2. Versmaße

3. Dichter, Erzähler, Essayisten, Lyriker, Schriftsteller (Siehe auch = Theater/Autoren)

1. LITERARISCHE GEBIETE UND WERKFORMEN

3

Ode

4

Epik
Epos
Lied
Maer
Reim
Saga
Text
Vers

5

Drama
Essay
Fabel
Farce
Gnome
Hymne
Kanon
Leich
Lyrik
Posse
Prosa
Roman
Xenie

6

Ekloge
Elegie
Epilog
Exposé
Idylle
Mythos
Poesie
Prolog
Satire
Sketch
Sonett

7

Ballade
Chronik
Episode
Gedicht
Kritik
Legende
Nachruf
Novelle
Parodie
Romanze
Schrift
Schwank
Traktat

8

Anekdote
Dichtung
Drehbuch
Epigramm
Groteske
Historie
Kehrreim
Komoedie
Liedtext
Libretto
Maerchen
Nekrolog
Pamphlet
Stabreim

9

Allegorie
Humoreske
Lustspiel
Minnelied
Quodlibet
Rezension
Tragoedie
Travestie
Treatment
Volkslied

10

Anthologie
Aphorismus
Erzaehlung
Feuilleton
Satyrspiel
Schauspiel
Vaudeville

11

Knittelvers *(auch Knueppelvers)*
Trauerspiel
Volksstück

12

Knueppelvers *(auch Knittelvers)*

13

Enzyklopaedie
Schuettelreim

14

Kurzgeschichte

2. VERSMASSE

6

Iambus
(auch Jambus)
Metrum
Stanze

8

Anapaest
Daktylus
Spondeus
Trimeter

9

Distichon
Hexameter
Trochaeus

10

Choriambus
Pentameter

11

Akrostichon
Knittelvers
(auch Knueppelvers)

12

Alexandriner
Knueppelvers
(auch Knittelvers)

13

Schuettelreim

3. DICHTER, ERZÄHLER, ESSAYISTEN, LYRIKER, SCHRIFTSTELLER

Anmerkungen: Nationalität – Autorinnen jeweils mit Vornamen vermerkt

3

Fry *USA*
Gay *GB*
Lie *norw.*
Poe *USA*
Sue *frz.*

4

Anet *frz.*
Bahr *öst.*
Baum *USA*
(Vicki Baum)
Benn *D*
Brod *öst.*
Buck *USA*
(Pearl S. Buck)
Dach *D*
Dahn *D*
Flex *D*
Fock *D*
Gide *frz.*
Heer *schwz.*
Heym *D*
Holz *D*
Huch *D*
(Ricarda Huch)
Hugo *frz.*
Kolb *D*
(Annette Kolb)
Kurz *D*
(Isolde Kurz)
Labé *frz.*
(Louise Labé)
Lenz *D*
Mann *D*
Munk *dän.*
Ovid *röm.*
Pope *GB*
Roth *D*
Sand *frz.*
(George Sand)
Vega *sp.*
(Lope de Vega)
Voss *D*
Webb *GB*
(Beatrice Webb)
Zola *frz.*

5

Allen *USA*
Arndt *D*
Arnim *D*
Bacon *GB*
Bloch *frz.*
Brehm *öst.*
Broch *öst.*
Busch *D*
Busse *D*
Byron *GB*
Camus *frz.*
Ceram *D*
Dante *it.*
Doyle *GB*
Dumas *frz.*

Eliot *GB*
Ernst *D*
Flake *D*
Frank *D*
(Anne Frank)
Frank *D*
(Bruno Frank)
Frank *D*
(Jos. Maria Frank)
Frank *D*
(Leonhard Frank)
Goetz *D*
Gogol *russ.*
Gorki *russ.*
Gozzi *it.*
Grimm *D*
Green *frz.*
Halbe *D*
Hauff *D*
Hebel *D*
Heine *D*
Hesse *D*
Heyse *D*
Homer *griech.*
Horaz *röm.*
Ibsen *norw.*
James *USA*
Joyce *ir.*
Kafka *öst.*
Lenau *öst.*
Lewis *USA*
Loens *D*
Meyer *schweiz.*
Moore *ir.*
(George M.)
Moore *GB*
(Thomas M.)
Paine *GB*
Pound *USA*
Raabe *D*
Rilke *D*
Sagan *frz.*
(Françoise Sagan)
Stael *frz.*
(Germaine v. Stael)
Storm *D*
Thoma *D*
Tieck *D*
Trakl *öst.*
Unruh *D*
Verne *frz.*
Wells *GB*
Wilde *GB*
Wolfe *USA*
Zweig *öst.*

6

Alexis *D*
Andres *D*
Aragon *frz.*
Balzac *frz.*
Barrès *frz.*
Becher *D*
Blunck *D*
Boerne *D*
Brecht *D*
Butler *GB*
Cronin *GB*
Daudet *frz.*
France *frz.*
George *D*
Goethe *D*
Grabbe *D*
Greene *GB*
Guitry *frz.*
Hamsun *norw.*
Hebbel *D*
Herder *D*
Hoelty *D*
Huxley *GB*
Jensen *dän.*
Kasack *D*
Keller *schweiz.*
(Gottfried K.)
Keller *USA*
(Helen K.)
Keller *D*
Kleist *D*
Knigge *D*
Larsen *dän.*
LeFort *D*
(Gertrud v. Le Fort)
Lersch *D*
London *USA*
Miegel *D*
(Agnes M.)
Molnar *ung.*
Munthe *schwed.*
Musset *frz.*
Pechel *D*
Platen *D*
Polgar *öst.*
Proust *frz.*
Rinser *D*
(Luise R.)
Sappho *griech.*
(Dichterin, 600 v. Chr.)
Sartre *frz.*
Schack *D*
Seidel *D*
(Heinrich Wolfgang S.)
Seidel *D*
(Ina S.)
Silone *it.*
Steele *GB*
Tagore *ind.*
Thiess *D*
Uhland *D*
Undset *norw.*
(Sigrid U.)
Valéry *frz.*
Vergil *röm.*
Villon *frz.*
Warren *USA*
Werfel *öst.*
Wilder *USA*

7

Baeumer *D*
(Gertrud B.)
Bartsch *öst.*
Bennett *GB*
Benrath *D*
Binding *D*
Bonsels *D*
Bourget *frz.*
Buerger *D*
Carlyle *GB*
Carossa *D*
Claudel *frz.*
Colette *frz.*
Deeping *GB*
Dickens *GB*

Doeblin *D*
Dominik *D*
Dreiser *USA*
Duhamel *frz.*
Dwinger *D*
Fallada *D*
Fechter *D*
Fleming *D*
(Paul F.)
Fontane *D*
Freytag *D*
Gautier *frz.*
Gellert *D*
Goerres *D*
Goldoni *it.*
Holberg *norw./dän.*
Kipling *GB*
Klabund *D*
Knittel *schweiz.*
Koerner *D*
Kreuder *D*
Kroeger *D*
Lessing *D*
Luserke *D*
Malraux *frz.*
Manzoni *it.*
Maugham *GB*
Maurois *frz.*
Mauriac *frz.*
Merimée *frz.*
Mistral *frz.*
(Frédéric M.)
Mistral *chil.*
(Gabriela)
Moerike *D*
Novalis *D*
Prévost *frz.*
Rimbaud *frz.*
Rolland *frz.*
Romains *frz.*
Ronsard *frz.*
Saroyan *USA*
Schnack *D*
Seghers *D*
(Anna S.)
Simpson *D*
Simrock *D*
Stadler *D*
Steiner *D*
Stieler *D*
(Karl S.)
Stieler *D*
(Kaspar S.)
Stifter *öst.*
Tolstoi *russ.*
Unamuno *sp.*
Vulpius *D*
Waggerl *öst.*
Wallace *GB*
Watzlik *D*
Whitman *USA*
Wieland *D*
Zillich *D*

8

Anakreon *griech.*
Andersen *dän.*
Anderson *USA*
Apulejus *röm.*
Auerbach *D*
Barbusse *frz.*
Bernanos *frz.*
Bierbaum *D*
Borchert *D*
Brentano *D*
Britting *D*
Buechner *D*
Caldwell *USA*
Campbell *GB*
Carducci *it.*
Chamisso *D*
Claudius *D*
Christie *GB*
(Agatha C.)
Doerfler *D*
Edschmid *D*
Faulkner *USA*
Flaubert *frz.*
Forester *GB*
François *D*
(Luise v. F.)
Gerhardt *D*
Gobineau *frz.*
Gollancz *GB*
Gotthelf *schweiz.*
Guenther *D*
(Agnes G.)
Hagedorn *D*
Harsanyi *ung.*
Hatzfeld *öst.*
Hausmann *D*
Heiseler *D*
Hoffmann *D*
(E. Th. A. Hoffmann)
Hoffmann *D*
(Heinrich Hoffmann)
Hohlbaum *D*
Jacobsen *dän.*
JeanPaul *D*
(Jean Paul, eigtl.:
J. P. Friedrich Richter)
Jelusich *öst.*

Kaestner *D*
Koestler *öst.*
Kotzebue *D*
Lawrence *GB*
Lienhard *D*
Melville *USA*
Mitchell *USA*
(Margaret M.)
Muschler *D*
Penzoldt *D*
Perrault *frz.*
Petrarca *it.*
Plievier *D*
Plutarch *griech.*
Puschkin *russ.*
Rabelais *frz.*
Remarque *D*
RodaRoda *öst.*
(Roda Roda)
Rosegger *öst.*
Rueckert *D*
Schaefer *D*
Scheffel *D*
Schiller *D*
Schlegel *D*
Schleich *D*
Schnabel *D*
Schubart *D*
Sinclair *USA*
Stendhal *frz.*
Vegesack *D*
Verlaine *frz.*
Wedekind *D*
Wiechert *D*
Wildgans *öst.*
Williams *USA*
Winckler *D*
Wolzogen *D*
Xenophon *griech.*
Zschokke *schweiz.*

9

Aeschylos *griech.*
Altenberg *öst.*
Bernstein *D*
Billinger *D*
Bjoernson *norw.*
Boccaccio *it.*
Boettcher *D*
Bromfield *USA*
Cervantes *sp.*
Corneille *frz.*
DosPassos *USA*
(J. Dos Passos)
Ebermayer *D*
Eckermann *D*
Ehrenburg *sowj.*
Findeisen *D*
Ganghofer *D*
Giraudoux *frz.*
Guareschi *it.*
Hartleben *D*
Hauptmann *D*
Hawthorne *USA*
Hemingway *USA*
Hollander *D*
Holzapfel *D*
Immermann *D*
Karlfeldt *schwed.*
Kaschnitz *D*
(Marie-Luise v. Kaschnitz-Weinberg)
Klopstock *D*
Kokoschka *öst.*
Korolenko *russ.*
Kuegelgen *D*
Labruyère *frz.*
Lagerloef *schwed.*
Lamartine *frz.*
Lamprecht *D*
Leisewitz *D*
Lermontow *russ.*
Montaigne *frz.*
Mungenast *D/frz.*
Muthesius *D*
Nekrassow *russ.*
OFlaherty *ir.*
(O'Flaherty)
Ossietzky *D*
Priestley *GB*
Reinalter *öst.*
Reventlow *D*
(Franziska v. R.)
Santayana *sp./USA*
Schaffner *schweiz.*
Schaumann *D*
(Ruth S.)
Schickele *D/frz.*
Schneider *D*
Schroeder *D*
Sophokles *griech.*
Stegemann *D*
Steguweit *D*
Spitteler *schweiz.*
Steinbeck *USA*
Sudermann *D*
Tschechow *russ.*
Tucholsky *D*
Turgenjew *russ.*
Weinheber *öst.*
Wolfskehl *D*
Zuckmayer *D*

10

Baudelaire *frz.*
Brachvogel *D*
Dauthendey *D*
Galsworthy *GB*
Hoelderlin *D*
Hollaender *D*
Kellermann *D*
Kuerschner *D*
Lagerkvist *schwed.*
Liliencron *D*
Lomonossow *russ.*
LopedeVega *sp.*
(Lope de Vega)
Maupassant *frz.*
Niebergall *D*
Pirandello *it.*
Prudentius *röm.*
Ringelnatz *D*
Schnitzler *öst.*
Schoenherr *öst.*
Schukowski *russ.*
Strachwitz *D*
Strindberg *schwed.*
Timmermanns *fläm.*
Wassermann *D*
Weisenborn *D*
Weismantel *D*

11

Anzengruber *öst.*
Bergengruen *D*
Brunngraber *öst.*
Castiglione *it.*
Dostojewski *russ.*
Duerrenmatt *schweiz.*
Eichendorff *D*
Freiligrath *D*
GarciaLorca *sp.*
(F. Garcia Lorca)
Gerstaecker *D*
Gontscharow *russ.*
Gregorovius *D*
Gulbranssen *norw.*
Hagelstange *D*
Hasenclever *D*
Kazantzakis *griech.*
Kolbenheyer *D*
Langgaesser *D*
(Elisabeth L.)
Lautréamont *frz.*
Lichtenberg *D*
Maeterlinck *belg.*
Montesquieu *frz.*
Morgenstern *D*
Shakespeare *GB*
Weizsaecker *D*
Wildenbruch *D*

12

Aristophanes *griech.*
Hofmannsthal *öst.*
Muenchhausen *D*
SaintExupéry *frz.*
(Saint-Exupéry)
Schenkendorf *D*

13

Châteaubriand *frz.*
CourthsMahler *D*
(Hedwig
Courths-Mahler)
LernetHolenia *öst.*
(Lernet-Holenia)
OrtegayGasset *sp.*
(Ortega y Gasset)
Soschtschenko *russ.*

14

Grimmelshausen *D*
LaskerSchueler *D*
(Else Lasker-Schueler)

15

DrosteHuelshoff *D*
(Annette v. Droste-Huelshoff)
EbnerEschenbach *öst.*
(Marie v. Ebner-Eschenbach)

Märchenfiguren, Fabeltiere

3

Fee
Max

4

Elfe
Gnom
Hexe
Mime
Muck
Murr
Neck
Nixe
Petz
Puck
Rabe
Till
(Till Eulenspiegel)
Wolf

5

Bambi
Engel
Fatme
Faust
Geist
Greif
Hulda
Holle
Kater
Lampe
Noeck
Pluto
Prinz
Riese
Satan
Troll
Zwerg

6

Adebar
Aladin
Drache
Eckart
Gretel
Kobold
Laurin
Merlin
Moloch
Moritz
Nikolo
(auch Nicolo)
Nimrod
Nymphe
Oberon
Samiel
Teufel
Undine

7

AliBaba
(Ali Baba)
Alraune
Drachen
(oder Drache)
Einhorn
Entlein
GuteFee
(Gute Fee)
Haensel
Isegrim
Iorinde
Kentaur
(auch Centaur und Zentaur)
Lorelei
Rehbock
Sindbad
Wieland

8

Alberich
BoeseFee
(Boese Fee)
Erdgeist
Genoveva
Gespenst
Grimbart
Gulliver
Ilsebill
Irrwisch
Ioringel
Lanzelot
Lindwurm
Meerfrau
Rapunzel
Robinson
Ruprecht
Zauberer

9

Beelzebub
Berggeist
Daeumling
Eisenhans
Eiskoenig
Erlkoenig
FrauHolle
(Frau Holle)
Geisslein
Goldmarie
Huckebein
KlugeElse
(Kluge Else)
Luftgeist
Osterhase
Pechmarie
Peterchen
Pinocchio
Ruebezahl
ZwergNase
(Zwerg Nase)

10

Daumesdick
DonaldDuck
(Donald Duck)
Gaensemagd
Klopfgeist
MannimMond
(Mann im Mond)
Prinzessin
Tatzelwurm
VogelGreif
(Vogel Greif)
Wassernixe
Zinnsoldat

11

Alpenkoenig
BoeserGeist
(Boeser Geist)
Bruederchen
DoktorFaust
(Doktor Faust)
Drosselbart
Elfenkoenig
Hoellenhund
KalifStorch
(Kalif Storch)
Knusperhexe
Seeschlange
ToelpelHans
(Toelpel-Hans)
Trollkoenig
Zauberpferd
Zwergkoenig
(auch Zwergenkoenig)

12

Aschenputtel
Dornroeschen
Froschkoenig
Gaenseliesel
HansimGlueck
(Hans im Glueck)
Hexenmeister
KoenigLaurin
(Koenig Laurin)
Meerjungfrau
Moosweiblein
Rautendelein
ReinekeFuchs
(Reineke Fuchs)
Rotkaeppchen
Scheherezade
Siebenschoen
Suppenkaspar
(auch Suppenkasper)
Taumaennchen
WilderJaeger
(Wilder Jaeger)
Zitterinchen

13

Aschenbroedel
Christelflein
Elfenkoenigin
Glueckskinder
Klabautermann
Koenigskinder
Moosmaennlein
Rattenfaenger
Sandmaennchen
Schneiderlein
Schwesterchen
Stadtmusikant
Struwwelpeter
Waldmaennlein
WeisserHirsch
(Weisser Hirsch)
Zappelphilipp
Zwergenkoenig
(auch Zwergkoenig)

14

Bienenkoenigin
Flaschenteufel
GetreuerEckart
(Getreuer Eckart)
HarunalRaschid
(Harun al Raschid)
Hubertushirsch
Katherlieschen
(auch Catherlieschen)
Kleindaeumling
KnechtRupprecht
(Knecht Rupprecht)
Schweewittchen
Weihnachtsmann

15

Hutzelmaennchen
(auch Hutzelmaennlein)
Luegenmaeulchen
Rumpelstilzchen
Schneeweisschen

Malerei

1. Berühmte Maler und Graphiker
2. Weltberühmte Werke und ihre Schöpfer

1. BERÜHMTE MALER UND GRAPHIKER

(Anmerkungen: Nationalität. Malerinnen mit Vornamen vermerkt)

3

Dix *D*
Dou *holl.*
Nay *D*

4

Asam *D*
(C. D. Asam)
Doré *frz.*
Dyck *holl.*
(van Dyck)
Fuhr *D*
Gogh *holl.*
(van Gogh)
Goya *sp.*
Hals *holl.*
Klee *D/schweiz.*
Koch *D*
Marc *D*
Miro *sp.*
Rosa *it.*
Uhde *D*
Witz *D*
Zorn *schwed.*

5

Bosch *holl.*
Busch *D*
Carra *it.*
Corot *frz.*
David *holl.*
(G. David)
David *frz.*
(J. L. David)
Degas *frz.*
Ensor *belg.*
Erler *D*
Ernst *D*
Graff *D*
Greco *sp.*
Grosz *D*
Hofer *D*
Hoogh *holl.*
Kampf *D*
Kubin *öst.*
Léger *frz.*
Leibl *D*
Lucas *holl.*
Manet *frz.*
Mengs *D*
Monet *frz.*
Munch *norw.*
Nolde *D*
Notke *D*
Oeser *D*
Palma *it.*
Puvis *frz.*
(Puvis de Chavannes)
Runge *D*
Sarto *it.*
Steen *holl.*
Stuck *D*
Thoma *D*
Velde *holl.*
(van de Velde)
Zille *D*

6

Braque *frz.*
Camaro *D*
Caspar *D*
Clouet *frz.*
Derain *frz.*
Duerer *D*
Giotto *it.*
Heckel *D*
Kobell *D*
Koenig *D*
Lebrun *frz.*
(C. Lebrun)
Lebrun *frz.*
(Elisabeth Louise Vigée-Lebrun)
Legros *frz.*
Makart *öst.*
Marées *D*
Mataré *D*
Menzel *D*
Millet *frz.*
Pacher *öst.*
Pankok *D*
Piloty *D*
Potter *holl.*
Renoir *frz.*
Ribera *sp.*
Rubens *D/fläm.*
Tizian *it.*
Turner *GB*
Werner *D*
(Theodor W.)
Weyden *holl.*
(van der Weyden)

7

Baldung *D*
Bellini *it.*
Bonnard *frz.*
Boucher *frz.*
Brouwer *holl.*
(Adriaen B.)
Cézanne *frz.*
Chagall *russ.*
Chirico *it.*
Corinth *D*
Courbet *frz.*
Cranach *D*
Daumier *frz.*
Gauguin *frz.*
Hogarth *GB*
Holbein *D*
Klinger *D*
Lenbach *D*
Lochner *D*
Lorrain *frz.*
Matisse *frz.*
Memling *holl.*
Meunier *belg.*
Murillo *sp.*
Picasso *sp./frz.*
Poussin *frz.*
Raffael *it.*
Richter *D*
Rouault *frz.*
Schnorr *D*
(Julius Schnorr von Carolsfeld)
Schwind *öst.*
Seghers *holl.*
(Herkules S.)
Slevogt *D*
Snyders *holl.*
Uccello *it.*
Utamaro *jap.*
Utrillo *frz.*
Vermeer *holl.*
(siehe: Vermeer van Delft)
Watteau *frz.*
Wauters *belg.*

8

Beckmann *D*
Boecklin *schweiz.*
Brueghel *holl.*
(auch Breughel)
Gebhardt *D*
Hosemann *D*
Kaulbach *D*
Kirchner *D*
Kollwitz *D*
(Käthe K.)
Lawrence *GB*
Mantegna *it.*
Mondrian *holl.*
Penzoldt *D*
Pissarro *frz.*
Rottmann *D*
Rottmayr *D*
Schinkel *D*
Spitzweg *D*
Terborch *holl.*
Veronese *it.*
Whistler *GB/USA*
Willmann *D*

9

Altdorfer *D*
Canaletto *it.*
Cornelius *D*
Correggio *it.*
Daffinger *öst.*
Defregger *öst.*
Delacroix *frz.*
Elsheimer *D*
Faistauer *öst.*
Feininger *D*
Feuerbach *D*
Fragonard *frz.*
Friedrich *D*
(Caspar David)
Géricault *frz.*
Hiroshige *jap.*
Kandinsky *russ.*
Kauffmann *D*
(Angelika K.)
Kokoschka *öst.*
Kuegelgen *D*
Modersohn *D*
(Otto M.)
Modersohn *D*
(Paula Modersohn-Becker)
Multscher *D*
Pechstein *D*
Rembrandt *holl.*
Schaumann *D*
(Ruth S.)
Segantini *it.*
Tischbein *D*
Velasquez *sp.*
Wouwerman *holl.*

10

Aldegrever *D*
Baumeister *D*
Botticelli *it.*
BurneJones *GB*
(Edward Burne Jones)
Campendonk *D*
Caravaggio *it.*
EggerLienz *öst.*
(Albin Egger-Lienz)
Gruenewald *D*
Kalckreuth *D*
Liebermann *D*
Schongauer *D*
Signorelli *it.*
Timmermans *holl.*
Tintoretto *it.*
Verrocchio *it.*

11

Chodowiecki *D*
Gulbransson *norw.*
Hasenclever *D*
Maulpertsch *öst.*
Oberlaender *D*
Schaeufelin *D*
VigéeLebrun *frz.*
(Elisabeth Louise Vigée-Lebrun)
Waldmueller *öst.*

12

Gainsborough *GB*
Michelangelo *it.*
Pinturicchio *it.*
StaufferBern *schweiz.*
(Karl Stauffer-Bern)

15

LeonardodaVinci *it.*
(Leonardo da Vinci)
SchmidtRottluff *D*
(Karl Schmidt-Rottluff)
ToulouseLautrec *frz.*
(Henri de Toulouse-Lautrec)
VermeervanDelft *holl.*
(Vermeer van Delft, auch Jan van der Meer)

2. WELTBERÜHMTE WERKE UND IHRE SCHÖPFER

4

Duse	*F. v. Lenbach*
Hiob	*Kokoschka*
Maja *(Bekleidete Maja / Nackte Maja)*	*Goya*

5

Medea	*Feuerbach*

7

Lavinia	*Tizian*
Werbung	*H. v. Marées*

8

Anatomie	*Rembrandt*
MonaLisa *(Mona Lisa)*	*Leonardo da Vinci*

9

Abendmahl	*Leonardo da Vinci*
Taenzerin	*Degas*
Venusfest	*Rubens*

10

AdamundEva	*Dürer*
(Adam und Eva)	
Einsiedler	*M. v. Schwind*
Kreuzigung	*Cranach*
Nachtwache	*Rembrandt*
Sturzacker	*C. D. Friedrich*
Tafelrunde	*Menzel*
Toteninsel	*Böcklin*
Trabrennen	*Slevogt*
ZweiFrauen	*Beckmann*
(Zwei Frauen)	

11

JaneSeymour	*Holbein*
(Jane Seymour)	
VillaamMeer	*Böcklin*
(Villa am Meer)	

12

Morgenstunde	*M. v. Schwind*
Sonnenblumen	*van Gogh*

13

Lautenspieler	*Hals*
Selbstbildnis	*Dürer*

14

Bauernhochzeit	*Brueghel*
Floetenkonzert	*Menzel*
Rosenkranzfest	*Dürer*
UrteildesParis	*Rubens*
(Urteil des Paris)	

15

Schlaraffenland	*Brueghel*

Mathematik

1. Begriffe aus dem Gesamtbereich der Mathematik
2. Berühmte Mathematiker

1. BEGRIFFE AUS DEM GESAMTBEREICH DER MATHEMATIK

3

Lot
Pol

4

Ecke
Grad
plus
Zahl

5

Achse
Areal
Basis
Bogen
Bruch
Ebene
Glied
Hoehe
Kante
Kegel
Komma
Kreis
Kubus
Kugel
Kurve
Linie
minus
Punkt
Reihe
Sehne
Seite
Sinus
Summe
Tiefe

6

Breite
Faktor
Formel
Gerade
Inhalt
konkav
konvex
Laenge
Nenner
Potenz
Prisma
Radius
Sektor
Spitze
Trapez
Umfang
Winkel
Wurzel

7

Achteck
Algebra
Analyse
Cosinus
Dreieck
Einheit
Ellipse
Flaeche
Kathete
Komplex
konisch
Loesung
Maximum
Minimum
Numerus
Obelisk
Oktogon
Parabel
Polygon
Produkt
Prozent
Quadrat
Rhombus
Segment
Sekante
Spirale
Tangens
Viereck
Volumen
Wuerfel
Zaehler
Zentrum

8

Addition
Division
Funktion
Hexaeder
Hyperbel
Integral
Oktaeder
Primzahl
Pentagon
Pyramide
Quotient
Rechteck
Resultat
Rhomboid
Scheitel
Schenkel
Sechseck
Synthese
Tangente
Zykloide
Zylinder

9

Cotangens
Diagonale
Differenz
Dimension
Ellipsoid
Geometrie
Gleichung
Grundzahl
Halbkreis
Komponent
Kongruenz
Konstante
Leitlinie
Parallaxe

Parallele
Parameter
Symmetrie

Sinuskurve
Sinuslinie
Unbekannte

Subtangente
Subtraktion
Waagerechte

Proportionale
Scheitelpunkt
Trigonometrie

10

Arithmetik
Brennpunkt
Dodekaeder
Entfernung
Grundlinie
Halbierung
Hypotenuse
Koordinate
Paraboloid
Peripherie
Proportion
Senkrechte

11

Durchmesser
Hyperboloid
Koeffizient
Kugelradius
Kurvenpunkt
Logarithmus
Mittellinie
Mittelpunkt
Oberflaeche
Perspektive
Progression
Quadratzahl

12

Aussenwinkel
Differential
Grundflaeche
Kreissegment
Schnittpunkt
Winkelmesser
Zinsrechnung

13

Generalnenner
Kreistangente

14

Ellipsenzirkel
Kreisabschnitt
Multiplikation
Parallelogramm
Winkelfunktion

15

GoldenerSchnitt
(Goldener Schnitt)
Kathetenquadrat
Kreisausschnitt

2. BERÜHMTE MATHEMATIKER

4

Abel

5

Gauss
Riese

6

Briggs
Cantor

Euklid
Guldin
Ludolf
Newton
Pappus
Pascal
Planck

7

Cardano
Lambert

Laplace
Leibniz
Neumann
(Karl N.)
Riemann

8

Einstein
Lagrange
Pluecker

9

Descartes
(lat. Cartesius)

10

Archimedes
Maupertuis
Pythagoras

Medizin

(Anatomie des Menschen = eigenes Kapitel)

1. Kinderkrankheiten
2. Krankheiten, Heilmethoden, Heilmittel, Medizinische Begriffe
3. Berühmte Ärzte

1. KINDERKRANKHEITEN

5	7	9	11
Mumps	Roeteln	Scharlach	Keuchhusten
6	8	10	14
Masern	Rachitis	Diphtherie Windpocken	Kinderlaehmung

2. KRANKHEITEN, HEILMETHODEN, HEILMITTEL, MEDIZINISCHE BEGRIFFE

(Ansteckende Krankheiten = aK)

3	Jod	Akne	Damm	Lage
	Kot	akut	Fett	Leib
Alp	Kur	Amok	Gang	Lues *aK*
Bad	Tod	Aqua	Gaze	Mark
Bor		Arzt	Gift	Mull
Cor		Aura	Gips	Myom
Dos	4	Band	Haut	Naht
Eau		Blut	Herd	Nest
Fel	Acme	Brom	Keim	Pest *aK*
Fer	*(auch Akme)*	Coxa	Koma	Pneu

Pore
Puls
Rose
Ruhr *aK*
Star
Urin
Vene
Wolf
Wurm

5

Abort
After
Aorta
Beule
Brand
Bruch
Conus
Cubus
Diaet
Dolor
Dosis
Drain
Droge
Eiter
Ekzem
Femur
Genus
Gicht
Glied
Gries
Grind
Ileus
immun
Kanal
Kolik
Krebs
Krise
Kropf
Krupp
Lepra *aK*
lokal
Lupus
Manie
Mumps *aK*
Nagel
Narbe
Oedem
Opiat
Opium
Optik
Organ
Paste
Phase
Pille
Polyp
Prise
Puste
Salbe
Serum
Sonde
Stuhl
Teint
Toxin
Trieb
Tumor
Typus
Ulcus
Virus
Wehen
Wunde
Zelle

6

Aditus
Aether
Affekt
Agonie
Anatom
Anfall
Angina
anomal
Arznei
Asthma
Atmung
Attest
Balsam
Buckel
Caries
Chinin
Corona
Corpus
diffus
distal
dorsal
Druese
Embryo
Erguss
Exitus
extrem
Faeule
Fibula
Fieber
Filter
Fistel
Foetus
Geburt
Gewebe
Grippe *aK*
Hernie
Heroin
Hospiz
Husten
Impuls
Kallus
Klinik
Kokain
Krampf
Krisis
latent
Leiden
Lichen
Lingua
Masern *aK*
Nervus
Osmose
Otitis
Phiole
Plasma
Pocken *aK*
Praxis
Psyche
Pulver
Pustel
Rausch
Reflex
Rezept
Rheuma
Saeure
Sarkom
Schock
Schorf
Sekret
Sepsis
Seuche
Solbad
Sperma
Status
Stumpf
Tampon
Thorax
Trauma
Tupfer
Typhus *aK*
Unfall
Varize
Wickel
Wurzel
Xerose

7

Abszess
Amnesie
Ampulle
Anaemie
Analyse
Anopsie
anormal
Apathie
Appetit
Atemnot
Atropin
Aussatz *aK*
Bandage
Basedow
Bazille
(auch Bacille
und Bazillus)
Besteck
Blutung
Chirurg
Cholera *aK*
Colitis
Coffein

Dentist
Dialyse
Distanz
Einlauf
Embolie
Emotion
Exsudat
Extrakt
Fiction
(auch Fiktion)
Flechte
Fluidum
Fraktur
Ganglie
Granula
Herzton
Hygiene
Hypnose
Idiotie
Ikterus
Impfung
Infarkt
Irrsinn
Ischias
Kalorie
Kampfer
Kanuele
Katarrh
Kaverne
Knochen
Knorpel
Kollaps
Komplex
Kraetze
Kyphose
Lachgas
Loesung
Luftbad

Malaria *aK*
Massage
Masseur
Mastkur
Medizin
Methode
Moorbad
Narkose
nervoes
Neurose
Otalgie
Patient
Phimose
Pigment
Pipette
Plastik
Podagra
Polypen
primaer
Pyaemie
Reissen
Roeteln *aK*
Salzbad
Scabies
Schiene
Schleim
Schmelz
Schmerz
Schwamm
Senkung
Sitzbad
Skelett
Skorbut
Spritze
Stadium
Symptom
Tetanie
Tetanus

Tollwut *aK*
Trachom
Tripper *aK*
Verband
Veronal
Vitamin
Volumen
Wallung
Zerrung
Zuckung
Zustand
Zwitter

8

Aderlass
Allergie
Ambulanz
Anatomie
Apotheke
Appendix
Asthenie
Atrophie
Bandwurm
Bazillen
Beriberi
(Beri beri)
Blaehung
Blattern *aK*
Blutbild
Blutegel
Bronchie
Bulletin
Chlorose
Dammriss
Darmnaht
Delirium
Dermatol

Diagnose
Diarrhoe
Diastase
Emission
Emphysem
Emulsion
Epidemie
Eruption
Euphorie
Faeulnis
Follikel
Furunkel
Ganglion
Glykogen
Glyzerin
Haematom
Haferkur
Hausarzt
Hautwolf
Herznaht
Hohlfuss
Hornhaut
Hospital
Hysterie
Impotenz
Indolenz
Infusion
Jodoform
Juckreiz
Karditis
Karzinom
Katheter
Klistier
Laehmung
Lazarett
Lecithin
(auch Lezithin)

Luxation
Meniscus
Migraene
Milchkur
Morphium
Mutation
Myelitis
Nagelung
Nephrose
Neuritis
Oberhaut
Ohnmacht
Ostalgie
Paralyse
Paranoia
Pellagra
peripher
Pflaster
Phosphat
Phosphor
Physikum
Pinzette
Prognose
Prothese
Psychose
Rachitis
Rezeptur
Rhythmus
Sadismus
Schielen
Schwiele
Skalpell
Sklerose
Speichel
Stottern
Synthese
Syphilis *aK*
Taubheit

Therapie
Tobsucht
Tuberkel
Umschlag
Wahnsinn

9

Abduktion
Abreibung
Abstinenz
Adduktion
Adhaesion
Antitoxin
Apoplexie
Arthritis
Assistent
Assistenz
Atavismus
Ausschlag
Blausucht
Blinddarm
Blindheit
Blutarmut
Blutdruck
Blutprobe
Blutserum
Blutsturz
Bronchien
Chirurgie
chronisch
Collapsis
Consilium
Diffusion
Digitalis
Durchfall
Dyspepsie
Enteritis
Epilepsie
Erbrechen
Ermuedung
Extension
Fallsucht
Fettsucht
Gastritis
Gelbsucht
Geschwuer
Gymnastik
Harnstoff
Hautkrebs
Hautoedem
Hepatitis
Herzkrise
Heufieber
Hohlsonde
Infektion
Influenza *aK*
Injektion
Karbunkel
Karfunkel
Klumpfuss
Kneippkur
Knickfuss
Kompresse
Konfusion
Kopfdruck
Kreislauf
Leibbinde
Lethargie
Leukaemie
Magensaft
Marknagel
Metastase
Mikropsie
Mikroskop
Milzbrand *aK*
Nephritis
Neuralgie
Obduktion
Operateur
Operation
Orthoskop
Phlegmone
Plattfuss
Pneumonie
Praeparat
Pubertaet
Reduktion
Resektion
Rueckfall
Scharlach *aK*
Scheintod
Schnupfen
Schwermut
Schwindel
Stimmband
Stimulans
Strychnin
Stuhlgang
Thrombose
Ueberbein
Veitstanz
Verdauung
Vererbung
Vorkammer
Wundbrand
Zaepfchen
Zahnstein

10

Amputation
Antipathie
Apposition
Aureomycin
Behandlung
Betaeubung
Bluterguss
Blutgruppe
Bluthusten
Blutplasma
Blutzucker
Brandsalbe
Bronchitis
Brustkrebs
Chloroform
Darmfistel
Depression
Dermatitis
Diphtherie *aK*
Dispersion
Distorsion
Drucksonde
Einreibung
Eiterbeule
Entbindung
Erblindung
Erkaeltung
Ernaehrung
Erotomanie
Erstickung
Erweichung
Euthanasie
Exaltation
Extraktion
Fehlgeburt
Gehoergang
Gelbfieber *aK*
Geschlecht
Geschwulst
Gesundheit
Halsdruese
Halsfistel
Harngriess
Harnleiter
Harnroehre
Harnsaeure
Hautatmung
Heilmittel
Heiserkeit
Herzasthma
Herzbeutel
Herzfehler
Herzkammer
Herzschlag
Hirnschlag
Homoeopath
Hyperaemie
Hypertonie
Immunitaet
Indikation
Inhalation
Insolation
Instrument
Intoleranz
Isolierung
Jodtinktur
Kastration
Katalepsie
Knickbruch
Kongestion
Konvulsion
Konzeption
Krampfader
Lachkrampf
Leukoplast
Medikament
Meningitis

Missgeburt
Muedigkeit
Mundatmung
Mundfaeule
Mundhoehle
Muskulatur
Nachgeburt
Naehrstoff
Nebenniere
Nervennaht
Neurologie
Ohrenfluss
Organismus
Osteotomie
Paratyphus *aK*
Pathologie
Penicillin
Pharmazeut
Poliklinik
Prophylaxe
Psychiater
Quetschung
Refraktion
Reizmoment
Reposition
Resorption
Retraktion
Sanatorium
Schluckauf
Schwellung
Simulation
Skrofulose
Sodbrennen
Stagnation
Stimmbruch
Stomatitis
Suggestion
Telepathie

Temperatur
Thermalbad
Thermophor
Thermostat
Trunksucht
Verfettung
Vergiftung
Verkalkung
Verletzung
Verrenkung
Vitalitaet
Wasserkopf
Weinkrampf
Windpocken *aK*
Wochenbett
Wundfieber
Wundschorf
Zipperlein
Zwergwuchs

11

Abnormitaet
absorbieren
Aequivalent
Alpdruecken
Anaesthesie
Approbation
Autohypnose
Bandscheibe
Bartflechte
Blasenstein
Bleichsucht
Blutgefaess
Blutsenkung
Blutspender
Brusthoehle

Brustwirbel
Darmkatarrh
Darmplastik
Diphthongie
Disposition
Distraktion
Entzuendung
Extremitaet
Fettembolie
Fieberkurve
Fiebertafel
Fleckfieber *aK*
Flecktyphus *aK*
Frigiditaet
Fruchtblase
Furunkulose
Gallenblase
Gallenkolik
Gallenstein
Gehirntumor
Gerstenkorn
Gipsverband
Graviditaet
Guertelrose
Haemoglobin
Harnstauung
Herzklopfen
Herzmassage
Herzneurose
Hexenschuss
Hoehensonne
Infizierung
inklinieren
Innervation
Intensitaet
intravenoes
Kardiogramm
Keuchhusten *aK*

Kleptomanie
Knochenhaut
Krankenhaus
Kurpfuscher
Lymphdruese
Lymphknoten
Lungenoedem
Melancholie
Missbildung
Myokarditis
Nasenbluten
Nervenzelle
Nervositaet
Nesselsucht
Niederkunft
Nierenkolik
Nierenstein
Ohrensausen
Orthopaedie
Physiologie
Protoplasma
Psychologie
Quarantaene
Quecksilber
Respiration
Schwachsinn
Sonnenstich
Starrkrampf *aK*
Sumpffieber
Syndaktylie
Thermometer
Totenstarre
Tuberkulose *aK*
Verbloedung
Verbrennung
Verstopfung
Vivisektion
Wanderniere

Wassersucht
Wolfsrachen
Zahnausfall
Zahnfleisch
Ziegenpeter
Zugpflaster

12

Abschnuerung
Alkoholismus
Antiseptikum
(oder Antisepticum)
Appendicitis
Blutstillung
Bronchotomie
Darmfusion
Degeneration
Desinfektion
Einspritzung
EiserneLunge
(Eiserne Lunge)
Elefantiasis
(auch Elephantiasis)
Entkraeftung
Erschoepfung
Fruchtwasser
Geburtshilfe
Gehirnschlag
Genickstarre *aK*
Gesichtsrose
Groessenwahn
Gynaekologie
Haftpsychose
Hasenscharte
Heftplaster
Heuschnupfen
Herzflattern
Homoeopathie
Hypertrophie
Hypochondrie
Infiltration
Inflammation
Jodausschlag
Klimakterium
Klimatologie
Knochenbruch
Knochenfrass
Komplikation
Konsultation
Kreuzschnitt
Laboratorium
Leistenbruch
Lokalisation
Lungenstarre
Lymphstauung
Magenkatarrh
Magenschmerz
Marknagelung
Maximaldosis
Minimaldosis
Misanthropie
Morphinismus
Nackenstarre
Nervenfieber
Nervenschock
Nervensystem
Nesselfieber
Neurasthenie
Ohrenspiegel
Osteomalazie
Pneumothorax
Quetschwunde
Rhesusfaktor
Rheumatismus
Schlafmittel
Schlaganfall
Schwindsucht
Seekrankheit
Stoffwechsel
Tropenfieber
Untersuchung
Verstauchung
Zellengewebe

13

Aethernarkose
Bakteriologie
Blutkreislauf
Darmverengung
Fortpflanzung
Gasvergiftung
Gehirnblutung
Gliederstarre
Haemorrhoiden
Halluzination
Hautausschlag
Heilgymnastik
Herzgeraeusch
Hydrotherapie
Idiosynkrasie
Immunisierung
Infantilismus
Kaiserschnitt
Klappenfehler
Knochengewebe
Krankenpflege
Laengsfraktur
Lungenblutung
Muskelschwund
Nervenzentrum
Neuropsychose
Ohrgeschwulst
Pharmakologie
Pneumomassage
Pockenimpfung
Pseudarthrose
Psychoanalyse
Radiotherapie
Schaedelbruch
Schizophrenie
Schlafwandeln
Schlangengift
Schrumpfmagen
Schrumpfniere
Schutzimpfung
Seitenstechen
Sehnenplastik
Sensibilitaet
Sterilisation
Stichreaktion
Transpiration
Traubenzucker
Truemmerbruch
Unfallneurose
Wechselfieber *aK*
Zahnheilkunde
Zwangsneurose

14

Anginapectoris
(Angina pectoris)
Autosuggestion
Blasenpunktion
Bleivergiftung

Blutvergiftung
Darmverschluss
Durchleuchtung
Entziehungskur
Gehirnpunktion
Guertelflechte
Kindbettfieber
Kinderlaehmung *aK*
Lumbalpunktion
Lungenblaehung
Magengeschwuer
Magenresektion
Muskelatrophie
Nervenlaehmung
Pilzvergiftung
Psychotherapie
Rekonvaleszent
Rekonvaleszenz
Sommersprossen
Somnambulismus
Spitzenkatarrh
Sprachstoerung
Sterilisierung
Stockschnupfen
Thermotherapie
Unfallpsychose
Verknoecherung
Verkrueppelung

15

Arteriosklerose
Beckenringbruch
Bluterkrankheit
Bluttransfusion
Blutzirkulation
Bronchialasthma
Bronchialdruese
Darmentzuendung
Elektrotherapie
Farbenblindheit
Fischvergiftung
Gesichtsplastik
Halzentzuendung
Herzerweiterung
Kurzsichtigkeit
Nervenschwaeche
Nesselausschlag
Rasselgeraeusch
Rueckfallfieber *aK*
Schlafkrankheit *aK*
Schlaflosigkeit
Schlottergelenk
Schneeblindheit
Schuppenflechte
Transplantation
Tropenkrankheit
Unterernaehrung
Verfolgungswahn
Weitsichtigkeit
Zuckerkrankheit

3. BERÜHMTE ÄRZTE

3

Dam
Erb
His
Pel

4

Arlt
Beck
Bell
Bier
Buit
Cori
Dale
Frei
Gall
Hahn
Heim
Hess
Hill
Kehr
Koch
Kopp
Orth
Paré
Pott
Reil
Ross
Roth
Rust
Todd
Volt
Wahl
Weil

5

Abbot
Adams
Allen
Aures
Bigue
Boeck
Braun
Bovet
Broca
Brown
Bruce
Bruns
Bunge
Busch
Cabot
Chain
Derra
Doisy
Donné
Duval
Ebner
Ecker
Ewald
Funke
Goetz
Golgi
Goltz
Gruby
Gurlt
Hasse
Hebra
Hench
Henle
Hoffa

Klapp
Kraus
Krebs
Krehl
Krogh
Kruse
Leube
Loewi
Lotze
Marie
Marsh
Mayor
Minot
Moniz
Mosso
Ochoa
Osler
Petri
Peyer
Plaut
Ranke
Remak
Roehr
Roser
Sachs
Smith
Stahl
Tatum
Thoma
Weber
Wells
Wolff
Young

6

Adrian
Arnold
Barany
Barlow
Barton
Battey
Beadle
Beigel
Bekesy
Bezold
Bordet
Bouche
Bright
Cantor
Carrel
Cooper
Dahlen
Dalton
Darwin
Domagh
Dubois
Enders
Esbach
Finsen
Fliess
Florey
Fowler
Freund
Galton
Gesner
Girard
Gmelin
Graefe
Graham
Gruber
Gudden
Harvey
Hauser
Hecker
Hensen
Hering
Hippel
Huxley
Jaeger
Jenner
Kahler
Kneipp
Kocher
Kossel
Krause
Kuehne
Landry
Lassar
Littré
Lorenz
Ludwig
Meckel
Mendel
Morgan
Morton
Muller
Murphy
Oertel
Pawlow
Preyer
Rehmke
Richet
Riedel
Rieder
Riegel
Ruysch
Wagner
Wegner
Weller
Wigand
Wilson
Zander

7

Addison
Banting
Bartels
Basedow
Behring
Bennett
Bernard
Biedert
Blandin
Boehler
Bottini
Brehmer
Brinton
Chabert
Chapman
Charcot
Desault
Douglas
Duhring
Ebstein
Edinger
Ehrlich
Eijkman
Fibiger
Filatow
Fischer
Fleming
Francke
Frenkel
Fritsch
Garland
Glénard
Glisson
Heubner
Heymans
Hofmann
Hopkins
Houssay
Jackson
Jameson
Kendall
Klencke
Kroenig
Kuester
Lahmann
Laveran
Lembert
Lipmann
Ludloff
Luschan
MacLeod
Moebius
Moeller
Mueller
Neisser
Nicolle
Noorden
Pasteur
Pfueger
Quincke
Retzius
Robbins
Romberg
Schmidt
Schroth
Schwann
Simpson
Spencer
Stiller
Theiler
Thomsen
Vincent
Virchow
Waksman

Walcher
Wardrop
Whipple
William
Winckel

8

Apostoli
Auerbach
Babinski
Baccelli
Bâtonnet
Bergmann
Billroth
Bischoff
Briançon
Brissaud
Buechner
Colombat
Cournand
Dittrich
Drummond
Duverney
Edebohls
Erichsen
Erlanger
Flechsig
Foerster
Fraenkel
Gaertner
Gaillard
Gassendi
Gerhardt
Gusserow
Hagemann
Harrison
Highmore
Hoffmann
Holmgren
Kirchner
Kollmann
Kornberg
Kussmaul
Landerer
Leclouse
Lenhartz
Lennhoff
Lenzmann
Lobstein
Loeffler
Lombroso
Lorinser
Magendie
Malpighi
Marcland
Meissner
Meyerhof
Mikulicz
Morgagni
Niemeyer
Nussbaum
Pfeiffer
Politzer
Richards
Saemisch
Schleich
Schultze
Schwalbe
Sprengel
Steinach
Theorell
Thiersch
Thompson
Valentin
Vierordt
Volkmann
Waldeyer

9

Bamberger
Bertillon
Biswanger
Boerhaave
Bollinger
Bouillaud
Carpenter
Chaussier
Einthoven
Escherich
Eulenburg
Eustachio
Forssmann
Friedmann
Froehlich
Fuerstner
Hahnemann
Helmholtz
Kienboeck
Klemperer
Kraepelin
Kronecker
Lederberg
Lindemann
Mackenzie
Menzikoff
Rasmussen
Robertson
Rosenbach
Ruedinger
Salkowski
Schroeder
Schwartze
Tiedemann
Uhlenhuth

10

Angerstein
Dettweiler
Doederlein
Doellinger
Ebbinghaus
Geigenbaur
Gullstrand
Heidenhain
Herxheimer
Krukenberg
Langenbeck
Montegazza
Paracelsus
Priessnitz
Reichstein
Sauerbruch
Schoenlein
Schroetter
Semmelweis
Strassmann
Strohmeyer
Treviranus
Wassermann
Winternitz

11

Dieffenbach
Fuerbringer
Hippokrates
Landsteiner
Langendorff
Leidenfrost

Metschnikow
(auch Metschnikoff)
Pettenkofer
Schweninger
Sherrington
Spiegelberg
Wiedersheim

12

Metschnikoff
(auch Metschnikow)
Middeldorpff
Muensterberg

13

Liebermeister
Schimmelbusch
SzentGyoergyi
(Szent-Gyoergyi)
WagnerJauregg
(Wagner-Jauregg)

Meere - Ozeane - Meerengen - Meeresstraßen

(Anmerkungen: Geographische Lage)

4

Belt *(Kleiner Belt, Langelands Belt, Grosser Belt)*	*Ostsee*

5

Adria	*Mittelmeer*
Kanal	

6

Ostsee

7

Javasee	*Stiller Ozean*
Karasee	*Nördl. Eismeer*
Nordsee	
Pazifik	
Suedsee	*Stiller Ozean*
Sulusee	*Stiller Ozean*

8

Atlantik	
Bandasee	*Stiller Ozean*
Bosporus	*Westl. Türkei*
ChinaSee	*Stiller Ozean*
Kattegatt *(auch Kattegat)*	*Südl. Skandinavien*
OereSund	*Schweden/ Seeland*
SundaSee	*Stiller Ozean*

9

BaffinBai	*Nördl. Eismeer*
Gibraltar *(Straße von Gibraltar)*	
HudsonBai	*Kanada*
LaptewSee	*Nördl. Eismeer*
Nordkanal	*Irland/ Schottland*
RotesMeer	*Indischer Ozean*
Skagerrak	*Jütland/ Norwegen*
TasmanSee	*Stiller Ozean*

10

BarentsSee	*Nordmeer*
CelebesSee	*Stiller Ozean*
GelbesMeer	*Östl. China*
IrischeSee	*Atlantik*
Mittelmeer	

11

Aermelkanal	
CookStrasse	*Neuseeland*
Dardanellen	*Westl. Türkei*
MarmaraMeer	*Türkei*
PalkStrasse	*Ceylon/Indien*
Weisses Meer	*Barents-See*

12

CabotStrasse	*Neufundland/ Neu-Schottland*
DavisStrasse	*Grönland/Kanada*
GrosserOzean	*= Stiller Ozean*
Korallenmeeer	*Stiller Ozean*
KoreaStrasse	*Korea/Japan*
StillerOzean	

13

BeringStrasse	*Sibirien/Alaska*
FukienStrasse	*China/Formosa*
HudsonStrasse	*Baffinland/Labrador (Kanada)*
Nordpolarmeer	
SchwarzesMeer	

14

ArabischesMeer	*Indischer Ozean*
ArktischesMeer	
FloridaStrasse	*Florida/Kuba*
FormosaStrasse *(=FukienStrasse)*	*China/Formosa*
IndischerOzean	
PersischerGolf	
TsugaruStrasse	*Japan, zwischen Hondo und Hokkaido*
YukatanStrasse	*Kuba/Mexiko*

15

AegaeischesMeer	*Mittelmeer*
JapanischesMeer	*Stiller Ozean*
KaribischesMeer	*Große Antillen/ Südamerika*
LigurischesMeer	*Nördl. Korsika*
MagellanStrasse	*Nördl. Feuerland (Südspitze Südamerikas)*
MakassarStrasse	*Borneo/Celebes*
PazifischesMeer	*= Pazifik = Großer Ozean = Stiller Ozean*
StrassevonDover	*England/Frankreich*

Metalle - Mineralien - Gesteinsarten - Edelsteine

1. Edelmetalle, Erdvorkommen, Erze, Gesteine, Metalle
2. Edelsteine, Halbedelsteine, Schmucksteine

1. EDELMETALLE, ERDVORKOMMEN, ERZE, GESTEINE, METALLE

3

Bol
Erz
Ton
Wad
Zer

4

Azur
Bims
Blei
Gips
Gold
Jura
Kalk
Kies
Lava
Lehm
Moor
Niob
Salz
Sand
Spat
Talk
Tuff
Uran
Zink
Zinn

5

Aetit
Akmit
Alaun
Albit
Arsen
Augit
Baryt
Bolus
Borat
Chlor
Chrom
Cuban
Dazit
Dunit
Eisen
Fluor
Gneis
Graus
Konit
Lapis
Lasur
Loess
Ophit
Pyrit
Quarz
Rutit
Salit
Selen
Silur
Stein
Titan
Trapp
Trona
Umbra

6

Anatas
Apatit
Arkose
Asbest
Axinit
Azurit
Barium
Basalt
Bauxit
Biotit
Bromit
Bruzit
Cyanit
Diabas
Diorit
Epidot
Fuklas
Felsit
Gabbro
Galmei
Granat
Granit
Indium
Isenit
Jaspis
Kainit
Kalium
Kalzit
Kaolin
Kastor
Keuper
Kobalt
Korsit
Korund
Kreide
Kupfer
Leuzit
Mangan
Marmor
Mergel
Mullit
Natron
Nickel
Nitrat
Okenit
Olivin
Oolith
Osmium
Pikrit
Plasma
Platin
Radium
Silber
Syenit
Sylvin
Tantal
Tellur
Thorit
Thulit
Tinkal
Tychit
Ulexit
Wismut
Zirkon

7

Achroit
Ankerit
Antimon
Asmanit

Asphalt
Basanit
Bitumen
Boothit
Borazit
Bronzit
Cadmium
Caesium
Calcium
Cenoman
Chlorit
Chromat
Chromit
Dendrit
Dolomit
Eklogit
Enargit
Euxenit
Fluorit
Galenit
Gallium
Glimmer
Graphit
Greisen
Hafnium
Hauerit
Hornerz
Hyperit
Idokras
Ijolith
Ilmenit
Iridium
Kalamin
Krokoit
Lanthan
Melonit
Mennige
Messing
Monazit
Natrium
Nephrit
Porphyr
Quarzit
Realgar
Rhenium
Rhodium
Roterde
Salmiak
Selenit
Serizit
Silikat
Silumin
Spinell
Stellit
Stilbit
Tenorit
Terbium
Tephrit
Thorium
Titanit
Trachyt
Tysonit
Vanadin
Wolfram
Wurtzit
Yttrium

8

Akanthit
Alloklas
Aluminit
Amphibol
Anhydrit
Anorthit
Arachnit
Aragonit
Argental
Axiolith
Belemnit
Bismutit
Cerussit
Ceylanit
Cipollin
Covellin
Elaterit
Enkrinit
Enstatit
Epigenit
Erythrin
Eukairit
Feldspat
Findling
Fluellit
Galaktit
Ganister
Glaserit
Granulit
Haarsalz
Haematit
Harmotom
Herpinit
Hiddenit
Idrialit
Itabirit
Kalkspat
Kalktuff
Karbonat
Kobaltin
Kryolith
Labrador
Magmatit
Magnesit
Magnetit
Malachit
Manganit
Markasit
Meteorit
Millerit
Muskovit
Nantokit
Nickelin
Omphazit
Ozokerit
Phosphor
Pistazit
Polonium
Rubellit
Rubidium
Salpeter
Samarium
Scandium
Schiefer
Schwefel
Sylvanit
Tellurit
Thallium
Tridymit
Vanadium
Vivianit
Zerussit
Zinkkies
Zinkspat
Zinnober

9

Akkumulat
Alabaster
Algonkium
Aluminium
Anthrazit
Arsenkies
Aventurin
Batholith
Bernstein
Beryllium
Bimsstein
Bleiglanz
Blutstein
Braunspat
Chalkosin
Chalzedon
Eisenkies
Eisenrahm
Eisenspat
Elaeolith
Flussspat
Fraueneis
Gadolonit
Germanium
Glaukonit
Gruenerde
Helloffit
Herbachit
Hoevellit
Jodsilber
Kalkstein
Magnesium
Mikroklin
Molybdaen
Natrolith
Orthoklas
Palladium
Polydymit
Redruthil
Ruthenium
Sandstein

Schmirgel
Selenblei
Serpentin
Spateisen
Sphalerit
Steinsalz
Strontium
Travertin
Wolframit
Ytterbium
Zinnstein
Zirkonium
Zoelestin

10

Adelpholit
Agglomerat
Akadiolith
Aktinolith
Arsenolith
Bittersalz
Borocalzit
Brauneisen
Braunkohle
Braunstein
Bromsilber
Chloanthit
Chrysolith
Eisenglanz
Feuerstein
Hornblende
Indigolith
Klinochlor
Kobaltkies
Kupferkies
Magnetkies
Manganspat
Meerschaum
Nickelkies
Orthogneis
Pechblende
Phosphorit
Schwerspat
Sordavalit
Staurolith
Steinkohle
Technetium
Tellurblei
Teratolith
Wismutgold
Zinkblende
Zinkbluete

11

Alumokalzit
(auch Alumocalzit)
Arsenkupfer
Chalkopyrit
Glaubersalz
Granatgneis
Hedenbergit
Hydrozinkit
Kobaltglanz
Konglomerat
Kupferglanz
Kupferlasur
Muschelkalk
Quecksilber
Selenkupfer
Selensilber
Silberglanz
Speiskobalt
Tonschiefer
Uranpecherz

12

Antimonglanz
Bergkristall
Gruenbleierz
Hydrargillit
Manganblende
Quarzporphyr
Rotgiltigerz
Rotkupfererz
Schwefelkies
Tellursilber
Tesseralkies

13

Amazonenstein
Brandschiefer
Buntkupfererz
Buntsandstein
Graugiltigerz
Kalksandstein
Kieselzinkerz
Porzellanerde
Roteisenstein
Silberamalgam

14

Buntkupferkies
Magneteisenerz
Spateisenstein

15

Brauneisenstein
Chromeisenstein
Glimmerschiefer
Grueneisenstein
Weissnickelkies

2. EDELSTEINE, HALBEDELSTEINE, SCHMUCKSTEINE

4

Jade
Jett
Onyx
Opal
Pitt

5

Achat
Aplom
Gagat
Lydit
Orlow
Pyrop
Quarz
Rubin
Topas

6

Adular
Amaryl
Apatit
Axinit
Beryll
Citrin
Demant
Epidot
Euklas
Granat
Hyalit
Iserin
Jadeit
Jaspis
Kalait
Korund
Kunzit
Mosion
Plasma
Prasem
Regent
Saphir
Strass
Thumit
Zirkon
Zitrin
Zyanit

7

Achroit
Diamant
Diepsid
Girasol
Idokras
Kallait
Karneol
Lasurit
Melanit
Nephrit
Schoerl
Siderit
Smaragd
Spinell
Tuerkis

8

Almandin
Amethyst
Brillant
Cabochon
Cullinan
Edelopal
Haematit
Heliodor
Hessonit
Hiddemit
Hyazinth
Kaprubin
Karbonat
Kohinoor
Labrador
Malachit
Markesit
Obsidian
Phenakit
Rhodonit
Rubellit
Sardonyx
Toskaner
Turmalin
Uwarowit

9

Aquamarin
Avanturin
Bernstein
Brasilian
Chalzedon
Demantoid
Edelquarz
Feueropal
Fischauge
Flussspat
Goldtopas
Grossular
Heliotrop
Hornstein
Hydrophan
Kapgranat
Karfunkel
Mondstein
Oligoklar
Rosatopas
Tigerauge
Wolfsauge

10

Alexandrit
Allochroit
Balasrubin
Chrysolith
Chrysopras
Faserquarz
Hypersthen
Indigolith
Katzenauge
Labradorit
Lasurstein
Meerschaum
Milchquarz
Rauchtopas
Rosenquarz
Speckstein
Spessartin
Wasseropal

11

Florentiner
Lapislazuli
Mandelstein
Nierenstein
Rheinkiesel
Sonnenstein

12

Azurmalachit
Bergkristall
Chrysoberyll
Edelfeldspat
Violettrubin

13

Amazonenstein
Labradorstein

Millionenstädte

(Abkürzungen: D = Deutschland / CSSR = Tschechoslowakei / VAR = Vereinigte Arabische Republik)

3

Rom	*Italien*

4

Kiew	*Sowjetunion*
Kobe	*Japan*
Lima	*Peru*
Prag	*CSSR*
Wien	*Österreich*

5

Athen	*Griechenland*
Hsian	*China*
Kyoto	*Japan*
Kairo	*VAR*
Leeds	*Großbritannien*
Osaka	*Japan*
Paris	*Frankreich*
Pusan	*Korea*
Soeul	*Korea*
Tokio	*Japan*
Wuhan	*China*

6

Berlin	*D*
Bogota	*Kolumbien*
Bombay	*Indien*
Boston	*USA*
Kanton	*China*
London	*Großbritannien*
Madras	*Indien*
Madrid	*Spanien*
Manila	*Philippinen*
Moskau	*Sowjetunion*
Nagoya	*Japan*
Neapel	*Italien*
Peking	*China*
Saigon	*Vietnam*
Sidney	*Australien*

7

Bangkok	*Thailand*
Buffalo	*USA*
Caracas	*Venezuela*
Chicago	*USA*
Detroit	*USA*
Glasgow	*Großbritannien*
Hamburg	*D*
Kowloon	*Hongkong*
Mailand	*Italien*
Nanking	*China*
NewYork *(New York)*	*USA*
StLouis *(St. Louis)*	*USA*

Taiyuen *China*
Teheran *Iran*
Toronto *Kanada*

8

Bruessel *Belgien*
Budapest *Ungarn*
Bukarest *Rumänien*
Djakarta *Indonesien*
Istanbul *Türkei*
Yokohama *Japan*
LaHabana *Kuba*
(La Habana)
Kalkutta *Indien*
Muenchen *D*
Montreal *Kanada*
NeuDelhi *Indien*
(Neu-Delhi)
Pinkiang *China*
Santiago *Chile*
(Santiago de Chile)
SaoPaulo *Brasilien*
(Sao Paulo)
Singapur *Singapur*
Surabaja *Indonesien*
Tientsin *China*
Tsingtau *China*
Victoria *Hongkong*
Warschau *Polen*

9

Baltimore *USA*
Barcelona *Spanien*
Cleveland *USA*
Karatschi *Pakistan*
Leningrad *Sowjetunion*
Liverpool *Großbritannien*
Melbourne *Australien*
Schanghai *China*
Schenyang *China*
Stockholm *Schweden*
Tschengtu *China*

10

Alexandria *VAR*
Birmingham *Großbritannien*
Haiderabad *Indien*
Kopenhagen *Dänemark*
LosAngeles *USA*
(Los Angeles)
Manchester *Großbritannien*
Pittsburgh *USA*
Washington *USA*

11

BuenosAires *Argentinien*
(Buenos Aires)
Minneapolis *USA*
Tschungking *China*

12

Johannesburg *Südafrika*
Philadelphia *USA*
RiodeJaneiro *Brasilien*
(Rio de Janeiro)
SanFrancisco *USA*

13			14	
LuschunTalien *(Luschun-Talien)*	*China*		CiudaddeMéxico *(Cuidad de México)*	*Mexiko*

Musen

Die neun Töchter des Zeus – griechische Göttinnen der Künste und Wissenschaften

4			8	
Klio	*Geschichte*		Kalliope	*Epische Dichtung*
5			9	
Erato	*Liebesdichtung*		Melpomene	*Tragödie*
6			10	
Thalia	*Komödie*			
Urania	*Astronomie*		Polyhymnia	*Musik*
7			11	
Euterpe	*Lyrik*		Terpsichore	*Tanz*

Musik

Reihenfolge der Kapitel: Dirigenten – Instrumente – Jazz – Komponisten – Musiktheorie – Opern, Operetten, Musicals, Singspiele – Solisten – Tanz und Ballett

DIRIGENTEN

(Abkürzungen der Herkunftsländer: Deutschland D – Frankreich F – Griechenland Gr – Großbritannien GB – Holland Ho – Italien I – Österreich Ö – Polen P – Rumänien Ru – Schweiz S – Sowjetrußland UdSSR – Spanien Sp – Tschechoslowakei CSSR – Ungarn U

5

Benda	*D*
Blech	*D*
Boehm	Ö
Boult	*GB*
Bruch	*D*
Busch	*D*
Dixon	*USA*
Heger	*D*
Henze	*D*
Krips	Ö
Lotti	*I*
Mottl	Ö
Solti	*U*
Szell	*U*

6

Beinum *(v.)*	*Ho*
Buelow *(v.)*	*D*
Jochum	*D*
Kempen *(v.)*	*Ho*
Krauss	Ö
Maazel	*F*
Moralt	*D*
Muench	*F*
Reiner	*U*
Rother	*D*
Sabata	*I*
Sacher	*S*
Walter	Ö
Zecchi	*I*

7

Argenta	*Sp*
Beecham	*GB*
Bennett	*GB*
Cavalli	*I*
Fournet	*F*
Fricsay	*U*
Giulini	*I*
Kabasta	Ö
Karajan *(v.)*	Ö
Kleiber	Ö
Kubelik	*CSSR*
Leitner	*D*
Nikisch	*D*
Ormandy	*U*
Richter	*U*
Rosbaud	*D*
Strauss	*D*

8

Ansermet	*S*
Cantelli	*I*
Cluytens	*Ho*
Dohnanyi	*U*
Mainardi	*I*
Martinon	*F*
Pfitzner	*D*
Reznicek	Ö
Spontini	*I*

9

Abendroth	*D*
Bernstein	*USA*
Hindemith	*D*
Keilberth	*D*
Klemperer	*D*
Lamoureux	*F*
Matzerath	*D*
Scherchen	*D*
Schuricht	*D*
Steinberg	*D*
Stokowski	*P*
Toscanini	*I*

10

Barbirolli	*GB*
Elmendorff	*D*
Markevitch	*UdSSR*
Mengelberg	*Ho*
Sawallisch	*D*
Strawinsky	*UdSSR*
Mitropoulos	*Gr*
Muenchinger	*D*
Paumgartner	*Ö*
Weingartner	*Ö*

11

Celebidache	*Ru*

12

Furtwaengler	*D*

14

Knappertsbusch	*D*

INSTRUMENTE

(Alle Bereiche der Musik)

4

Bass
Gong
Horn
Lure
Lyra
Oboe
Tuba

5

Banjo
Cello
Fidel
(auch Fiedel)
Gambe
Geige
Harfe
Laute
Leier
Orgel
Pauke
Piano
Regal
Viola

6

Becken
Cymbal
Fagott
Fiedel
(auch Fidel)
Floete
Piston
Rassel
Tamtam
Zither

7

Alphorn
Celesta
Cembalo
Fanfare
Fluegel
Gitarre
(auch Guitarre)
Helikon
Klampfe
Klavier
Kornett
Mandola
Okarina
Pianino
Pikkolo
(auch Piccolo)
Posaune
Ratsche
Spinett
Trommel

Ukulele
Violine

8

Basshorn
Basstuba
Bratsche
Guitarre
(auch Gitarre)
Hotgeige
Jagdhorn
Posthorn
Saxophon
Schalmei
Tamburin
(auch Tambourin)
Triangel
Trompete
Tympanon
Waldhorn
Xylophon
Zupfbass

9

Akkordeon
Balalaika
Bandoneon
Bassgeige
Drehorgel
Dudelsack
Hackbrett
Harmonika
Harmonium
Kniegeige
Kuhglocke
Mandoline
Panfloete
Sousaphon
Tambourin
(auch Tamburin)
Vibraphon
Zupfgeige

10

Aeolsharfe
Clavichord
(auch Klavichord)
Flageolett
Klarinette
Kontrabass
Nagelgeige
Pianoforte
Querfloete
Querpfeife
Sackpfeife
Schlagbass
Signalhorn
Swinggeige
Trumscheit
Ventilhorn
Zugposaune

11

Altsaxophon
Blockfloete
Fluegelhorn
Kastagnette
Kesselpauke
Leierkasten
Marimbaphon
Maultrommel
Metallophon
Orchestrion
Reibtrommel
Rundschelle
Violoncello
Wandklavier

12

Basstrompete
Clavicembalo
Englischhorn
Glockenspiel
Hammondorgel
Kontrafagott
Schellenbaum

13

Glasharmonika
GrosseTrommel
(Grosse Trommel)
Hammerklavier
Handharmonika
KleineTrommel
(Kleine Trommel)
Mundharmonika
Pikkolofloete
(auch Piccolofloete)
Tenorsaxophon
Trillerpfeife
Ventilposaune
Ziehharmonika

14

Bassklarinette
Sopransaxophon
Ventiltrompete

15

Baritonsaxophon
Schifferklavier

JAZZ

Big Bands – Combos – Instrumentalsolisten – Vokalgruppen – Vokalisten

3

Kay
May
MJQ
(Modern Jazz Quartet)
Ory

4

Best
Bilk
Byrd
Cole
Getz
Hall
Hill
Hunt
Inge
JATP
(Jazz at the Philharmonic)
Levy
Mann
Monk
ODay
(O'Day)
Pozo
Rich
Shaw
Sims
Tate
Ward
Webb
Zeno

5

Allen
Baker
Basie
Berry
Blake
Brown
Burns
Clark
Davis
Dodds
Ellis
Elman
Etzel
Field
Gulda
Handy
Heath
Hines
Hodes
Hucko
James
Jones
Kovac
Krupa
Kuehn
Laine
Lewis
Luter
Manne
Moten
Musso
Nance
Norvo
Picou
Roach
Russo
Shank
Shore
Smith
South
Stacy
Stitt
Tabor
Tatum
Terry
Young

6

Bailey
Barber
Barnet
Bechet
Beneke
Bigard
Blakey
Bolden
Brandt
Briggs
Bryant
Carney
Carter
Clarke
Condon
Dorsey
Dutray
Farmer
Freund
Garner
George
Golson
Grimes
Hardin
Harris
Herman
Hodges
Holman
Jackel
Joplin
Kenton
Koller
Konitz
Manone
Miller
Mingus
Morgan
Morton
Oliver
Parker
Powell
Previn
Rainey
(Ma Rainey)
Redman
Rogers
Rugolo
Sauter
Silver
Sissle
Spivak
Taylor
Venuti
Waller
Waters
Wilson
Yancey

7

Anthony
Bellson
Blanton
Brubeck
Buckner
Bushkin
Calhoun
Charles
Clayton
Coleman
Desmond
Freeman
Garland
Giuffre
Gonella
Goodman
Griffin

Hackett
Hawkins
Heywood
Holiday
HotFive
(Hot Five)
Jackson
Johnson
Keppard
Ladnier
LaRocca
(La Rocca)
Lesberg
Marable
Merritt
Newborn
Nichols
Pollack
Rollins
Rushing
Russell
Shavers
Shields
Stewart
Thigpen
Timmons
Vaughan
Ventura
Webster
Winding

8

Adderley
Broonzie
Calloway
Christie
Coltrane
DeFranco
(DeFranco)
Eldridge
Flanagan
Hamilton
Hampton
HotSeven
(Hot Seven)
InkSpots
(Ink Spots)
Jennings
Kaminsky
McKinley
Mulligan
Napoleon
Nicholas
Peterson
Shearing
Sullivan
Tristano
Whiteman
Williams
Woodward

9

Alexander
Armstrong
Christian
Doldinger
Ellington
Gillespie
Gonsalves
Grappelly
Henderson
Leadbelly
Lunceford
Lyttelton
McCracken
Middleton
Patterson
Pettiford
Reinhardt
Singleton
Strayhorn
Teagarden

10

Fitzgerald
Réwéliotty

11

Beiderbecke
Brandenburg
Brocksieper
Butterfield
Charmichael
KingSisters
(King Sisters)
Modernaires
WardSingers
(Ward Singers)

12

FourFreshmen
(Four Freshmen)
Higginbotham
Hoellerhagen
Mangelsdorff
Teschemacher

13

AndrewSisters
(Andrew Sisters)
LittleSisters
(LittleSisters)
MillsBrothers
(Mills Brothers)
RedHotPeppers
(Red Hot Peppers)

14

JazzMessengers
(Jazz Messengers)
BoswellSisters
(Boswell Sisters)

15

HotClubdeFrance
(Hot Club de France)

INSTRUMENTE UND VOKABULARIUM DES JAZZ

(Buchstaben in Klammervermerken: Gebräuchliche englische Abkürzungen)

3

Bop	*Abgekürzt Bebop*
Cat	*Jazzmusiker*
Hat	*Hut als Dämpfer*
Hot	*Heißes, intensives Spiel*
Rag	*Abgekürzt Ragtime*

4

Alto	*Abgekürzt Altsaxophon*
Band	*Jazz-Ensemble*
Bass	*(Kurz: b)*
Beat	*Puls der Jazzrhtythmen*
Cool	*Jazzstil der Fünfziger Jahre*
Jump	*Swing mit exaktem Rhythmus*
Lead	*Führende Instrumentalstimme*
Poll	*Popularitäts-Umfrage*
Riff	*Kurze wiederholte Tonfolge*
Scat	*Freies textloses Singen*
Song	*Lied*

5

Banjo	*(Kurz: bj)*
Bebop	*Stil der Vierziger Jahre*
Blues	*Urform des Jazz-Lieds; auch Formeinheit*
Break	*Unterbrechung des Grundrhythmus*
Chase	*Wechsel der Solostimmen*
Combo	*Kleineres Jazz-Ensemble*
Dixie	*Abgekürzt Dixieland*
Drive	*Rhythmischer Antrieb*
Drums	*Trommeln; Schlagzeug*
Growl	*Tonverfärbung bei Blechbläsern; auch Vokal-Effekt*
Piano	*(Kurz: p)*
Shake	*Starkes Vibrato einzelner Töne*
Sound	*Charakteristischer Klang*
Stomp	*Rhythmische Formel des Jazz*
Swing	*Schwung, rhythmische Basis; auch Stil der Dreißiger Jahre*

6

Bounce	*Verlangsamter Swing*
Bridge	*Mittelteil eines Jazz-Themas*
Chorus	*Formeinheit beim Musizieren; Mehrzahl: Chorusse*
Floete	*(Kurz: fl)*
Gospel	*Moderne Form des Spiritual*
Harlem	*New Yorker Negerviertel; eine der Domänen des Jazz*
Jammen	*Freies Jazz-Musizieren*
Shanty	*Ältere Art von Seemannsliedern*

7

Ballade	*Erzählerisch angelegter Song*
BigBand	*Größere Jazz-Formation*
(Big Band)	
Drummer	*Schlagzeuger*
Feeling	*Einfühlung in das Wesen des Jazz*
Gitarre	*(Kurz: g)*
(Guitarre)	
Kornett	*(Kurz: co)*
OffBeat	*Belebender Gegentakt*
(Off-Beat)	
Oldtime	*Frühe Musizier-Arten*
Posaune	*(Kurz: tb)*
Ragtime	*Synkopenreicher Piano-Stil*
Revival	*Stil-Neubelebung*
Section	*Instrumenten-Gruppe*
Shuffle	*Jazz-Dampferfahrt (River boat shuffle)*
Skiffle	*Spiel mit einfachen Instrumenten*
TwoBeat	*Spiel mit betonter erster und dritter Taktzeit*
(Two Beat)	
Violine	*(Kurz: v)*

8

Guitarre	*(Kurz: g)*
(Gitarre)	
HeadRiff	*Von den Sections wechselweise gespielte melodische Phrase*
(Head Riff)	
Shouting	*Negerischer Gesangsstil*
Tenorist	*Tenorsaxophon-Spieler*
Trompete	*(Kurz: tp)*

9

(Blue Notes)	*Typische Blues-Intervalle*
BlueNotes	

Dixieland	*Spielform des frühen Jazz*
HonkyTonk *(Honky Tonk)*	*Stammkneipe von Jazzfreunden*
Minstrels	*Unterhaltende Wander-Shows*
RingShout *(Ring Shout)*	*Rundtanz*
Sousaphon	*Instrument des frühen Jazz*
Spiritual	*Religiöses Lied der Neger*
Vibraphon	*(Kurz: vib / auch vibes)*
WorkSongs *(Work Songs)*	*Arbeitslieder der Neger*
SmallBand *(Small Band)*	*Kleineres Ensemble mit wechselnder Besetzung*
West Coast *(West Coast)*	*Richtung des modernen Jazz*

10

Bandleader	*Leiter der Formation*
Commercial	*Seichter Jazz*
DirtyTones *(Dirty Tones)*	*Verzerrte Töne*
JamSession *(Jam Session)*	*Stegreif-Spiel einer Gruppe*
Klarinette	*(Kurz: cl)*
Mainstream	*Jazz ohne speziellen Stil*
Progressiv	*Konzertanter Big Band-Jazz mit modernen Färbungen*
Schlagzeug	*(Kurz: dr)*
SingleNote *(Single Note)*	*Folge von Einzeltönen*
Storyville	*Altes Vergnügungsviertel von New Orleans*
Waschbrett	

11

Altsaxaphon	*(Kurz: as)*
Barrelhouse	*Primitive Kneipe*

Blockakkord	*Bündelung von Akkorden*
TinPanAlley *(Tin Pan Alley)*	*Zentrum der New Yorker Musikverlage*
Traditional	*Sammelbegriff für ältere Jazz-Stile*
WalkingBass *(Walking Bass)*	*Baßbegleitung beim Boogie-Woogie am Piano*

12

BoogieWoogie *(Boogie Woogie)*	*Pianostil mit rollenden Baßfiguren*

13

Improvisation	*Stegreif-Erfindung melodischer Bilder*
MelodySection *(Melody Section)*	*Melodie-führende Instrumentengruppe*
RhythmSection *(Rhythm Section)*	*Rhythmus-gebende Instrumentengruppe*
Tenorsaxophon	*(Kurz: ts)*

14

HouseRentParty *(House Rent Party)*	*Party zugunsten des Mietzinses*
Sopransaxophon	*(Kurz: ss)*

15

Baritonsaxophon	*(Kurz: bs)*

KOMPONISTEN

(Alle Bereiche der Musik)

3

Cui
Egk
Feo
Fux
Gal
Uhl

4

Adam
Bach
Beck
Berg
Bull
Byrd
Erpf
Fall
Gade
Haas
Haba
Helm
Husa
Indy *(d')*
Knab
Lang
Marx
Monk
Nono
Orff
Raff
Reda
Rein
Rust
Toch
Wolf

5

Abaco
Auber
Basie
Biber
Bizet
Boehm
Bruch
David
Degen
Dufay
Dukas
Einem *(v.)*
Elgar
Falla *(de)*
Fasch
Finke
Franz
Gluck
Goetz
Graun
Grieg
Hasse
Hauer
Haydn
Heger
Henze
Isaac
Klebe
Knorr
Lasso *(di)*
Léhar
Lewis
Liszt
Loewe
Lotti
Lully
Maasz
Maler
Mehul
Neefe
Ravel
Reger
Scott
Sendt
Senfl
Siegl
Spohr
Stolz
Suppé
Tatum
Unger
Verdi
Weber *(v.)*
Weill
Young

6

Albert
Albert *(d')*
Andrae
Bartók
Bechet
Bialas
Borris
Brahms
Brehme
Busoni
Chopin
Cramer
Czerny
Daquin
Dostal
Dussek
Dvorák
Eccard
Flotow
Franck
Garner
Glinka
Gounod
Halévy
Heller
Hiller
Hummel
Jakobi
Jensen
Kálmán
Keiser
Kenton
Kienzl
Kodaly
Krenek
Kuhlau
Kuhnau
Kullak
Lanner
Lincke
Mahler
Martin
Mohler
Mozart
Muffat
Porter
Previn
Quantz
Rameau
Rohwer
Schein
Schmid
Schulz
Seiber
Thomas
Turina
Viotti
Wagner
Walter
Webern
Zachow
Zeller
Zelter
Zillig

7

Abraham
Albeniz

Badings
Bellini
Berlioz
Blacher
Bresgen
Britten
Brubeck
Buttnig
Caldara
Casella
Cassado
Copland
Corelli
Debussy
Distler
Dowland
Dressel
Fortner
Fricker
Frommel
Genzmer
Gerster
Goodman
Gotovac
Grabner
Graener
Haendel
Hassler
Hoeffer
Hoeller
Jánaček
Jarnach
Jelinek
Kreuder
Krieger
Leclair
Lendvai
Luebeck

Martinu
Milhaud
Mueller
Nardini
Nicolai
Pepping
Pepusch
Porpora
Poulenc
Puccini
Pugnani
Purcell
Raphael
Reutter
Richter
Rossini
Salieri
Scheidt
Schmidt
Schoeck
Schuetz
Silcher
Sinding
Smetana
Stamitz
Stephan
Strauss
Tartini
Tippett
Torelli
Vivaldi
Walther
Wellesz
Winkler
Wittmer
Zilcher

8

Benatzky
Biersack
Bruckner
Burkhard
Cimarosa
Clementi
Couperin
Diabelli
Dohnanyi
Françaix
Gabrieli
Gershwin
Glasunow
Goldmark
Graupner
Haessler
Hartmann
Herrmann
Hoffmann
Honegger
Kaminski
Kilpinen
Kirchner
Korngold
Kreutzer
Kuenneke
Lemacher
Lortzing
Martinon
Mascagni
Massenet
Messiaen
Ockeghem
Paganini
Peterson
Pfitzner
Respighi
Reznicek
Sarasate
Schreker
Schubert
Schumann
Sgambati
Sibelius
Skrjabin
Spontini
Stuermer
Telemann
Tristano
Veracini
Volkmann
Weismann
Willaert
Zumsteeg

9

Baussnern
Beckerath
Beethoven
Bernstein
Boieldieu
Bononcini
Bornefeld
Braunfels
Buechtger
Buxtehude
Cherubini
Cornelius
Donizetti
Driessler
Ellington
Froberger
Gillespie
Hausegger
Hindemith
Killmayer
Locatelli
Malipiero
Marschner
Mattheson
Meyerbeer
Offenbach
Pachelbel
Pergolesi
Rathgeber
Reichardt
Reinhardt
Reissiger
Scarlatti
Schneider
Schroeder
Sweelingk

10

Boccherini
Hessenberg
Kirnberger
Liebermann
Micheelsen
Milloecker
Monteverdi
Mussorgsky
Praetorius
Prokofieff
Rubinstein
SaintSaëns
(Saint-Saëns)
Sammartini
Schillings
Schoenberg

Strawinsky
Vieuxtemps
VillaLobos
(Villa-Lobos)
Wohlgemuth
Zimmermann

11

Dittersdorf

Frescobaldi
Humperdinck
Mendelssohn
(Mendelssohn-Bartholdy)
Leoncavallo
Papandopulo
Tscherepnin
WolfFerrari
(Wolf-Ferrari)

12

Dallapiccola
Rachmaninoff
Sutermeister
Tschaikowsky
WagnerRégeny
(Wagner-Régeny)

13

Gretchaninoff
Gumpelzhaimer

14

Khatschaturian

15

Schostakowitsch

MUSIKTHEORIE

Grundbegriffe – Vortragsbezeichnungen – Werkformen

Deutsche Noten

1

a b c d e f g h

2

as es

3

ais ces cis des dis eis fes fis ges gis his

Italienische Noten

2

fa do la mi re si

3

sol

Intervalle

4 None

Prim *(oder Prime)*

Sext *(oder Sexte)*

Terz

5	Prime *(oder Prim)*	Quart *(oder Quarte)*	Quint *(oder Quinte)*	Sexte *(oder Sext)*
6	Dezime	Oktave	Quarte *(oder Quart)*	Quinte *(oder Quint)*
7	Sekunde	Septime		

BEGRIFFE AUS ALLEN BEREICHEN DER MUSIK

2

KV	*Abgekürzt: Köchel-Verzeichnis*
ma	*aber*
un	*ein*

3

Air	*Französisch: Arie*
Alt	*Stimmlage*
Bar	*Alte Musikform*
ben	*gut*
bis	*Abgekürzt: zweimal*
BWV	*Abgekürzt: Verzeichnis aller Werke J. S. Bach's*
col	*mit*
con	*mit*
Duo	*Zweistimmiges Stück*
Dur	*Tonart*
non	*nicht*
Ped.	*Abgekürzt: Pedal*
piu	*mehr*
una	*eine*
vif	*lebhaft*

4

Aria	*Italienisch: Arie*
Arie	*Gesangsnummer; auch liedartiger Instrumentalsatz*
Bass	*Stimmlage*
Coda *(Koda)*	*Angehängter Schluß eines Musikwerkes*
Fine	*Ende*
Fuge *(Fuga)*	*Kompositionsform*
GEMA	*Abgekürzt: „Gesellschaft für musikalische Aufführungs- und mechanische Vervielfältigungsrechte"*
Jazz	*(= besonderes Kapitel)*
meno	*weniger*
Oper	*Musikalisches Bühnenwerk (= eigenes Kapitel)*
Opus	*Werk*
poco	*wenig*
Satz	*Kompositorische Setzweise; auch Werkteil*

sine	*ohne*
Soli	*Mehrzahl von Solo*
Solo	*Einstimmiges Werk; auch solistische Partie*
Takt	*Kompositorische Vorzeichnung*
Trio	*Dreiköpfiges Kammermusik-Ensemble; dreistimmiges Werk; Mittelsatz bei Märschen und Tänzen*
vivo	*belebt*
Voce	*Stimme*

5

assai	*sehr*
Buffo	*Stimmlage; italienisch: heiter*
Canon *(Kanon)*	*Mehrstimmige Werkform*
Credo	*Teil einer Messe*
dolce	*zart, süß*
Duett	*Werk für zwei Singstimmen*
Duole	*Notenfigur*
Etude *(Etuede)*	*Übungsstück*
forte	*laut, stark*
Gigue	*Alte Tanzform*
grave	*schwer, ernst*
Kanon *(Canon)*	*Mehrstimmige Werkform*
Kyrie	*Erster Teil einer Messe*
lento	*langsam*
Messe	*Kirchenmusikalisches Werk, gewöhnlich sechsteilig*
mezzo	*halb*
molto	*sehr, viel*
mosso	*bewegt*
Motiv	*Kurzes melodisches Thema*
piano	*leise*
Piece	*Einzelstück*
Polka	*Böhmischer Tanz*
Psalm	*Historische Gesangsform*
quasi	*gleichsam*
Rondo	*Früherer Rundgesang; Teil einer Symphonie oder Sonate*
senza	*ohne*
soave	*lieblich*
sopra	*oben*
sotto	*unten*
Suite	*Folge zusammenhängender Stücke*
tacet	*Aufforderung zum Schweigen*
Tango	*Argentinischer Tanz*
tanto	*viel, sehr*
Tempo	*Zeitmaß*
Tenor	*Stimmlage*
Thema	*Kompositorische Idee*
Tutti	*Italienisch: alle; Gegensatz zu Solo*
Valse	*Französisch: Walzer*

6

Adagio	*Ruhiges Musikstück; Teil eines mehrsätzigen Werkes*
Akkord	*Zusammenklang*
Akzent	*Betonung*

arioso	*liedhaft*
atonal	*ohne Bezug auf eine Tonart; moderneres Kompositionsmittel*
Aubade	*Ständchen*
Bolero	*Spanischer Tanz*
Caesur	*Begrenzung eines musikalischen Motivs*
Choral	*Liedform in der Kirchenmusik*
dacapo	*noch einmal von vorne*
deciso	*entschlossen*
Elegie	*Trauergesang*
Etuede *(Etude)*	*Übungsstück*
Finale	*Schlußsatz*
Galopp	*Schneller Rundtanz*
Gloria	*Teil einer Messe*
Kadenz	*Tonfolge, die zum Schluß überleitet; bei Instrumentalkonzerten Gelegenheit zu virtuoser Entfaltung*
legato	*gebunden*
mineur	*Moll französisch*
minore	*Moll italienisch*
Nonett	*Werk für neun Instrumente*
Oktett	*Werk für acht Instrumente*
Pavane	*Alte Tanzform*
presto	*sehr schnell*
Prolog	*Vorspruch*
rubato	*frei im Vortrag, vom strengen Taktmaß abweichend*
sempre	*immer*
Sonate	*Mehrteiliges Werk*
Sopran	*Stimmlage*
subito	*schnell, plötzlich*
tenuto	*gehalten*
Timbre	*Klangfärbung einer Stimme*
Triole	*Gruppe von drei Tönen*
tripel	*dreifach*
troppo	*zu sehr, zu viel*

unpoco *(un poco)*	*ein wenig*
veloce	*flink*
vivace	*lebhaft*
zeloso	*eifrig*

7

agitato	*unruhig*
Akustik	*Schallverteilung in Sälen oder Theaterräumen*
Allegro	*Schnelles, lebhaftes Stück*
Andante	*Tempobezeichnung „wie gehend"*
attacca	*ohne Unterbrechung weiter*
Ballade	*Liedform*
Ballett	*Getanzte Musik*
Bariton	*Stimmlage*
Bourrée	*Französischer Tanz*
calando	*verhallend*
Chanson	*Lied, Vortragsstück*
Csardas	*Ungarischer Nationaltanz*
Diskant	*Oberstimme*
Dynamik	*Tonstärke*
elevato	*erhaben*
Falsett	*Kopfstimme*
Fermate	*Gehaltener Ton; verlängerte Pause*
funebre	*traurig*
Gavotte	*Französischer Tanz*
Kantate	*Singstück*
majeur	*Dur im Französischen*
Menuett	*Altfranzösischer Tanz*
morendo	*ersterbend*
Motette	*Geistliches Chorstück*
Musical	*Show-ähnlich angelegte moderne Operette*
obligat	*erforderlich (Besetzung einer Stimme)*
Passage	*Schnelle Tonfolge*

Passion	*Dem Oratorium verwandtes vielstimmiges Chorwerk*
pomposo	*feierlich*
Prélude	*Vorspiel*
Refrain	*Kehrreim*
Romanze	*Lied in Opern; auch Instrumentalstück*
rustico	*ländlich*
Sanctus	*Teil einer Messe*
Scherzo	*Heiteres Instrumentalstück; Symphonie-Teil*
Septett	*Werk für sieben Instrumente*
Sextett	*Werk für sechs Instrumente*
Stretta	*Schluß einer Arie*
Synkope	*Zerschneidung des Taktes*
Terzett	*Werk für drei Singstimmen*
Toccata	*Werk der Barockmusik (Orgel, Cembalo, Klavier)*
Tremolo	*Beben eines Tons*
Triller	*Schneller Wechsel zwischen Hauptton und nächsthöherem Ton*
unisono	*im Einklang*
Vibrato	*Schwingen eines Tons oder einer Tonfolge*

8

AgnusDei *(Agnus Dei)*	*Teil einer Messe*
Arabeske	*Spielerisches Stück*
Arpeggio	*Gebrochener Akkord*
Belcanto *(Bel canto)*	*Italienischer Gesangsstil*
Berceuse	*Wiegenlied*
Burleske	*Werk mit scherzhaftem Charakter*
Chaconne	*Altfranzösischer Tanz; variantenreiches Werk*
doloroso	*schmerzlich*

Ensemble	*Musiker-Gruppe*
Fantasie *(auch Phantasie)*	*Weitgehend frei angelegtes Musikstück*
grazioso	*anmutig*
Harmonie	*Zusammenklang*
Libretto	*Textbuch für Oper oder Operette*
Liturgie	*Reihenfolge der Gebete und Gesänge*
Madrigal	*Mehrstimmiges Kunstlied*
maestoso	*erhaben*
Metronom	*Taktgebendes Gerät*
Nocturne	*Nachtstück (franz.)*
Notturno	*Nachtstück (ital.)*
Operette	*Kleine Oper (= eigenes Kapitel)*
Ostinato	*Gleichbleibendes Baß-Motiv*
Partitur	*Niederschrift aller Stimmen eines Musikwerkes*
pastoral	*ländlich*
Quartett	*Vierstimmiges Werk; Gruppe von vier Kammermusikern*
Quintett	*Fünfstimmiges Werk; Gruppe von fünf Kammermusikern*
Resonanz	*Widerhall der Musik; Echo beim Publikum*
Rhythmus	*Bewegungsart*
risoluto	*entschlossen*
ritenuto	*im Tempo zurückhaltend*
semplice	*einfach*
Serenade	*Abendmusik, Ständchen*
Sonatine	*Kleine Sonate*
staccato	*Ton für Ton abgesetzt*
Virtuose	*Souveräner Künstler*
Vorspiel	*Präludium im Deutschen*

9

Acappella *(A cappella)*	*Rein vokale Besetzung*

adlibitum *(ad libitum)*	*nach Belieben*
allabreve *(alla breve)*	*Verkürzter schneller (2/2) Takt*
Allemande	*Tanzform*
Andantino	*schneller als Andante*
Bagatelle	*Kleineres Klavierstück*
Barcarole	*Gondellied*
Capriccio	*Musikstück mit Esprit*
crescendo	*im Ton anschwellend*
Dissonanz	*Mißklang*
glissando	*gleitend, schleifend*
Humoreske	*Vitales Musikstück*
Impromptu	*Einfall; Musikstück*
Kantilene	*Reizvolle Melodie*
Koloratur	*Anspruchsvolle Stimmtechnik; eigenes Fach: Koloratur-Sopran*
lamentoso	*traurig, klagend*
Leitmotiv	*Bestimmendes, wiederkehrendes Thema*
Melodrama	*Deklamation, von Instrumenten begleitet*
Oratorium	*Geistliches Chorwerk mit Orchester*
Orchester	*Musizierendes Ensemble*
Ouverture *(auch Ouvertuere)*	*Einleitung einer Oper*
Pastorale	*Werk mit ländlichen Motiven*
pizzicato	*Zupfen von Saiten*
Polonaise	*Alter polnischer Tanz*
Potpourri	*Kombination einzelner Musikwerke*
Quodlibet	*Mischung aus verschiedenen bekannten Themen; Grundlage für Parodien*
Rezitativ	*Sprechgesang*
Rhapsodie	*Werk in Balladen-Form*
Singspiel	*Musikgattung*
sostenuto	*gehalten, ausgehalten*
Symphonie	*Hauptform der Orchestermusik*
Variation	*Themen-Veränderung*

10

affettuoso	*besonders ausdrucksvoll*
allargando	*breiter werdend*
diminuendo	*leiser werdend*
espressivo	*ausdrucksvoll*
Flageolett	*Bezeichnung für Obertöne bei Saiteninstrumenten*
fortissimo	*sehr laut*
Homophonie	*Gleichstimmigkeit*
Intermezzo	*Zwischenspiel*
martellato	*gehämmert*
mezzoforte	*mittelstark*
misterioso	*geheimnisvoll*
Modulation	*Wechsel von Tonart zu Tonart*
Paraphrase	*Umspielung eines Themas; auch freie Bearbeitung*
Polyphonie	*Vielstimmigkeit*
Praeludium	*Vorspiel*
Repertoire	*Einstudiertes Programm in der Gesamtheit*
Repetition	*Wiederholung*
ritardando	*zurückhaltend*
scherzando	*tändelnd, heiter*
spirituoso	*lebendig, feurig*
Tarantella	*Neapolitanischer Tanz*

11

accelerando	*schneller werdend*
Arrangement	*Bearbeitung eines Musikstücks*
decrescendo	*schwächer werdend*
Disharmonie	*Unschöner Klang*
Kammermusik	*Musik für kleine Besetzung*
Komposition	*Musikalisches Werk*
Kontrapunkt	*Kompositionstechnik zum Miteinander- und Gegeneinanderführen der einzelnen Stimmen*

Mezzosopran	*Stimmlage*
Passacaglia	*Musikstück mit gleichbleibender Baßmelodie*
prestissimo	*so schnell wie möglich*
rallentando	*langsamer werdend*

12

appassionato	*leidenschaftlich bewegt*
Divertimento	*Mehrsätziges Werk aus dem 18. Jahrhundert*
Introduktion	*Einleitung*
Korrepetitor	*Vermittler der Rollen; meist ein Kapellmeister*
Philharmonie	*Konzertgesellschaft*
Programmusik	*Werke mit außermusikalischem Inhalt (Gegensatz zur absoluten Musik)*

13

Improvisieren	*Aus dem Stegreif spielen; Neues momentan erfinden*
Harmonielehre	*Lehre von der Bildung musikalischer Zusammenklänge (Akkorde)*
transponieren	*Ein Werk in eine andere Tonart übertragen; oft zugunsten eines Sängers*

14

Concertogrosso *(Concerto grosso)*	*Orchester-Komposition der Barockzeit*
Interpretation	*Vortrag, Auffassung, Ausdeutung*
Konservatorium	*Musikschule*
Zwoelftonmusik	*Moderne Kompositionsart, aufbauend auf der Reihe der 12 chromatischen Töne*

15

Instrumentation — *Einrichtung eines Musikwerkes für die Aufführung durch das Ensemble (Orchestrierung)*

OPERN – OPERETTEN – MUSICALS – SINGSPIELE

Titel der Werke – gegliedert nach Komponisten
(Umlaute ä, ö, ü, und ß sind n i c h t aufgelöst!)

Paul Abraham
Ball im Savoy
Die Blume von Hawaii
Viktoria und ihr Husar

A. C. Adam
König für einen Tag
Die Nürnberger Puppe
Der Postillon von Lonjumeau

Eugen d'Albert
Die Abreise
Die toten Augen
Tiefland

Volkmar Andreae
Die Abenteuer des Casanova

Harold Arlen
House Of Flowers

Leo Ascher
Hoheit tanzt Walzer
Der Soldat der Marie

D. F. E. Auber
Fra Diavolo
Maurer und Schlosser
Die Stumme von Portici

Béla Bartók
Herzog Blaubarts Schloß
Der holzgeschnitzte Prinz
Der wunderbare Mandarin

Ludwig v. Beethoven
Fidelio

Vincenzo Bellini
Die Nachtwandlerin
Norma

Ralph Benatzky
Bezauberndes Fräulein
Die drei Musketiere
Im weißen Rößl
Kleinstadtzauber
Meine Schwester und ich
Liebe im Schnee

Alban Berg
Wozzeck

Irving Berlin
Annie Get Your Gun

Leonard Bernstein
Candide
On The Town
West Side Story
Wonderful Town

Heinrich Berté
Das Dreimäderlhaus

Julius Bittner
Bergsee
Das höllisch Gold

Georges Bizet
Carmen
Die Perlenfischer
Djamileh

Boris Blacher
Die Flut
Die Nachtschwalbe
Fürstin Tarakanowa
Preußisches Märchen

F. A. Boieldieu
Die weiße Dame

Alexander Borodin
Fürst Igor

Walter Braunfels
Die Vögel
Don Gil mit den grünen Hosen

Benjamin Britten
Albert Herring
Der Raub der Lukretia
Die Bettleroper
Peter Grimes

Walter Bromme
Ball an Bord
Marie Luise
Spiel nicht mit der Liebe

Ferruccio Busoni
Doktor Faust
Turandot

Luigi Cherubini
Der Wasserträger

Domenico Cimarosa
Die heimliche Ehe

Peter Cornelius
Der Barbier von Bagdad

Claude Debussy
Pelleas und Melisande

Gaetano Donizetti
Der Liebestrank
Lucia von Lammermoor
Don Pasquale

Nico Dostal
Clivia
Der Kurier der Königin
Die ungarische Hochzeit
Die Vielgeliebte
Eva im Abendkleid

Extrablätter
Manina
Monika
Prinzessin Nofrotete

Anton Dvořák
Der Jakobiner
Rusalka

Werner Egk
Circe
Columbus
Die Zaubergeige
Irische Legende
Peer Gynt

Gottfried v. Einem
Dantons Tod
Der Prozeß

Edmund Eysler
Bruder Straubinger
Der lachende Ehemann
Der unsterbliche Lump
Die fromme Helene
Die goldene Meisterin
Die Schützenliesl
Donauliebchen

Leo Fall
Brüderlein fein
Der fidele Bauer
Der liebe Augustin
Die Dollarprinzessin
Die geschiedene Frau
Die Rose von Stambul
Madame Pompadour

Manuel de Falla
Das kurze Leben
Meister Pedros Puppenspiel

Friedrich v. Flotow
Alessandro Stradella
Martha

George Gershwin
Girl Crazy
Porgy and Bess

Richard Genée
Nanon

Ottmar Gerster
Enoch Arden
Madame Liselotte
Das verzauberte Ich
Die Hexe von Passau

Jean Gilbert
Autoliebchen
Annemarie
Die Kinokönigin
Die keusche Susanne
Puppchen
Die Fahrt ins Glück
Die Frau im Hermelin
Katja die Tänzerin
Die Nacht in Kairo

Umberto Giordano
André Chenier

M. I. Glinka
Das Leben für den Zaren
Ruslan und Ludmilla

C. W. Gluck
Alceste
Armida
Iphigenie in Aulis
Iphigenie auf Tauris
Orpheus und Eurydike
Paris und Helena
Telemach

Hermann Goetz
Der Widerspenstigen Zähmung

Charles F. Gounod
Margarethe
Romeo und Julia

Paul Graener
Don Juans letztes Abenteuer
Der Prinz von Homburg
Friedemann Bach
Hanneles Himmelfahrt
Schirin und Gertraude
Theophano

B. Granichstädten
Der Orlow
Die verbotene Stadt
Walzerliebe

Josef Haas
Die Hochzeit des Jobs
Tobias Wunderlich

Georg Fr. Händel
Ezio
Julius Cäsar
Rodelinde
Tamerlan
Xerxes oder Der verliebte König

K. A. Hartmann
Des Simplicius Simplicissimus Jugend

Joseph Haydn
Der Apotheker
Die Welt auf dem Monde

Robert Heger
Der Bettler Namenlos
Der verlorene Sohn

Hans Werner Henze
Boulevard Solitude
Das Wundertheater
König Hirsch

Richard Heuberger
Der Opernball

Paul Hindemith
Cardillac
Mathis der Maler
Neues vom Tage

E. T. A. Hoffmann
Undine

Arthur Honegger
Antigone
Judith
Johanna auf dem Scheiterhaufen

Engelbert Humperdinck
Die Königskinder
Hänsel und Gretel
Heirat wider Willen

Leos Janaček
Aus einem Totenhaus
Jenufa
Das schlaue Füchslein
Katja Kabanowa

Georg Jarno
Das Musikantenmädel
Die Försterchristel

Leon Jessel
Schwarzwaldmädel

Sidney Jones
Die Geisha

Heinrich Kaminski
Das Spiel vom König Aphelius
Jürg Jenatsch

Emerich Kálmán
Das Hollandweibchen
Die Csardasfürstin
Die Faschingsfee
Die Zirkusprinzessin
Ein Herbstmanöver
Gräfin Mariza

Jerome Kern
Showboat

Wilhelm Kienzl
Der Evangelimann
Der Kuhreigen

Walter Kollo
Der Juxbaron
Die tolle Komteß
Drei alte Schachteln
Die Frau ohne Kuß
Marietta
Wie einst im Mai

Erich W. Korngold
Die tote Stadt

Fritz Kreisler
Apfelblüten
Sissy

Ernst Křenek
Das geheime Königreich
Der Diktator
Jonny spielt auf
Orpheus und Eurydike
Karl V.
Leben des Orest
Schwergewicht
Zwingburg

Peter Kreuder
Madame Scandaleuse

Konradin Kreutzer
Das Nachtlager von Granada

Eduard Künneke
Das Dorf ohne Glocke
Der große Name
Der Vetter aus Dingsda
Die große Sünderin
Lady Hamilton
Liselott
Glückliche Reise
Herz über Bord
Hochzeit mit Erika
Lockende Flamme
Traumland

Arthur Kusterer
Casanova
Der Diener zweier Herren
Katharina
Was ihr wollt

Hans Lang
Hofrat Geiger
Lisa benimm dich
Verliebtes Dreieck

Josef Lanner
Alt-Wien

A. C. Lecocq
Giroflé-Girofla
Mamsell Angôt

Franz Léhar
Das Fürstenkind
Das Land des Lächelns
Der Graf von Luxemburg
Der Rastelbinder
Der Zarewitsch
Die ideale Gattin
Die lustige Witwe
Die Tangokönigin
Endlich allein
Eva
Frasquita
Friederike
Paganini
Giuditta
Schön ist die Welt
Zigeunerliebe
Wo die Lerche singt

R. Leoncavallo
Der Bajazzo

Paul Lincke
Berliner Luft
Frau Luna
Fräulein Loreley
Im Reiche des Indra
Grigri
Lysistrata
Venus auf Erden
Ein Liebestraum
Casanova

Frank Loesser
The Most Happy Fella

Frederick Loewe
My Fair Lady

Albert Lortzing
Der Waffenschmied
Der Wildschütz
Die beiden Schützen
Hans Sachs
Die Opernprobe
Zar und Zimmermann
Prinz Caramo
Undine

Marc Lothar
Schneider Wibbel
Tyll

Louis A. Maillart
Das Glöckchen des Eremiten

G. F. Malipiero
Der falsche Arlekin
Philomena und ihr Narr
Julius Cäsar
Nächtlicher Sturm
Antonius und Cleopatra

Theo Mackeben
Die Dubarry

Heinrich Marschner
Der Templer und die Jüdin
Hans Heiling
Der Vampyr

Frank Martin
Der Zaubertrank

Pietro Mascagni
Cavalleria rusticana

Jules Massenet
Manon
Werther

Will Meisel
Ein Walzer für dich
Königin einer Nacht

E. N. Méhul
Joseph in Ägypten

Gian-Carlo Menotti
Amelia geht zum Ball
Das Medium
Das Telefon
Der Konsul
Die alte Jungfer und der Dieb

Giacomo Meyerbeer
Die Afrikanerin
Die Hugenotten
Robert der Teufel
Der Prophet

Darius Milhaud
Christoph Columbus
Bolivar
Der arme Matrose
Leiden des Orpheus
Maximilian

Karl Millöcker
Das verwunschene Schloß
Der arme Jonathan
Der Bettelstudent
Der Feldprediger
Gasparone
Gräfin Dubarry

Marguerite Monnot
Irma La Douce

Claudio Monteverdi
Orpheus

W. A. Mozart
Bastien und Bastienne
Cosi fan tutte
Der Schauspieldirektor
Die Entführung aus dem Serail
Die Gärtnerin aus Liebe
Die Zauberflöte
Figaros Hochzeit
Idomeneo
Don Giovanni
Titus

Modest P. Mussorgski
Boris Godunow
Der Jahrmarkt von Sorotschintzi
Die Fürsten Howansky
Die Heirat

Oskar Nedbal
Polenblut

Otto Nicolai
Die lustigen Weiber von Windsor

Edmund Nick
Das Halsband der Königin
Das kleine Hofkonzert
Über alles siegt die Liebe

Jacques Offenbach
Blaubart
Die Banditen
Die schöne Helena
Die Verlobung bei der Laterne
Hoffmanns Erzählungen
Madame Farvart
Orpheus in der Unterwelt
Pariser Leben

Carl Orff
Antigonae
Carmina burana
Catulli carmina
Der Mond
Die Bernauerin
Die Kluge
Trionfo di Afrodite

J. C. Pepusch
Die Bettler-Oper

G. B. Pergolesi
Die Magd als Herrin

Hans Pfitzner
Der arme Heinrich
Das Christelflein
Das Herz
Die Rose vom Liebesgarten
Palestrina

Cole Porter
Kiss Me Kate

Serge Prokofieff
Die Liebe zu den drei Orangen

Giacomo Puccini
La Bohème
Das Mädchen aus dem goldenen Westen
Der Mantel
Gianni Schicchi
Madame Butterfly
Manon Lescaut
Schwester Angelica
Tosca
Turandot

Maurice Ravel
Die spanische Stunde

Fred Raymond
Ball der Nationen
Die Perle von Tokaj
Flieder aus Wien
Lauf ins Glück
Maske in Blau
Saison in Salzburg

Ottorino Respighi
Belfagor
Die Flamme
Semiramis

Hermann Reutter
Der Weg nach Freudenstadt
Die Witwe von Ephesus
Doktor Johannes Faust
Don Juan und Faust
Lübecker Totentanz
Odysseus
Saul

E. N. v. Reznicek
Donna Diana
Ritter Blaubart

N. Rimskij-Korssakow
Die Zarenbraut
Das Mädchen von Pskoff
Der goldene Hahn
Sadko von Nowgorod
Schneeflöckchen
Mozart und Salieri
Mlada
Pane Wojwode
Die Sage von der unsichtbaren Stadt Kitesch

Richard Rodgers
Oklahoma
Karussell
South Pacific
The King And I
Pal Joey
Flower Drum Song
The Sound Of Music

Harold Rome
Fanny

Gioacchino Rossini
Der Barbier von Sevilla
Die diebische Elster
Wilhelm Tell

C. Saint-Saëns
Samson und Delila

Johann Schenk
Der Dorfbarbier

Max v. Schillings
Moloch
Mona Lisa

Othmar Schoeck
Don Ranudo
Massimilla Doni
Vom Fischer un syner Fru
Penthesilea
Venus

Arnold Schoenberg
Die Erwartung
Die glückliche Hand
Moses und Aron
Pierrot Lunaire
Von heute auf morgen

Franz Schreker
Der ferne Klang
Der Schatzgräber
Der singende Teufel

Friedrich Schroeder
Hochzeitsnacht im Paradies
Isabella
Nächte in Shanghai

Norbert Schultze
Das kalte Herz
Schwarzer Peter

Ralph Maria Siegel
Blumen für Gloria
Herr Kayser und die Nachtigall

Friedrich Smetana
Die verkaufte Braut

Robert Stolz
Das Glücksmädel
Der süßeste Schwindel der Welt
Der Tanz ins Glück
Der verlorene Walzer
Die Tanzgräfin
Frühling im Prater
Mädi
Karneval in Wien
Peppina
Venus in Seide

Oskar Straus
Bozena
Der letzte Walzer
Der tapfere Soldat
Die Musik kommt
Eine Frau, die weiß, was sie will
Ein Walzertraum
Man steigt nach
Marietta
Ihr erster Walzer

Johann Strauß
Cagliostro in Wien
Blinde Kuh
Die Fledermaus
Der lustige Krieg
Der Zigeunerbaron
Prinz Methusalem
Das Spitzentuch der Königin
Eine Nacht in Venedig
Ninetta
Waldmeister
Wiener Blut

Richard Strauss
Arabella
Ariadne auf Naxos
Der Rosenkavalier
Die ägyptische Helena
Die Frau ohne Schatten
Die schweigsame Frau
Capriccio
Elektra
Friedenstag
Salome
Guntram
Feuersnot
Intermezzo
Daphne
Die Liebe der Danae

Igor Strawinsky
Die Geschichte vom Soldaten
Mawra
Ödipus Rex
Die Nachtigall
The Rake's Progress

Jule Styne
Gentlemen Prefer Blondes

Arthur Sullivan
Der Mikado

Franz v. Suppé
Boccaccio
Dichter und Bauer
Die schöne Galathee
Fatinitza
Leichte Kavallerie

Heinrich Sutermeister
Die schwarze Spinne
Die Zauberinsel
Romeo und Julia
Raskolnikoff
Titus Feuerfuchs

Ambroise Thomas
Mignon

Peter I. Tschaikowsky
Eugen Onégin
Pique Dame

Guiseppe Verdi
Aida
Der Troubadour
Die Macht des Schicksals
Die sizilianische Vesper
Don Carlos
Ein Maskenball

Ernani
Falstaff
Luise Miller
Macbeth
La Traviata
Othello
Rigoletto
Simone Boccanegra

Richard Wagner
Das Liebesverbot
Der fliegende Holländer
Die Meistersinger von Nürnberg
Die Feen
Lohengrin
Rienzi
Tristan und Isolde
Tannhäuser
Der Ring des Nibelungen
Das Rheingold
Die Walküre
Siegfried
Götterdämmerung
Parsifal

Siegfried Wagner
Der Bärenhäuter

R. Wagner-Régeny
Der Günstling
Die Bürger von Calais
Johanna Balk

C. M. v. Weber
Abu Hassan
Der Freischütz
Die drei Pintos
Euryanthe
Oberon
Preziosa
Silvana

Kurt Weill
Der Jasager
Das verlorene Licht
Die Bürgschaft
Die Dreigroschenoper
Aufstieg und Fall der Stadt Mahagonny

Gerhard Winkler
Premiere in Mailand

Hugo Wolf
Der Corregidor

Ermanno Wolf-Ferrari
Der Kuckuck von Theben
Der Schmuck der Madonna
Die neugierigen Frauen
Die vier Grobiane
Il Campiello
Sly
Susannens Geheimnis

Vincent Youmans
No no, Nanette

Karl Zeller
Der Obersteiger
Der Vogelhändler

A. v. Zemlinsky
Der Kreidekreis

Carl Michael Ziehrer
Die Landstreicher

Winfried Zillig
Das Opfer
Die Rosse
Troilus und Cressida
Windsbraut

SOLISTEN

Berühmte Sängerinnen, Sänger, Instrumentalsolisten
Alle Bereiche der Musik außer Jazz

3

Erb	*Karl*

4

Anda	*Géza*
Hopf	*Hans*
Kunz	*Erich*
Pons	*Lily*
Prey	*Hermann*
Sack	*Erna*

5

Arrau	*Claudio*
Berry	*Walter*
Busch	*Adolf*
Busch	*Fritz*
Dupré	*Marcel*
Engel	*Karl*
Frick	*Gottlob*
Gedda	*Nicolai*
Gigli	*Benjamino*
Gulda	*Friedrich*
Klose	*Margarete*
Koeth	*Erika*
Lanza	*Mario*
Loose	*Emmy*
Moedl	*Martha*
Moore	*Gerald*
Patti	*Li*
Pears	*Peter*
Stern	*Isaac*
Sumac	*Yma*
Weber	*Ludwig*
Zadek	*Hilde*
Zakin	*Alexander*

6

Anders	*Peter*
Berger	*Erna*
Bohnen	*Michael*
Callas	*Maria*
Caruso	*Enrico*
Casals	*Pablo*
Cordes	*Marcel*
Cortot	*Alfred*
Cunitz	*Maud*
Doench	*Karl*
Ferras	*Christian*
Foldes	*Andor*
Gilels	*Emil*
Gimpel	*Jakob*
Haskil	*Clara*
Hotter	*Hans*
Huesch	*Gerhard*
Iturbi	*José*
Katona	*Julius*
Kempff	*Wilhelm*
Kusche	*Benno*
London	*George*
Lorenz	*Max*
Ludwig	*Christa*
Ludwig	*Walter*
Onégin	*Sigrid*
Schmid	*Rosl*
Schock	*Rudolf*
Serkin	*Rudolf*
Siloti	*Alexander*
Slezak	*Leo*
Tauber	*Richard*
Traxel	*Josef*
DeVito *(De Vito)*	*Giaconda*
Wagner	*Sieglinde*

7

Almeida	*Laurindo*
Borries	*Siegfried*
Cassado	*Gaspar*
Cliburn	*Van*
Dermota	*Anton*
Erdmann	*Eduard*
Fischer	*Annie*
Fischer	*Lore*
Fischer	*Edwin*
Greindl	*Josef*
Heiller	*Anton*
Hoengen	*Elisabeth*
Istomin	*Eugene*
Ivoguen *(Ilse v. Guenther)*	*Maria*

Jeritza	*Maria*
Jurinac	*Sena*
Karolyi	*Julian von*
Kiepura	*Jan*
Kolessa	*Lubka*
Lehmann	*Lotte*
Leisner	*Emmy*
Lemnitz	*Tiana*
Lipatti	*Dinu*
Materna	*Amalie*
Menuhin	*Yehudi*
Muszely	*Melitta*
Niemann	*Walter*
Nilsson	*Birgit*
Reining	*Maria*
Richter	*Svjatoslaw*
Rysanek	*Leonie*
Schlemm	*Anny*
Schmidt	*Josef*
Sciutti	*Graziella*
Solomon	
Streich	*Rita*
Strienz	*Wilhelm*
Szigeti	*Joseph*
Tebaldi	*Renata*
Thibaud	*Jacques*
Toepper	*Hertha*
Uninsky	*Alexander*
Voelker	*Franz*
Winters	*Lawrence*

8

Ahlgrimm	*Isolde*
Backhaus	*Wilhelm*
Edelmann	*Otto*
Firkusny	*Rudolf*
Fournier	*Pierre*
Gruemmer	*Elisabeth*
Grumiaux	*Arthur*
Hoeffgen	*Marga*
Kreisler	*Fritz*
Mainardi	*Enrico*
Milstein	*Nathan*
Oistrach	*David*
Oistrach	*Igor*
Pennario	*Leonard*
Schnabel	*Artur*
Schumann	*Clara*
Schumann	*Elisabeth*
Seefried	*Irmgard*
Waechter	*Eberhard*

9

DellaCasa	*Lisa*
(della Casa)	
Casadesus	*Robert*
Flagstadt	*Kirsten*
Gieseking	*Walter*
Haefliger	*Ernst*
Hoelscher	*Ludwig*
DelMonaco	*Mario*
(del Monaco)	
Roswaenge	*Helge*
Schlusnus	*Heinrich*
Schwaiger	*Rosl*
DiStefano	*Giuseppe*
(di Stefano)	
Wittrisch	*Marcel*

10

Aschkenasy	*Wladimir*
Bockelmann	*Rudolf*
Cherkassky	*Shura*
Metternich	*Josef*
Nowakowski	*Anton*
Raucheisen	*Michael*
Rubinstein	*Artur*
Schaljapin	*Fedor*
Schoeffler	*Paul*
Windgassen	*Wolfgang*
Wunderlich	*Fritz*

11

Kirkpatrick	*Ralph*
Kulenkampff	*Georg*
Schwarzkopf	*Elisabeth*

12

Brouwenstijn	*Gré*
Francescatti	*Zino*
Rothenberger	*Anneliese*
Schneiderhan	*Wolfgang*
StichRandall	*Therese*
(Stich-Randall)	
Teschemacher	*Margarete*

13

Pernerstorfer	*Alois*
SchmittWalter	*Karl*
(Schmitt-Walter)	

14

FischerDieskau	*Dietrich*
(Fischer-Dieskau)	

TANZ UND BALLETT

(Ballette und ihre Komponisten = B, Choreographen = Ch, bekannte Interpreten = I, Tänze aus aller Welt = T)

4

Fris	*Maria I*
Mann	*Irene Ch/I*
Step	*T*

5

Baker	*Josefine I*
Blair	*David I*
Blank	*Gustav Ch*
Deege	*Gisela I*
Dirtl	*Willi I*
Gigue	*T*
Hanka	*Erika Ch*
Hoyer	*Dore Ch*
Keith	*Jens Ch*
Laban	*Rudolf v. Ch*
Lifar	*Serge Ch/I*
Macke	*Hans Ch*
Mambo	*T*
Mayer	*Robert Ch*
Petit	*Roland Ch*
Polka	*T*
Raspa	*T*
Rumba	*T*
Samba	*T*
Stahl	*Jockel I*
Swing	*T*
Tango	*T*
Tudor	*Antony Ch*
Twist	*T*
Weise	*Reinhold I*

6

Ashton	*Frederick Ch*
Béjart	*Maurice Ch*
Berger	*Jaroslaw Ch*
Bolero	*T*
Bolero	*B (Ravel)*
Boston	*T*
Cancan	*T*
Duncan	*Isadora Ch/I*
Galopp	*T*
Hamlet	*B (Blacher)*
Kaluza	*Alice Ch/I*
Massin	*Leonid Ch*
Pavane	*T*
Reigen	*T*
Shimmy	*T*
Skorik	*Irène I*
Smolik	*Ralph I*
Sylvia	*B (Delibes)*
Walzer	*T*
Wigman	*Mary Ch*

7

Abraxas	*B (Egk)*
Astaire	*Fred I*
Bourrée	*T*
Collins	*Georgia I*
Csardas	*T*
DonJuan *(Don Juan)*	*B (Gluck)*
Elssler	*Fanny I*

Fonteyn *Margot I*
Gavotte *T*
Gsovsky *Tatjana Ch*
Gsovsky *Victor Ch*
Koeller *Svea I*
Koester *Liselotte I*
LaValse *B (Ravel)*
(La Valse)
Luipart *Marcel Ch/I*
Madison *T*
Mazurka *T*
Menuett *T*
OneStep *T*
(One-Step)
Orpheus *B (Strawinsky)*
Palucca *Gret I*
Pawlowa *Anna Ch/I*
Robbins *Jerome Ch*
Slowfox *T*
Strolka *Egbert I*

8

Anglaise *T*
Cakewalk *T*
(Cake-Walk)
Chaconne *T*
Coppelia *B (Delibes)*
Courante *T*
Fandango *T*
Foxtrott *T*
Fraenzel *Willy Ch*
Golovine *Serge I*
Habanera *T*
Laendler *T*
Mitchell *Arthur I*
Nijinska *Bronislawa Ch*
Nijinski *Waslaw I*
Papillon *, Le B (Offenbach)*
Rundtanz *T*

9

Allemande *T*
Balanchin *Georg Ch*
Diaghilew *Serge Ch*
Dreispitz *, Der B (de Falla)*
Ecossaise *T*
Française *T*
Herodiade *B (Hindemith)*
Jeanmaire *Zizi I*
Jitterbug *T*
Krakowiak *T*
Kusnetzow *Swjatoslaw I*
Pasodoble *T*
Polonaise *T*
PrinzIgor *B (Borodin)*
(Prinz Igor)
Puppenfee *, Die B (Bayer)*
Quadrille *T*
Quickstep *T*
Sarabande *T*
Siziliana *T*
Trofimowa *Natascha I*
Volkstanz *T*

10

Charleston *T*
Cinderella *B (Prokofieff)*
Feuervogel *, Der B (Strawinsky)*
Kreutzberg *Harald Ch/I*
Kreuzpolka *T*

Kuss der Fee *(Kuss der Fee)*	*, Der B (Strawinsky)*	Dornroeschen	*B (Tschaikowsky)*
Lysistrata	*B (Blacher)*	Rheinlaender	*T*
Petruschka	*B (Strawinsky)*	Scheherazade	*B (Rimsky-Korssakow)*
Pulcinella	*B (Strawinsky)*		
Reihentanz	*T*		
Saltarello	*T*		
Seguidilla	*T*		
Tarantella	*T*		
Tyrolienne	*T*		

11

Blackbottom	*T*
Gruppentanz	*T*
JackPudding *(Jack-Pudding)*	*B (Henze)*
Kartenspiel	*B (Strawinsky)*
Koechermann	*Rainer I*
LambethWalk *(Lambeth Walk)*	*T*
Nussknacker	*B (Tschaikowsky)*
Passacaglia	*T*
Schlagobers	*B (R. Strauss)*
Schwanensee	*B (Tschaikowsky)*
Spitzentanz	*T*
Varsovienne	*T*
Zubkowskaja	*Inna I*

12

BoogieWoogie *(Boogie-Woogie)*	*T*

13

RomeoundJulia *(Romeo und Julia)*	*B (Prokofieff)*
Schuhplattler	*T*
Schwertertanz	*T*

14

JoanvonZarissa *(Joan von Zarissa)*	*B (Egk)*
Josephslegende	*, Die B (R. Strauss)*
LesPetitsRiens *(Les Petits Riens)*	*B (Mozart)*

15

ApollonMusagète *(Apollon Musagète)*	*B (Strawinsky)*
DaphnisundChloe *(Daphnis und Chloe)*	*B (Ravel)*
PeterundderWolf *(Peter und der Wolf)*	*B (Prokofieff)*
TitusFeuerfuchs *(Titus Feuerfuchs)*	*B (J. Strauß)*

Nahrungs- und Genußmittel

2

Ei

3

Eis
Jam
Jus
Mus
Oel
Reh
Rum
Sud
Tee

4

Bier
Brei
Brot
Ente
Fett
Gans
Germ
Hahn
Hase
Hefe
Huhn
Kalb
Keks
Kohl
Korn
Lamm
Mais
Malz
Mehl
Mohn
Most
Nuss
Obst
Pilz
Prim
Pute
Rahm
Raps
Reis
Rind
Sago
Salz
Seim
Sekt
Senf
Sulz
Talg
Weck
Wein
Wild

5

Apfel
Aspik
Birne
Bohne
Creme
Drops
Erbse
Essig
Fasan
Feige
Filet
Gelee
Gurke
Hafer
Hirse
Honig
Kaese
Kakao
Kaper
Klops
Kloss
Kraut
Krebs
Leber
Lende
Linse
Milch
Mokka
Niere
Nudel
Nugat
(oder
Nougat)
Obers
Olive
Puter
Quark
Ruebe
Sahne
Salat
Sauce
Sirup
Sosse
Speck
Steak
Sterz
Suppe
Tabak
Taube
Toast
Torte
Tunke
Wecke
Wurst

6

Ananas
Auster
Baiser
Banane
Bonbon
Braten
Bregen
Brezel
Bruehe
Butter
Dattel
Dragée
Flinse
Fondue
Frucht
Gerste
Griebe
Griess
Hammel
Hirsch
Hopfen
Hummer
Kaffee
Kandis
Kapaun
Kaviar
Kognak
(auch
Cognak
oder
Cognac)
Kuchen
Likoer
Mandel
Nougat
(auch
Nugat)
Oblate
Orange
Porree
Puffer
Ragout
Roggen
Rosine
Salami
Schote
Semmel
Setzei
Speise
Suelze
Tomate
Topfen
Waffel
Weizen
Wecken
Wurzel
Zucker

7

Alkohol
Auflauf
Biskuit
Buchtel
Chester
Eisbein
Endivie
Erdnuss
Fleisch
Fondant
Forelle
Gebaeck
Gemuese
Gervais
Gewuerz
Graupen
Gruetze
Gulasch
(oder
Gulyas)
Haschee
Karfiol
Karotte
Karpfen
Ketchup
Kipferl
Kirsche

Knoedel
Kompott
Konfekt
Krapfen
Kringel
Krokant
Kuerbis
Kukuruz
Makrone
Marille
Muschel
Paprika
Pastete
Pflaume
Polenta
Praline
Pudding
Ravioli
Rebhuhn
Rettich
Rotkohl
Roulade
Ruehrei
Sardine
Schmalz
Schmant
Schnaps
Scholle
Schwamm
Soufflé
Spargel
Stollen
Strudel
Walnuss
Zigarre
Zitrone
Zwiebel

8

Aprikose
Backobst
Beuschel
Bouillon
Boulette
Consommé
Erdbeere
Flammeri
Gelatine
Himbeere
Kastanie
Kaugummi
Kautabak
Kohlrabi
Korinthe
Kotelett
Languste
Marinade
Marzipan
Mostrich
Omelette
Paranuss
Parmaene
Parmesan
Persipan
Pfirsich
Reinette
Rollmops
Rotkraut
Rumtorte
Sardelle
Saubohne
Schinken
Schmarrn
Schnecke
Schrippe
Sellerie
Spaetzle
Trueffel
Truthahn
Zwieback

9

Apfelsine
Beefsteak
Broetchen
Bueckling
Brombeere
Camembert
Eisbonbon
Feldsalat
Frikassee
Gefluegel
Gruenkohl
Gugelhupf
Haselnuss
Karbonade
Karamelle
Kartoffel
Kokosnuss
Kopfsalat
Lebkuchen
Majonaise
Makkaroni
Mandarine
Margarine
Marmelade
Mirabelle
Mohrruebe
Nusstorte
Obsttorte
Remoulade
Roastbeef
Roquefort
Rosenkohl
Rumpsteak
Sandtorte
Sauerkohl
Schmarren
(auch Schmarrn)
Schnitzel
Spaghetti
Senfgurke
Spiegelei
Steinpilz
Sultanine
Toertchen
Weinbrand
Weinkraut
Weissbrot
Weisskohl
Zigarette
Zigarillo
Zwetschge

10

Amerikaner
Apfeltorte
Aufschnitt
Backpulver
Baumkuchen
Blumenkohl
Champignon
Chartreuse
Cornedbeef
(Corned beef)
Eierkuchen
Emmentaler
Fischfilet
Fischpaste
Frikadelle
Gefrorenes
Gorgonzola
Grapefruit
Hackepeter
Hefekuchen
Hutzelbrot
Kaesetorte
Kaltschale
Klippfisch
Knackwurst
Konfituere
Kunsthonig
Malzbonbon
Malzzucker
Mayonnaise
Mehlspeise
Mohnkuchen
Mohrenkopf
Mortadella
Muerbeteig
Napfkuchen
Pampelmuse
Radieschen
Rissolette
Roggenbrot
Salzbrezel
Salzstange
Sauerkraut
Schmankerl
Schokolade
Stockfisch
Teegebaeck
Topfkuchen
Weisskraut

Weizenbrot
Weizenmehl
Windbeutel

11

Ananastorte
Apfelkuchen
Apfeltasche
Bienenstich
Butterbirne
Fruchttorte
Hackfleisch
Heidelbeere
Honigkuchen
Kaesekuchen
Kalbfleisch
Katzenzunge
Kirschtorte
Kletzenbrot
Knaeckebrot
Kuemmelbrot
Mandeltorte
Marmortorte
Pfannkuchen
Pfifferling
Plumpudding
Punschtorte
Reisauflauf
Rindfleisch
Rippenspeer
RoteGruetze
(Rote Gruetze)
Sahnentorte
(auch Sahnetorte)
Sauerampfer
Schellfisch
Schlagobers
Schlagsahne
Schwarzbrot
Schweineohr
Schweinsohr
Spekulatius
Wirsingkohl
Zuckerruebe

12

Apfelstrudel
Birnenwecken
Biskuittorte
Blaetterteig
Erdbeertorte
FalscherHase
(Falscher Hase)
Fruchtbonbon
Hasenpfeffer
Hirtenspiess
Johannisbrot
Lendenbraten
Mandelkuchen
Marmorkuchen
MixedPickles
(Mixed Pickles)
Pommesfrites
(Pommes frites)
Pumpernickel
Rauchfleisch
Rindsroulade
Schichttorte
Selchfleisch
Spritzkuchen
Stachelbeere
Streichkaese
Streichwurst
Vollkornbrot

13

Ananasscheibe
Gaenseschmalz
Goetterspeise
Hammelfleisch
Huelsenfrucht
Johannisbeere
Koenigskuchen
Obsttoertchen
Ochsenfleisch
Parmesankaese
Pfefferkuchen
Raeucherkaese
Rosinenkuchen
Schillerlocke
Suppenwuerfel
Traubenzucker

14

Gebirgsforelle
Milchbroetchen
Kaiserschmarrn
(auch Kaiserschmarren)
Pflaumenkuchen
Spiegelkarpfen
Streuselkuchen

15

Blockschokolade
Milchschokolade
Schokoladenkeks
Schweinefleisch
Tintenfischchen

Nautik

Begriffe aus dem Gesamtbereich der Schiffahrt / Schiffstypen = ST

3

Bai
Boe
Bug
Dau *ST*
Gig *ST*
Kag *ST*
Kai
Kat *ST*
Lee
Log
Lot
Lug
Luv
Rah
See
Sog
SOS
Tau
Top

4

Back
Bake
Bark *ST*
(oder Barke)
Boje
Boot
Bord
Deck
Dhau *ST*
(oder Dau)
Dock
Ewer *ST*
Fock
Gatt
Heck
Kaag *ST*
Kanu *ST*
Kiel
Koje
Kurs
Last
Leck
Luke
Maat
Mast
Mine
Mole
Naue *ST*
Peer
Port
Prau *ST*
Rahe
Reep
Reff
Riff
Topp
(oder Top)
Wind
Yawl *ST*

5

Anker
Barke *ST*
(oder Bark)
Brigg *ST*
Brise
Davit
Dingi *ST*
(auch Dinghi)
Dolle
Einer
Ferge
Floss
Fluit *ST*
Hafen
Helge
Heuer
Jacht *ST*
(oder Yacht)
Jolle *ST*
Kajak *ST*
Kanal
Kanoe *ST*
Kargo
Kivik *ST*
Kogge *ST*
Logis
Lotse
Pegel
Pinke *ST*
Pirat *ST*
Prahm *ST*
Prise
Radar
Reede
Ruder
Salut
Schot
Segel
Sloop *ST*
Spant
Sturm
Tjalk *ST*
Tonne
UBoot *ST*
(U-Boot)
Werft
Wrack
Yacht *ST*
(oder Jacht)
Zille *ST*

6

Achter
Armada
Bunker
Dalben
Dinghi *ST*
(oder Dingi)
Drache *ST*
Eigner
entern
Faehre
fieren
Flagge
Flaute
Flotte
Funker
Gaffel
glasen
Gondel *ST*
Heizer
hissen
Kabine
Kadett
Knoten
Kutter *ST*
Logger *ST*
Makler
Nachen *ST*
peilen
Planke
Poller
Ponton
pullen
Reeder
reffen
Reling
Riemen
Schiff
Schott
(auch Schot)
Schute *ST*
Seeamt
Seenot
Segler
Sirene
Spante
Spiere
Spriet
staken
Stapel
Steuer

Steven
Tanker *ST*
Tender *ST*
Triere *ST*
Trosse
Wimpel
zurren

7

achtern
Admiral
Ausguck
Ballast
Beiboot
brassen
Brecher
Dampfer *ST*
Drachen *ST*
Dulasse *ST*
Embargo
Galeere *ST*
Galeone *ST*
Havarie
Helling
Kajuete
kentern
Kluever
Kompass
Kreisel
Kreuzer *ST*
Logbuch
Matrose
Oelzeug
Peilung
Pinasse *ST*
Regatta
Schoner *ST*
Seegang
Seemann
Seemine
Seerohr
Steamer *ST*
Steward
Tartane *ST*
Taucher
Tonnage
Torpedo
Verdeck
Vordeck

8

anheuern
Ankerarm
Backbord
Barkasse *ST*
Blockade
Bullauge
Drehkran
Drehturm
Dschunke *ST*
(auch Dschonke)
Fallreep
Faltboot *ST*
Flugboot
Fregatte *ST*
Heulboje
Kanadier *ST*
Kapitaen
Kombuese
Korvette *ST*
Lastkahn *ST*
Leeseite
loeschen
Luvseite
Mastkorb
Oberdeck
Offizier
Periskop
Position
Reederei
Lastadie
Sandbank
Schleuse
Seekarte
Seemeile
Sturzsee
Takelage
(auch Takelung)
Tiefgang

9

Ankerboje
Ankerring
AtomUBoot
(Atom-U-Boot)
auflaufen
Bootsdeck
Bootsmaat
Bootsmann
Bramsegel
Bugspriet
Feuerturm
Flottille
Focksegel
Freihafen
Gewaesser
Hafenmole
Hellegatt
Hosenboje
Kanthaken
Karavelle *ST*
(auch Caravelle)
Kiellinie
Kommodore
Marssegel
Minenfeld
Motorboot *ST*
Nebelhorn
Rammsporn
Rennjacht *ST*
(oder Rennyacht)
Ruderbank
Ruderboot *ST*
Schlepper *ST*
Seekadett
Segelboot *ST*
Spitzboje
spleissen
Steuerrad
Strandgut
Strandung
Sturmball
Treibmine
Unterdeck
Vorschiff

10

Achterdeck
Ankerkette
Ankerwinde
Anlegesteg
Blinkfeuer
Bootshaken
Breitseite

Deckplanke
Dreimaster *ST*
Eisbrecher *ST*
Enterhaken
Fahrwasser
Frachtkahn *ST*
Geschwader
Kartenhaus
Kesselraum
Kielwasser
Kohlenraum
Kugeltonne
Leuchtboje
Leuchtturm
Lotsenboot
Maschinist
Minenleger *ST*
Motorjacht *ST*
(oder Motoryacht)
Navigation
Ozeanriese
Persenning
Raddampfer *ST*
Rauchfahne
Ruderblatt
schlingern
Schnorchel
Segeljacht *ST*
(oder Segelyacht)
Seilfaehre *ST*
Sonnendeck
Stapellauf
Steuerbord
Steuermann
Viermaster *ST*
Vollschiff *ST*
Zerstoerer *ST*
Zweimaster *ST*

11

Dampfschiff *ST*
Faehrschiff *ST*
Feuerschiff *ST*
Flaggschiff
Hafenbecken
Kraehennest
Leuchtfeuer
Leuchttonne
Minensperre
Mienensucher *ST*
Motorschiff *ST*
Schaufelrad
Schiffsarzt
Schiffskoch
Schiffswand
Schleppkahn *ST*
Schnellboot
Schornstein
Schulschiff *ST*
Schwimmdock
Schwimmkran
Seeoffizier
Segelschiff *ST*
Torpedoboot *ST*
Torpedorohr
Trockendock
Vizeadmiral
Wasserbombe
Wasserlinie
Wassertiefe
Windstaerke

12

Achtersteven
Admiralitaet
Ausschiffung
Bordflugzeug
Deckoffizier
Dreimastbark *ST*
Einschiffung
Flaschenpost
Hafenpolizei
Hinterschiff
Hintersteven
Jakobsleiter
Kommandoturm
Kriegsschiff *ST*
Leuchtschiff *ST*
Marineschule
Mienenraeumer *ST*
Ozeandampfer *ST*
Panzerschiff *ST*
Rettungsboje
Rettungsboot *ST*
Rettungsring
Schiffsjunge
Schwimmweste
Unterseeboot *ST*
Viermastbark *ST*
Vordersteven
Zwischendeck

13

Anlegebruecke
Frachtdampfer *ST*
Hafeneinfahrt
Handelsflotte
Handelsschiff
Hochseeflotte
Konteradmiral
Landungskorps
Leichtmatrose
Marinestation
Minensuchboot *ST*
Panzerkreuzer *ST*
Schiffskabine
Schiffskueche
Wasserspiegel
Wellenbrecher
Zwillingsturm

14

Binnenschiffer
Landungstruppe
Handelsdampfer *ST*
Minenraeumboot *ST*
Offiziersmesse
Promenadendeck
Schiffskreisel
Schlachtschiff *ST*
Schwimmguertel
Wasserflugzeug

15

Flugzeugtraeger *ST*
Kommandobruecke
Kuestenbatterie
Landungsbruecke
Rettungsguertel
Schiffsschraube
Schlachtkreuzer *ST*
Steuerbordseite
Turbinenantrieb
Walfischfaenger *ST*

Nobelpreisträger

(Anmerkungen = Nationalität der Preisträger / D = Deutschland)
1. Chemie *2. Friedenspreise* *3. Literatur* *4. Medizin* *5. Physik*

1. CHEMIE

4

Hahn *D*
Hoff *D*
Kuhn *D*
Todd *GB*
Urey *USA*

5

Alder *D*
Aston *GB*
Bosch *D*
Curie *Frankr.*
Debye *D*
Diels *D*
Haber *D*
Natta *Italien*
Pregl *Österr.*
Soddy *GB*
Synge *GB*

6

Baeyer *D*
Calvin *USA*
Harden *GB*
Joliot *Frankr.*
Karrer *Schweiz*
Martin *GB*
Nernst *D*
Ramsay *GB*
Sanger *GB*
Summer *USA*
Werner *Schweiz*

7

Bergius *D*
Buchner *D*
Fischer *D*
Giauque *USA*
Haworth *GB*
Moissan *Frankr.*
Ostwald *D*
Pauling *USA*
Ruzicka *Schweiz*
Seaborg *USA*
Stanley *USA*
Wallach *D*
Wieland *D*
Windaus *D*
Ziegler *D*

8

Grignard *Frankr.*
Langmuir *USA*
McMillan *USA*
Mulliken *USA*
Northrop *USA*
Richards *USA*
Robinson *GB*
Sabatier *Frankr.*
Semjonow *UdSSR*
Svedberg *Schweden*
Tiselius *Schweden*
vantHoff *D*
Virtanen *Finnland*
Woodward *USA*

9

Arrhenius *Schweden*
Butenandt *D*
Heyrowski *CSR*
Zsigmondy *D*

10

DuVigneaud *USA*
(duVigneaud)
Rutherford *GB*
Staudinger *D*

11

JoliotCurie *Frankr.*
(Joliot-Curie)
Hinshelwood *GB*

12

EulerChelpin *Schweden*
(Euler-Chelpin)
Willstaetter *D*

13

HevesydeHeves *Schweden*
(Hevesy de Heves)

15

CrowfootHodgkin *GB*
(Crowfoot-Hodgkin)

4

Hull	*USA*
Mott	*USA*
Pire	*Belgien*
Root	*USA*

5

Asser	*Holland*
Bajer	*Dän.*
Balch	*USA*
Dawes	*USA*
Fried	*Österr.*
Gobat	*Schweiz*
Lange	*Schweiz*
Passy	*Frankr.*

6

Addams	*USA*
Angell	*GB*
Briand	*Frankr.*
Bunche	*USA*
Butler	*USA*
Cremer	*GB*
Dunant	*Schweiz*
Moneta	*Italien*
Nansen	*Norwegen*
Quidde	*D*
Wilson	*USA*

7

BoydOrr	*GB*
(Boyd Orr)	
Buisson	*Frankr.*
Jouhaux	*Frankr.*
Kellogg	*USA*
Luthuli	*Südafrika*
Pauling	*USA*
Pearson	*Kanada*
Renault	*Frankr.*
Suttner	*Österr.*
(v. Suttner)	

8

Algernon	*GB*
Branting	*Schweden*
Ducommun	*Schweiz*
Marshall	*USA*

9

Arnoldson	*Schweden*
Beernaert	*Belgien*
Bourgeois	*Frankr.*
Henderson	*GB*
NansenAmt	
(Nansen-Amt, 1938, Genf)	
NoelBaker	*GB*
(Noel-Baker)	
Ossietzky	*D*
Roosevelt	*USA*

10

LaFontaine	*Belgien*
(La Fontaine)	
Lutherking	*USA*
(Luther-King)	
RotesKreuz	
(Rotes Kreuz)	
Schweitzer	*D*
Soederblom	*Schweden*
Stresemann	*D*

11

Chamberlain	*GB*

13

dEstournelles	*Frankr.*
(d'Estournelles)	
Hammarskjoeld	*Schweden*

14

deSaavedraLama	*Argentinien*
(de Saavedra Lama)	

Ferner (1963):
Komitee des Internationalen Rotes Kreuzes
Liga der Rot-Kreuz-Gesellschaften

4

Buck	*USA*
Gide	*Frankr.*
Mann	*D*
Shaw	*GB*

5

Agnon	*Israel*
Bunin	*Russ. Emigrant*
Camus	*Frankr.*
Eliot	*GB*
Hesse	*Schweiz*
Heyse	*D*
Lewis	*USA*
Sachs	*Schweden*
Yeats	*GB*

6

Andric	*Jugosl.*
duGard	*Frankr.*
(du Gard)	
Eucken	*D*
France	*Frankr.*
Hamsun	*Norw.*
Jensen	*Dän.*
ONeill	*USA*
(O'Neill)	
Tagore	*Frankr.*
Sartre	*Indien*
Undset	*Norw.*

7

Bergson	*Frankr.*
Deledda	*Italien*
Jiménez	*Spanien*
Kipling	*GB*
Laxness	*Island*
Mauriac	*Frankr.*
Mistral	*Chile*
Mommsen	*D*
Reymont	*Polen*
Rolland	*Frankr.*
Russell	*GB*

8

Carducci	*Italien*
Faulkner	*USA*

9

Benavente	*Spanien*
Bjoernson	*Norw.*
Churchill	*GB*
Echegaray	*Spanien*
Gjellerup	*Dän.*
Hauptmann	*D*
Hemingway	*USA*
Karlfeldt	*Schweden*
Lagerloef	*Schweden*
Pasternak	*UdSSR*
Quasimodo	*Italien*
Spitteler	*Schweiz*

10

Galsworthy	*GB*
Hejdenstam	*Schweden*
(v. Hejdenstam)	

Lagerkvist	*Schweden*	Sienkiewicz	*Polen*
Pirandello	*Italien*	Sillanpaeae	*Finnland*
Scholochow	*UdSSR*		

11

Maeterlinck	*Belgien*
Pontoppidan	*Dän.*

14

SullyPrudhomme *(Sully-Prudhomme)*	*Frankr.*

4. MEDIZIN

3

Dam	*Dän.*

4

Cori	*USA*
Dale	*GB*
Hess	*Schweiz*
Hill	*GB*
Koch	*D*
Ross	*GB*
Rous	*USA*

5

Bloch	*USA*
Bovet	*Italien*
Cajal	*Spanien*
Chain	*GB*
Doisy	*USA*
Golgi	*Italien*
Hench	*USA*
Jacob	*Frankr.*
Krebs	*GB*
Krogh	*Dän.*
Loewi	*Österr.*
Lwoff	*Frankr.*
Lynen	*D*
Minot	*USA*
Moniz	*Spanien*
Monod	*Frankr.*
Ochen	*USA*
Tatum	*USA*

6

Adrian	*GB*
Barany	*Österr.*
Beadle	*USA*
Bekesy	*USA*
Bordet	*Belgien*
Carrel	*USA*
Domagk	*D*
Enders	*USA*
Finsen	*Dän.*
Florey	*GB*
Gasser	*USA*
Hallet	*GB*
Kocher	*Schweiz*
Kossel	*D*
Morgan	*USA*
Muller	*USA*
Murphy	*USA*
Pawlow	*UdSSR*
Richet	*Frankr.*
Weller	*USA*

7

Banting	*Kanada*
Behring	*D*
Ehrlich	*D*
Eijkman	*Holland*
Fibiger	*Dän.*
Fleming	*GB*
Heymans	*Belgien*
Hopkins	*GB*
Houssay	*Arg.*
Huggins	*USA*
Kendall	*USA*
Laveran	*Frankr.*
Lipmann	*USA*
Macleod	*Kanada*
Mueller	*Schweiz*
Nicolle	*Frankr.*
Robbins	*USA*
Spemann	*D*

Theiler	*USA*
Waksman	*USA*
Warburg	*D*
Whipple	*USA*

8

Cournand	*USA*
Erlanger	*USA*
Kronberg	*USA*
Meyerhof	*D*
Richards	*USA*
Theorell	*Schweden*

9

Einthoven	*Holland*
Forssmann	*D*
Lederberg	*USA*

10

Gullstrand	*Schweden*
Reichstein	*Schweiz*

11

Landsteiner	*USA*
Metschnikow	*Frankr.*
(auch Metschnikoff)	
Sherrington	*GB*

12

Metschnikoff	*Frankr.*
(auch Metschnikow)	

13

SzentGyoergyi	*Ungarn*
(Szent-Gyoergyi)	
WagnerJauregg	*Österr.*
(Wagner-Jauregg)	

5. PHYSIK

4

Bohr	*Dän.*
Born	*D*
Hess	*Österr.*
Lamb	*USA*
Laue	*D*
(v. Laue)	
Rabi	*USA*
Tamm	*UdSSR*
Wien	*D*

5

Basow	*UdSSR*	Frank	*UdSSR*
Bloch	*USA*	Hertz	*D*
Bothe	*D*	Kusch	*USA*
Bragg	*GB*	Pauli	*USA*
Braun	*D*	Raman	*Indien*
Curie	*Frankr.*	Segré	*USA*
Dalén	*Schweden*	Stark	*D*
Dirac	*GB*	Stern	*USA*
Fermi	*Italien*	Waals *(v. d.)*	*Holland*

6

Barkla	*GB*
Franck	*D*
Jensen	*D*
Lenard	*D*
Perrin	*Frankr.*
Planck	*D*
Powell	*GB*
Townes	*USA*
Walton	*Irland*
Wigner	*USA*
Wilson	*GB*
Yukawa	*USA*

7

Bardeen	*USA*
Broglie *(de Broglie)*	*Frankr.*
Compton	*USA*
Feynman	*USA*
Kastler	*Frankr.*
Lorentz	*Holland*
Marconi	*Italien*
Purcell	*USA*
Thomson	*GB*
Zeemann	*Holland*
Zernike	*Holland*

8

Anderson	*USA*
Appleton	*GB*
Blackett	*GB*
Brattain	*USA*
Bridgman	*USA*
Chadwick	*GB*
Cockroft	*GB*
Davisson	*USA*
Einstein	*D*
Lawrence	*USA*
Lippmann	*Frankr.*
Millikan	*USA*
Rayleigh	*GB*
Roentgen	*D*
Siegbahn	*Schweden*
Shockley	*USA*
Tomonaga	*Japan*

9

Becquerel	*Frankr.*
Guillaume	*Frankr.*
Michelson	*USA*
Prochorow	*UdSSR*
Schwinger	*USA*

10

Heisenberg	*D*
Hofstadter	*USA*
Moessbauer	*D*
Richardson	*GB*

11

Chamberlain	*USA*
Tscherenkow	*UdSSR*
TsungDaoLee *(Tsung Dao Lee)*	*USA*

12

ChenNingYang *(Chen Ning Yang)*	*USA*
Schroedinger	*D*

13

GoeppertMayer *(Goeppert-Mayer)*	*USA*

15

KamerlinghOnnes *(Kamerlingh-Onnes)*	*Holland*

Orden und Ehrenzeichen

(Anmerkungen = Verleihungsland und Stiftungsjahr)

2

EK	*Abkürzung für Eisernes Kreuz, Preußen 1813*

8

Nilorden	*Ägypten 1915*

9

Avizorden	*Portugal 1162*
Bathorden	*Großbritannien 1725*
Fuadorden	*Ägypten 1919*
RoteFahne *(Rote Fahne)*	*UdSSR 1918*
WasaOrden *(Wasa-Orden)*	*Schweden 1772*

10

Adlerorden	*Roter Adlerorden Preußen 1705, Schwarzer Adlerorden Preußen 1701, Weißer Adlerorden Jugoslawien 1883, Weißer Adlerorden Polen 1705*
Annenorden	*Rußland 1735*
Ehrenkreuz	*Mehrere deutsche Fürstenhäuser zwischen 1853 und 1899*
Leninorden	*UdSSR 1930*
Olaforden	*Norwegen 1847*
RoterStern *(Roter Stern)*	*UdSSR 1930*
WeisseRose *(Weisse Rose)*	*Finnland 1919*

11

Baltenkreuz	*Deutsches Reich 1919*
Distelorden	*Großbritannien 1687*
Ehrenlegion	*1802*
Georgsorden	*Bayern 1729*
Kronenorden	*Preußen 1861*
Luisenorden	*Preußen 1814*
TakowoOrden *(Takowo-Orden)*	*Jugoslawien 1865*

12

Andreasorden	*Rußland 1698*
EiserneKrone *(Eiserne Krone)*	*Österreich 1816*
Georgenorden	*Rußland 1769*
Greifenorden	*Mecklenburg-Schwerin 1884*

Leopoldorden *oder Leopoldsorden*	*Belgien 1832, Lippe 1906, Österreich 1808*
Ludwigsorden	*Bayern 1827, Frankreich 1693, Hessen 1807*
PourleMérite *(Pour le Mérite)*	*Preußen 1667*
Schwertorden	*Schweden 1522*
Spanienkreuz	*Deutsches Reich 1939*

13

Christusorden	*Portugal 1317, Römische Kurie (Papst) 1320*
Danebrogorden	*Dänemark 1219*
EisernesKreuz *(Eisernes Kreuz)*	*Preußen 1813*
Erloeserorden	*Griechenland 1829*
GoldenesVlies	*Österreich/ Spanien 1429*
HeiligerOrden *(Heiliger Orden)*	*Siam 1869*
Hubertusorden	*Frankreich 1416*
Leopoldsorden *oder Leopoldsorden*	*Belgien 1832, Lippe 1906, Österreich 1808*
Michaelskreuz	*Rumänien 1916 Frankreich 1565*
Philippsorden	*Hessen 1840*
Stephansorden	*Ungarn 1764*
Viktoriakreuz	*Großbritannien 1856*
Wilhelmskreuz	*Württemberg 1915*
Wladimirorden	*Rußland 1782*

14

Albrechtsorden	*Sachsen 1850*
Alexanderorden	*Bulgarien 1881*
Bertholdsorden	*Baden 1877*
Calatravaorden	*Spanien 1158*
Elefantenorden	*Dänemark 1458, Weißer Elefanten-orden Siam 1861*
Freiheitskreuz	*Finnland 1918*
Hanseatenkreuz	*Bremen 1915, Hamburg 1915, Lübeck 1915*
Hosenbandorden	*Großbritannien 1350*
MaxJosephOrden *(Max-Joseph-Orden)*	*Bayern 1797*
Nordsternorden	*Schweden 1748*
Silvesterorden	*Römische Kurie (Papst) 1841*
TurmundSchwert *(Turm und Schwert)*	*Portugal 1459*
Verdienstkreuz	*Preußen 1916, Württemberg 1900*
Verdienstorden	*Sachsen 1815, Waldeck 1857, Verdienstorden der preußischen Krone/ Preußen 1901*

15

Ferdinandsorden	*Spanien 1811*
Friedrichskreuz	*Anhalt 1914*
Friedrichsorden	*Württemberg 1830*
Johanniterorden	*Preußen 1812*

Physik

1. Begriffe aus allen physikalischen Bereichen *2. Berühmte Physiker*

1. BEGRIFFE AUS ALLEN PHYSIKALISCHEN BEREICHEN

3

Dyn
Eis
Erg
Gas
Ion
Lot
Lux
Ohm
Pol
Ton
Weg

4

Atom
Atue
Auge
Bahn
Bild
Ebbe
Echo
Fall
Feld
Flut
Grad
Last
Luft
Lupe
Phon
Pond
Raum
Volt
Watt
Wurf
Zeit

5

Achse
Anker
Anode
Basis
Blitz
Dampf
Duese
Druck
Ebene
Farbe
Focus
(auch Fokus)
Funke
Gramm
Hebel
Heber
Hoehe
Joule
Kerze
Klang
Kraft
Kurve
Lampe
Licht
Linse
Lumen
Masse
Meter
Motor
Optik
Pumpe
Radar
Radio
Rolle
Rotor
Stahl
Stoff
Stoss
Strom
Tubus
Waage
Welle
Winde

6

Ampere
Ballon
Dichte
Dynamo
Effekt
Isotop
Kaelte
Kolben
konkav
konvex
Kurbel
Ladung
Laenge
Leiter
Magnet
Mikron
Minute
Moment
Okular
Pendel
Pfeife
Presse
Prisma
Schall
Sender
Statik
Strahl
Stunde
Vacuum
Ventil
Waerme

7

Abstand
Akustik
Alkohol
Analyse
Antenne
Automat
Ballast
Beugung
Biegung
Candela
Coulomb
Dehnung
Drehung
Dynamik
Eichung
Einheit
Element
Energie
Gewicht
Groesse
Kalorie
Kathode
Kreisel
Lambert
Laufrad
Leitung
Loesung
Materie
Messung
Reaumur
Sextant
Spiegel
Telefon
(oder Telephon)
Reibung
Schwere
Sekunde
Thermik
Turbine
Volumen

8

Atomkern
Auftrieb
Batterie
Bewegung
Brechung
Deckglas
Drehfeld
Emission
Emulsion
Exzenter
Fernrohr
Fixpunkt
Flugbahn
Frequenz

Gasdruck
Gasmotor
Geschoss
Gezeiten
Grundton
Hochofen
Hohlraum
Horizont
Induktor
Influenz
Isolator
Kilowatt
Konstanz
Leistung
Maschine
Mechanik
Molekuel
Objektiv
Resonanz
Rotation
Rundfunk
Schatten
Schieber
Sehweite
Spannung
Spektrum
Struktur
Telephon
(oder Telefon)
Umformer
Vergaser
vertikal
Windrose

9

Adhaesion
Anziehung
Aufhebung
Ausgleich
Barometer
Bildpunkt
Bildweite
Diffusion
Dimension
Dissonanz
Drehstrom
Elektrode
Entladung
Expansion
Explosion
Fernsehen
Fernseher
Gasometer
Generator
Geophysik
Geostatik
Hydraulik
Induktion
Intervall
Isolation
Klangfilm
Kohaesion
Kollektor
Kondensor
Konsonanz
Konstante
Koppelung
Leuchtgas
Lichtjahr
Luftdruck
Luftpumpe
Manometer
Mikrophon
(auch Mikrofon)
Mikroskop
Nullpunkt
Pneumatik
Potential
Propeller
Pyrometer
Reflexion
Refraktor
Saugheber
Schaltung
Sicherung
Strahlung
Traegheit
Umkehrung
Vibration
Voltmeter
Windmotor

10

Absorption
Abstimmung
Abstossung
Adsorption
Affinitaet
Aktivitaet
Ansammlung
Aufloesung
Ausdehnung
Bleischirm
Bleistrahl
Bodendruck
Bogenlampe
Bogenlicht
Brennlinie
Brennpunkt
Brennweite
Dampfdruck
Depression
Dispersion
Eisbildung
Entfernung
Entwickler
Erdleitung
Erwaermung
Fallgesetz
Feldmagnet
Festigkeit
Instrument
Kapazitaet
Kelvingrad
Klangfarbe
Kompressor
Konvektion
Korrektion
Kraftlinie
Leitstrahl
Lichtbogen
Lichtlinie
Lichtstrom
Lichtwelle
Luftballon
Luftsaeule
Magnetfeld
Nutzeffekt
Oszillator
Phonograph
Photograph
(auch Fotograf)
Polariskop
Polstaerke
Quarzlampe
Rauminhalt
Reichweite
Schwingung
Schwungrad
Siedepunkt
Spannkraft
Stabmagnet
Stagnation
Starkstrom
Stereoskop
Stimmgabel
Suspension
Temperatur
Tourenzahl
Widerstand

11

Aerodynamik
Akkumulator
Amperemeter
Anodenstrom
Astrophysik
Atmosphaere
Atomgewicht
Atomzerfall
Ausbreitung
Beleuchtung
Beobachtung
Celsiusgrad
Dampfdichte
Dampfkessel
Dampfkolben
Drehspiegel
Elektrolyse
Elektroskop
Feldstaerke
Fernwirkung
Flaschenzug
Gleichstrom

Gravitation
Hebelgesetz
Hefnerkerze
Hohlspiegel
Intensitaet
Kilokalorie
Kompression
Kondensator
Kulmination
Kurzschluss
Lichtsaeule
Lichtstrahl
Magnetismus
Magnetnadel
Oszillation
Reaumurgrad
Schwerkraft
Schwerpunkt
Sublimation
Telegraphie
Thermometer
Verdampfung
Verdunstung
Waermelehre
Waermemenge

12

Assimilation
Atomspektrum
Augenspiegel
Dampfturbine
Destillation
Elastizitaet
Elektromotor
Feuchtigkeit
Galvanometer
Gluehkathode
Hebelprinzip
Hochspannung
Kernreaktion
Kernschatten
Lichtenergie
Lichtstaerke
Linsensystem
Pendelgesetz
Polarisation
Quantenlehre
Relativitaet
SchiefeEbene
(Schiefe Ebene)
Schmelzpunkt
Ueberhitzung
Wechselstrom
Wellenlaenge

13

Bunsenbrenner
Dampfmaschine
Dampfzylinder
Druckgefaelle
Einfallsebene
Einlassventil
elektrisieren
Elektrizitaet
Elektromagnet
Energiequelle
Gleichgewicht
Hoehenmessung
Kontaktbuegel
Morsealphabet
Objektivlinse
Pferdestaerke
Sekundenmeter
Spektralfarbe
Spektrallinse
Transformator
Waermeenergie
Waermeleitung

14

Anodenbatterie
Beschleunigung
Beugungswinkel
Drehstrommotor
Einfallswinkel
Elektrodynamik
Elektrotechnik
Erdmagnetismus
Fahrenheitgrad
Funkeninduktor
Galvanoplastik
Hufeisenmagnet
Kaeltemischung
Kathodenstrahl
Kilowattstunde
Kollektivlinse
Kreiselkompass
Luftwiderstand
Meterkilogramm
Pendelbewegung
Quantentheorie
Roentgenroehre
Roentgenstrahl
Rueckkoppelung
Sonnenspektrum
Transformation
Trockenelement
Ultramikroskop

15

Aggregatzustand
Arbeitsleistung
BraunscheRoehre
(Braunsche Röhre)
Brechungsgesetz
Brechungswinkel
Geschwindigkeit
Induktionskraft
Induktionsstrom
Lautverstaerker
Radioaktivitaet
Schwingungszahl
Spektralanalyse
Zentrifugalbahn

2. BERÜHMTE PHYSIKER

(Auch = Nobelpreisträger / Physik)

3

Ohm *D*

4

Abbe *D*
Auer *D*
(Auer von Welsbach)
Bell *GB*
Bohr *dän.*
Davy *GB*
Gray *GB*
Hahn *D*
Hale *USA*
Hess *öst.*
Hoff *holl.*
Laue *D*
(v. Laue)
Rabi *USA*
Reis *D*
Watt *GB*
Wien *D*

5

Arago *frz.*
Boyle *GB*
Bragg *GB*
Braun *D*
Curie *poln./frz.*
(Marie Curie)
Curie *frz.*
(Pierre Curie)
Dalen *schwed.*
Dabye *D*
Dewar *GB*
Dirac *frz.*
Fermi *it.*
Gauss *D*
Hertz *D*
Linde *D*
(C. v. Linde)
Pauli *öst.*
Stark *D*
Stern *USA*
Tesla *kroat.*
Waals *holl.*
(van der Waals)
Weber *D*
(Wilhelm Weber)
Joliot *frz.*
(Fréderic Joliot-Curie)
Lenard *D*
Magnus *D*
Miller *D*
(Oscar v. Miller)
Nernst *D*
Newton *GB*
Pascal *frz.*
Planck *D*
Powell *GB*
Ritter *D*
Stefan *öst.*
Stokes *GB*
Walton *GB*
Wilson *GB*
Yukawa *jap.*
Zeeman *holl.*

6

Ampère *frz.*
Baeyer *D*
Barkla *GB*
Bunsen *D*
Carnot *frz.*
Dalton *GB*
Dulong *frz.*
Edison *USA*
Franck *D*
Joliot *frz.*
(Irène Joliot-Curie)

7

Bradley *GB*
Broglie *frz.*
Celsius *schwed.*
Coulomb *frz.*
daVinci *it.*
(Leonardo da Vinci)
Faraday *GB*
Fechner *D*
Fresnel *frz.*
Galilei *it.*

Galvani	*it.*
Huygens	*holl.*
Laplace	*frz.*
Lorentz	*holl.*
Marconi	*it.*
Meitner	*öst.*
Ostwald	*D*
Piccard	*schweiz.*
Purcell	*USA*
Réaumur	*frz.*
Regener	*D*
Rowland	*USA*
Rumford	*GB/D*
Siemens *(Werner v. Siemens, Wilhelm v. Siemens, Friedrich v. Siemens)*	*D*
Thomson	*GB*
Tyndall	*ir.*
Warburg *(Emil Warburg)*	*D*

8

Anderson	*USA*
Appleton	*GB*
Avogadro	*it.*
Chadwick	*GB*
Clausius	*D*
Cockroft	*GB*
Davisson	*USA*
Einstein	*D*
Foucault	*frz.*
Franklin	*USA*
Guericke *(Otto v. Guericke)*	*D*
Lawrence	*USA*
Lippmann	*lux.*
Mariotte	*frz.*
Millikan	*USA*
Rayleigh	*GB*
Roentgen	*D*
Shockley	*USA*
Siegbahn	*schwed.*

9

Aristarch	*griech.*
Becquerel	*frz.*
Boltzmann	*D*
deBroglie *(Louis V. de Broglie / Maurice de Broglie)*	*frz.*
GayLussac *(Gay-Lussac)*	*frz.*
Guillaume	*frz.*
Helmholtz	*D*
Kirchoff	*D*
Michelson	*D*
Minkowski	*USA*
Steinheil	*D*

10

Archimedes	*griech.*
Fahrenheit	*D*
Fraunhofer *(Joseph v. Fraunhofer)*	*D*
Heisenberg	*D*
Kamerlingh *(Heike Kamerlingh Onnes)*	*holl.*
Richardson	*GB*
Rutherford	*GB*
Stephenson	*GB*
Torricelli	*it.*

11

Aristoteles	*griech.*
Chamberlain	*USA*
VanderWaals *(Van der Waals)*	*holl.*
Tscherenkow *(auch Tscherenkoff)*	*sowj.*
TsungDaoLee *(Tsung Dao Lee)*	*chin.*

12

Eratosthenes	*griech.*
Schroedinger	*D*
Tscherenkoff *(auch Tscherenkow)*	*sowj.*

15

KamerlinghOnnes *(Heike Kamerlingh Onnes)*	*holl.*

Politik, Politiker

1. Begriffe der Außenpolitik, Innenpolitik, Kommunalpolitik
2. Bedeutende Politiker (Inland und Ausland, Vergangenheit und Gegenwart)

1. BEGRIFFE DER AUSSENPOLITIK, INNENPOLITIK, KOMMUNALPOLITIK

2

UN

3

DGB
Eid
EWA
EWG
EZU
USA

4

Bund
Etat
NATO
Note
Veto
Wahl
Zone

5

Doyen
Staat
Union

6

Antrag
Budget
Dekret
Gebiet
Gesetz
Grenze
Kammer
Konsul
Nation
Partei
Plenum
Putsch
Streik
Tagung
Zensur

7

Allianz
Ausland
Enklave
Enquète
Landtag
liberal
Neuwahl
Novelle
Premier
Referat

8

Agrément
Anarchie
Annexion
Diktatur
Dreibund
Dynastie
Ehrenamt
Ersuchen
Fraktion
Garantie
Gemeinde
Haushalt
Kandidat
Kongress
Mehrheit
Minister
Oberhaus
Petition
Republik
Stadtrat

9

Agreement
Amtsdauer
Ausschuss
Bundesrat
Bundestag
Freistaat
Koalition
Kompetenz
Magistrat
Monarchie
Parlament
Permanenz
Plebiszit
Praeambel
Reichstag
Ultimatum
Unterhaus
Vertrauen
Wahlrecht
Weissbuch

10

Abstimmung
Aufloesung
Ausschluss
Aussetzung
Demokratie
Diplomatie
Gouverneur
Grundrecht
Immunitaet
Majoritaet
Minderheit
Minoritaet
Moratorium
Neubildung
Opposition
Praesidium
Revolution
Ruecktritt
Staatsform
Stimmrecht
Verfassung
Verordnung
Wahlgesetz
Wiederwahl
Zollgrenze

11

Bundesstaat
Demarkation
Finanzwesen
konservativ
Obstruktion
Rechtsstaat
Staatsrecht
unabhaengig
Wahlperiode
Wehrpflicht

12

Abgeordneter
Aeltestenrat
Altersgrenze
Beglaubigung
Bundesgebiet
Gewerkschaft
Hammelsprung
Kommunalwahl
Landesgrenze
Landeshoheit
Landtagswahl
Legitimation
Legitimitaet
Liberalismus
Neutralitaet
Proklamation
Redefreiheit
Solidaritaet
Staatsgewalt
Voelkerrecht

13

Amtsenthebung
Bundesgericht
Bundeskanzler
Dringlichkeit
exterritorial
Foederalismus
Gesetzentwurf
Haushaltsjahr
Haushaltsplan
Inkrafttreten
Nationalitaet
Personalunion
Rechnungsjahr
Staatsstreich
Staatsvertrag
Thronverzicht
Volksbegehren
Volkszaehlung
Wahlgeheimnis

14

Bundesminister
Bundesrepublik
Freizuegigkeit
Interpellation
Parlamentarier
Petitionsrecht
Pressefreiheit
Schriftfuehrer
Souveraenitaet
Sozialisierung
Stadtkaemmerer
Verabschiedung
Volksentscheid

15

Ausnahmezustand
Beschwerderecht
Finanzausgleich
Frauenwahlrecht
Gesetzesvorlage
Gewerbefreiheit
Initiativantrag
Landesregierung
Lastenausgleich
Premierminister
Sitzungsperiode
Volksabstimmung
Volksvertretung
Vollversammlung

2. BEDEUTENDE POLITIKER
(Inland und Ausland, Vergangenheit und Gegenwart)

3

Fox *GB*
Law *GB*
Lie *norw.*

4

Alba *span.*
Blum *frz.*
Clay *USA*
Eden *GB*
Grey *GB*
Peel *GB*
Rusk *USA*
Ryti *finn.*
Taft *USA*
Tito *jugosl.*
Tojo *jap.*

5

Bacon *GB*
Bevin *GB*
Biron *russ.*
Buren *USA*
Etter *schweiz.*
Faure *frz.*
Heuss *D*
Lenin *sowj.*
Mende *D*
Nehru *ind.*
Spaak *belg.*
Smuts *südafr.*
Stein *D*
Tyler *USA*

6

Attlee *GB*
Auriol *frz.*
Brandt *D*
Briand *frz.*
Cavour *it.*
Dehler *D*
Dulles *USA*
Erhard *D*
Franco *sp.*
Gandhi *ind.*

Hoover *USA*
Lebrun *frz.*
Luebke *D*
Monroe *USA*
Nasser *VAR*
Renner *öst.*
Rhodes *südafr.*
Schmid *D*
Sforza *it.*
Stalin *sowj.*
Taylor *USA*
Truman *USA*
Wilson *GB*
Wilson *USA*

7

Baldwin *GB*
Benesch *tsch.*
Bidault *frz.*
Caprivi *D*
Gromyko *sowj.*
Harding *USA*
Johnson *USA*
Kennedy *USA*
Koerner *öst.*
Kossuth *ung.*
Lincoln *USA*
Mazarin *frz.*
Salazar *port.*
Schober *öst.*
Schuman *frz.*
Strauss *D*
Tardieu *frz.*
Zeeland *belg.*

8

Adenauer *D*
Atatuerk *türk.*
Bismarck *D*
Bruening *D*
Buchanan *USA*
Burleigh *GB*
Cromwell *GB*
Disraeli *GB*
Dollfuss *öst.*
Fillmore *USA*
Gambetta *frz.*
deGaulle *frz.*
(de Gaulle)
Harrison *USA*
Hastings *GB*
Humboldt *D*
Kossygin *sowj.*
Mirabeau *frz.*
Moscicki *poln.*
Mossadec *pers.*
Perikles *griech.*
Poincaré *frz.*
Potemkin *russ.*
Podgorny *sowj.*
Queuille *frz.*

9

Churchill *GB*
Cleveland *USA*
Garibaldi *it.*
Goerdeler *D*
Jefferson *USA*
Kiesinger *D*
Lafayette *frz.*
Paasikivi *finn.*
Pilsudski *poln.*
Richelieu *frz.*
Roosevelt *USA*
Schroeder *D*
Struensee *dän.*

10

Clemenceau *frz.*
Eisenhower *USA*
Hindenburg *D*
Liebknecht *D*
MaoTseTung *Rotch.*
(Mao Tse Tung)
Metternich *öst.*
Ollenhauer *D*
Paderewski *poln.*
Palmerston *GB*
Schumacher *D*
Stresemann *D*
Talleyrand *frz.*
TschuEnlai *Rotch.*
(Tschu En lai)
Washington *USA*

11

Chamberlain *GB*
EnverPascha *türk.*
(Enver Pascha)
LloydGeorge *GB*
(Lloyd George)
Marlborough *GB*
Oxenstierna *schwed.*
Robespierre *frz.*

12

Beaconsfield *GB*
Gerstenmaier *D*
MendèsFrance *frz.*
(Mendès-France)

13

Châteaubriand *frz.*
Chruschtschow *sowj.*
(auch Chruschtschew)

Hammarskjoeld *schwed.*
Schwarzenberg *öst.*

15

Oldenbarneveldt *holl.*

Post

3

Amt

4

Bote
Code
frei
Post
Satz

5

Brief
Kabel
Karte
Marke
Paket
Porto
Radio

6

Bezirk
franko
Hoerer
Inland
Siegel

7

Adresse
Ausland
Chiffre
Eilbote
Eilpost
Express
Gebuehr
Postamt
Postgut
Stempel

8

Absender
Adressat
Bahnpost
Eilbrief
Flugpost
Landpost
Luftpost
Postauto
Postfach
Postsack
Rohrpost
Rundfunk
Schalter
Telephon

9

Adressant
Anschrift
Anweisung
Fernseher
Frankatur
Freimarke
Ganzsache
Kraftpost
Kreuzband
Nachnahme
Ortstarif
Paeckchen
Paketpost
Postkarte
Postlager
Postpaket
Postregal
Postwagen
Telegramm
Telegraph
Vollmacht
Wertbrief
Wertpaket
Zahlkarte
Zusteller

10

Absendeort
Aufgabeort
Aufschrift
Bestellung
Briefmarke
Briefwaage
Bundespost
Drucksache
Eilsendung
Einzahlung
Empfaenger
Lagerkarte
Laufzettel
Nahverkehr
Paketkarte
Postbezirk
Postgesetz
Postkasten
Postscheck
Postsparer
Strafporto
Warenprobe
Wertangabe
Zustellung

11

Briefkasten
Freigebuehr
Freimachung
Freistempel
Gedenkmarke
Geldsendung
Kartenbrief
Nachgebuehr

Ortsverkehr
Postauftrag
Postbeamter
postlagernd
Postsendung
Poststempel
Postverkehr
Schiffspost
Telegraphie
Wertsendung
Wertzeichen

12

Antwortkarte
Ausweiskarte
Briefsendung
Brieftraeger
Einschreiben
Fernsprecher

Hauptpostamt
Nachtleerung
Paketsendung
Postschalter
Postsparbuch
Schalterraum
Schliessfach
Schmuckblatt
Schnellpaket
Telefonzelle
(oder Telephonzelle)
Ueberweisung

13

Antwortschein
Briefumschlag
Eilzustellung
Fernschreiber
Geldanweisung

Hoechstgrenze
Landzusteller
Luftpostbrief
Postanweisung
Posterestante
(Poste restante)
Postgeheimnis
Postscheckamt
Postsparkasse
Postsparkonto
Rohrpostbrief
Rohrpostkarte

14

Begleitadresse
Bestimmungsort
Briefpaeckchen
Brieftelegramm
Fernmeldewesen

Fernsehgebuehr
Gewichtsgrenze
MusterohneWert
(Muster ohne Wert)
Zwischenschein

15

Auslandsverkehr
Fernsprechzelle
Hauptanschluss
Luftpostverkehr
Nachnahmebetrag
Paketzustellung
Postreisescheck
Postscheckkonto
Postwertzeichen
Postwurfsendung
Rohrpostsendung
Rundfunkgebuehr

Presse

Begriffe aus dem Zeitungsfach

4

Ente
fett
Kopf
Lead
Perl
Satz
Text

5

Abzug
cursiv
(auch kursiv)
Druck
Fahne
Fisch
Fixum
mager
Mater
Notiz
Petit
Serie
Thema

6

Absatz
Archiv
Balken
Borgis
Cicero
Diktat
Einzug
Faktor
Format
Glosse
Korpus
Kritik
Layout
Mittel
Platte
Quelle
raffen
Raster
Report
Schiff
Setzer
Slogan
Spalte
Stereo
Tertia
Umlauf
Verlag

7

Agentur
Andruck
Anzeige

Colonel
Feature
Galvano
Geviert
Honorar
Inserat
Kolumne
kontern
kuerzen
Lokales
Meldung
Metteur
Negativ
Skripte
Spiegel
Umbruch
Vorsatz
Zeitung

8

abtragen
Akzidenz
ausbinden
beilegen
Bildtext
einlegen
exclusiv
Funkbild
halbfett
Handsatz
Headline
Initiale
Kalander
Klischee
kompress
Reporter
Rotation
Telebild
umlaufen
Verleger
Vertrieb
Vordruck
Vorspann

9

Aufmacher
austragen
Bildzeile
Impressum
Interview
Karikatur
Kommentar
Korrektor
Korrektur
Kopfblatt
Leerzeile
Lokalteil
Pseudonym
Recherche
Redakteur
Reportage
Sportteil
streichen
umbrechen
Volontaer
Werbetext
zustellen

10

Aufmachung
Austraeger
austreiben
Bildarchiv
Datumzeile
(auch Datumszeile)
Eilmeldung
einbringen
einhaengen
einruecken
Einspalter
einspaltig
Extrablatt
Filmkritik
ganzseitig
Handsetzer
Hauptzeile
Hochformat
Imprimatur
Kopfleiste
Konkordanz
Leserbrief
Manuskript
Querformat
Reporterin
Textarchiv
Unterzeile

11

Bildagentur
Dreispalter
dreispaltig
Durchschuss
Filmanzeige
Fortsetzung
halbspaltig
imprimieren
korrigieren
Leitartikel
Musikkritik
Satzspiegel
Schlagzeile
Schoendruck
Schriftgrad
Typographie
Vierspalter
vierspaltig
Werbeslogan
Zeitschrift
Zweispalter
zweispaltig

12

Auslieferung
Berichtigung
Bildklischee
Bildreporter
Blitzmeldung
Chefreporter
Doppelmittel
Eigenbericht
Extraausgabe
fuenfspaltig
Grossanzeige
Kleinanzeige
Maternpresse
sechsspaltig
Setzmaschine
Spaltenlinie
Sportbeilage
Sportbericht

13

Anzeigenpreis
Buerstenabzug
Chefredakteur
Feuilletonist
Filmredaktion
Klatschspalte
Konzertkritik
Korrespondent
Kursivschrift
Lokalreporter
Maschinensatz
Moderedaktion
recherchieren
Ressortleiter
Schriftmuster
Spaltenbreite
Sportreporter
Theaterkritik
Uebermittlung
Verlagsleiter
Zwischentitel
Zwischenzeile

14

durchschiessen
EigenerBericht
(Eigener Bericht)
EnglischeLinie
(Englische Linie)
Lokalredaktion
Sportredaktion

15

Anzeigenmetteur
Beilagenhinweis
Exclusivbericht
korrespondieren
PublicRelations
(Public relations)
Verlagsdirektor
Vertriebsleiter
Wirtschaftsteil

Rassen, Stämme, Völker

(Anmerkungen = Lebensbereiche / Soweit gebräuchlich, Namen der Rassen, Stämme, Völker in der Mehrzahl-Form)

3

Dor	*Zentralafrika*
Fan	*Zentralafrika*
Kru	*Liberia*
Lao	*Asien*

4

Afer	*Äthiopien*
Ainu	*Ostasien*
Akka	*Zentralafrika*
Inka	*Perus einstige Beherrscher*
Iren	
Maba	*Sudan*
Madi	*Zentralafrika*
Maya	*Mittelamerika*
Naga	*Assam*
Nama	*SW-Afrika*
Sumo	*Mittelamerika*
Thai	*Asien*
Tibu	*Sahara*
Zulu	*Südafrika*

5

Afifi	*Zentralafrika*
Arier	*Indogerm. Stämme*
Bantu	*Afrika südl. des Sudan*
Dorer *(auch Dorier)*	*Griechenland*
Esten	
Goten	*German. Stämme*
Inder	
Kuren	*Innerasien*
Maori	*Neuseeland*
Neger	
Papua	*Neuguinea*
Polen	
Swasi *(auch Swazi)*	*Südl. Afrika*
Somal	*Somalia*
Ubier	*German. Volk*
Watua	*Afrika*

6

Angeln	*German. Volk*
Araber	
Awaren	*Innerasiat. Volksstamm*
Aimara	*Peru/Bolivien*
Balten	
Basken	
Basuto	*Afrika*
Berber	*Nordafrika*
Dahome	*Westafrika*
Dakota	*Indianer-Stamm, Nordamerika*
Damara	*Zentralafrika*
Drusen	*Syrien*

Eskimo	
Finnen	
Flamen	
Gurkha	*Südl. Asien*
Herero	*Afrika*
Hunnen	*Mongolisches Nomadenvolk*
Iberer	*Urbevölkerung d. iber. Halbinsel*
Ionier	*Griechenland*
Kelten	*Indogerm. Stamm*
Kopten	*Nachkommen der hamit. Alt-Ägypter*
Korsen	
Kurden	*Iran*
Lappen	
Letten	
Massai	*Ostafrika*
Mauren	*NW-afrikanischer Volksstamm*
Nubier	*Östl. Sahara*
Ovambo *(auch Owambo)*	*SW-Afrika*
Roemer	
Russen	
Salier	*Fränkischer Stamm*
Serben	
Slawen	*Indogerm. Völkergruppe*
Somali *(oder Somal)*	*Somalia*
Sorben	*Gruppe slawischer Stämme*
Syrier	
Tuareg	*Sahara*
Waluta	*Innerafrika*
Wenden	*Gruppe slawischer Stämme*

7

Albaner	
Apachen	*Indianerstamm in Nordamerika*
Assyrer	*Völkergruppe im vorchristl. Kleinasien*
Azteken	*Mexikos Urbevölkerung*
Cimbern (auch Kimbern)	*German. Stamm*
Franken	
Friesen	
Gallier	*Keltische Völkergruppe*
Jakuten	*NO-Sibirien*
Japaner	
Javaner	
Kabylen	*NW-Afrika*
Kaffern	*Afrika*
Kimbern (auch Cimbern)	*German. Stamm*
Kosaken	
Kreolen	
Kroaten	
Latiner *(auch Ladiner)*	*Alt-Italien. Volksstamm*
Litauer	
Malaien	
Masuren	*Südl. Ostpreußen*
Nervier	*Keltischer Volksstamm*
Osmanen	
Romanen	
Sachsen	
Semiten	
Skythen	*Asiat. Völkergruppe*
Suaheli	*Ostafrika/Sansibar*

Tataren	*Mongolei*
Tibeter	
Tuerken	
Umbrier	*Alt-Itatlien. Volksstamm*
Usbeken	*Zentralasien*
Wambugo	*Ostafrika*

8

Afghanen	
Albanier *(auch Albaner)*	
Armenier	
Arverner	*Keltischer Volksstamm*
Aschanti	*Afrika*
Beduinen	
Bengalen	
Birmanen	
Chinesen	
Etrusker	*Alt-Italien. Völkergruppe*
Georgier	
Germanen	
Griechen	
Hebraeer	
Hellenen	
Irokesen	*Indianerstamm in Nordamerika*
Kanadier	
Kirgisen	*Zentralasien*
Koreaner	
Magyaren	*Finnisch-ugrischer Volksstamm*
Mestizen	
Mongolen	
Mulatten	
Ostjaken	*Finnisch-ugrischer Volksstamm*
Peruaner	
Pygmaeen	*Afrika*
Ruthenen	*Volksstamm im Raum Galizien, Bukowina, Nord-Ungarn*
Schotten	
Schwaben	
Siamesen	
Slawonen	
Slowaken	
Slowenen	
Teutonen	*Germanische Völkergruppe*
Torgoten	*Innerasien*
Tukuloer	*Zentralafrika*
Tungusen	*Sibirien*
Ukrainer	
Vandalen	*German. Volksstamm*
Wallonen	
Zigeuner	

9

Alemannen	*Westgerm. Volksstamm*
Bajuwaren	
Botokuden	*Indianerstamm in Brasilien*
Burgunder	
Burjaeten	*Mongolei*
Cherusker	*German. Völkergruppe*
Helvetier	
Kaukasier	
Lombarden	
Mexikaner	

Mohikaner	*Indianerstamm in Nordamerika*
Normannen	
Sakalaven	*Madagaskar*
Samojeden	*Mongolischer Volksstamm an der sibirischen Eismeerküste*
Tschechen	
Turkmenen	*Zentralasien*

10

Abessinier *(Aethiopier)*	
Australier	
Babylonier	
Baschkiren	*Ural-Gebiet*
Belutschen	*Pakistan*
Kalmuecken	
Levantiner	
Madegassen	
Monegassen	
Phoenizier	*Vorschristl. Völkergruppe mit beherrschender Rolle im Mittelmeerraum*
Polynesier	*Östl. Stiller Ozean*
Wagwangara	*Ostafrika*

11

Betschuanen	*Afrika*
Hindostaner	*Nördl. Indien*
Langobarden	*German. Volksstamm*
Markomannen	*German. Volksstamm*
Seldschuken	*Kleinasien*
Singhalesen	*Ceylon*

12

Angelsachsen	
Buschmaenner	*Afrika*
Hottentotten	*Südafrika*
Indogermanen	
Skandinavier	
Tscherkessen	*Kaukasischer Volksstamm – Kuban/Terek*
Tscherokesen *(Cherokees)*	*Indianerstamm in Nordamerika*
Tschuwaschen	*Gebiet an der mittleren Wolga*

Religion

1. Konfessionen *2. Geistliche Orden* *3. Namen von Päpsten*

1. KONFESSIONEN

2	4	5	6	7
ev *Abk. für evangelisch*	Jude	Islam	Taoist	Baptist
	kath *Abk. für katholisch*	Hindu		Mormone

8

Buddhist
juedisch
Katholik
roemkath
(roem. kath., Abk. für römisch-katholisch)
Taoismus

9

Calvinist
Mennonite
Methodist
Shintoist
(auch Schintoist)

10

Buddhismus
Hinduismus

katholisch
lutherisch
reformiert
Prostestant

11

Calvinismus
evangelisch
Shintoismus
(auch Schintoismus)

12

Brahmanismus
Konfuzianist
Mohammedaner
ZeugeJehovas
(Zeuge Jehovas)

13

calvinistisch
freireligiös

14

Konfuzianismus
mohammedanisch
Presbyterianer
protestantisch

15

Protestantismus

2. GEISTLICHE ORDEN
(Zum Teil nur noch historisch bedeutsam)

7

Templer
(auch Tempelbrueder und Tempelherren)

8

Jesuiten
Malteser

9

Kapuziner
Minoriten

Ursulinen
(auch Ursulinerinnen)

10

Albigenser
Augustiner
Guttempler
Johanniter
Karmeliter
Kartaeuser
Lazaristen
Trappisten

11

Dominikaner
Vincentiner

12

Benediktiner
Bernhardiner
Franziskaner
Kluniazenser
Tempelherren
(auch Templer und Tempelbrueder)

13

Deutschherren
(oder Deutschritter)
Deutschritter
(oder Deutschherren)

Tempelbrueder
(auch Templer und Tempelherren)
Zisterzienser

14

Redemptoristen
Schwertbrueder
Ursulinerinnen
(auch Ursulinen)

15

Karmeliterinnen
Magdalenerinnen

3

Leo

4

Paul
Pius

5

Cajus
Donus
Eugen
Felix
Lando
Linus
Soter
Urban

6

Agatho
Domnus
Gregor
Johann
Julius
Lucius
Marcus
Martin
Petrus
Sixtus
Victor
Xystus

7

Anaklet
Anterus
Clemens
Damasus
Hadrian
Hyginus
Marinus
Romanus
Sergius
Stephan
Theodor
Ursinus
Zosimus

8

Agapetus
Anicetus
Benedikt
(auch Benedict)
Calixtus
Eulatius
Eusebius
Fabianus
Formosus
Gelasius
Hilarius
Honorius
Innozenz
Liberius
Nicolaus
Novatian
Pelagius
Siricius
Valentin
Vigilius
Vitalian

9

Adeodatus
Alexander
Anacletus
Callistus
Coelestin
Cornelius
Deusdedit
Dionysius
Evarestus
Hormisdas
Marcellus
Miltiades
Paschalis
Philippus
Pontianus
Severinus
Sisinnius
Sylverius
Sylvester
Symmachus
Zacharias

10

Anastasius
Bonifatius
Eleutherus
Hippolytus
Constantin
(auch Konstantin)
Melchiades
Sabinianus
Simplicius
Zephyrinus

11

Eutychianus
Marcellinus
Telesphorus

13

Christophorus

Römische Kaiser

(Lateinische Schreibweise)

4

Nero
Otho

5

Carus
Galba
Nerva
Titus

6

Avitus
Decius
Gallus
Valens

7

Carinus
Chlorus
Licinus
Maximus
Romulus
(Romulus Augustulus)
Tacitus

8

Augustus
Balbinus
Caligula
Claudius

Commodus
Constans
Galerius
Honorius
Jovianus
Julianus
Macrinus
Olybrius
Tiberius
Trajanus

9

Anthenius
Caracalla
Florianus
Gallienus
Glycerius
Gordianus
Gratianus
Hadrianus
Maxentius
Maximinus
Philippus
Vitellius

10

Aemilianus
Aurelianus
Domitianus
Majorianus
Maximianus
Numerianus
Quintillus
Theodosius
Valerianus

11

Constantius
JuliusNepos
(Julius Nepos)
Vespasianus

12

Constantinus
Diocletianus
Heliogabalus

13

AntoninusPius
(Antoninus Pius)
LibiusSeverus
(Libius Severus)
Valentinianus

14

AureliusProbus
(Aurelius Probus)
MarcusAurelius
(Marcus Aurelius)

Rundfunk

1. Sender in der Bundesrepublik / Abkürzungen

2. Begriffe aus allen Bereichen des Rundfunks

1. SENDER IN DER BUNDESREPUBLIK

2

BR *Bayerischer Rundfunk (München)*
HR *Hessischer Rundfunk (Frankfurt am Main)*
RB *Radio Bremen (Bremen)*
SR *Saarländischer Rundfunk (Saarbrücken)*

3

AFN *American Forces Network, Sender der US-Streitkräfte*
NDR *Norddeutscher Rundfunk (Hamburg)*
SDR *Süddeutscher Rundfunk (Stuttgart)*
SFB *Sender Freies Berlin (Berlin-West)*
SWF *Südwestfunk (Baden-Baden)*
WDR *Westdeutscher Rundfunk (Köln)*

4

RIAS *Rundfunkgesellschaft im amerikanischen Sektor (Berlin-West)*

2. BEGRIFFE AUS ALLEN BEREICHEN DES RUNDFUNKS

3

Ohm
Pol
Ton
UKW

4

Erde
Idee
Netz
Quiz
Volt
Watt

5

Anode
Draht
Folge
Hertz
Kabel
Krimi
Litze
Radio
Reihe
Skala
Spule
Strom
Super
Taste
Trick
Welle

6

Buchse
Erdung
Exposé
Filter
Geraet
Gitter
Hoerer
Roehre
Sender
Studio

7

Ansager
Antenne
Apparat
Empfang
Kathode
Membran
Sendung
Station
Tonband
Vortrag

8

Aufnahme
Frequenz
Funkturm
Gehaeuse
Kilowatt
Kontrast
Kopplung
Leistung
Playback
Programm
Reporter
Resonanz
Rundfunk
Schalter
Spannung
Sprecher
Stoerung
Vorschau

9

Ansagerin
Durchsage
Hoerspiel
Intendant
Interview
Kilohertz
Kurzwelle
Langwelle
Mikrophon
(auch Mikrofon)
Netzanode
Reportage
Schaltung
Senderaum
Sendezeit
Tonblende

10

Abhoerraum
Abstimmung
Background
Drucktaste
Empfaenger
Heizroehre
Kapazitaet
Klangfarbe
Kleinsuper
Modulation
Ortssender
Reichweite
Sendepause
Sendernetz
Senderwahl
Sperrkreis
Transistor
Unschaerfe
Widerstand
Zeitansage

11

Einstellung
Gleichstrom
Hochantenne
Klangfuelle
Kommentator
Kondensator
Lautstaerke
Mittelwelle
Nachrichten
Quizsendung
Radiogeraet
Sendebeginn
Sendeleiter
Tonabnehmer
Verstaerker

12

Aufnahmeraum
Aufnahmezeit
Heizbatterie
Hochfrequenz
Koffergeraet
Lautsprecher
Musiksendung
Radioapparat
Rueckkoppler
Sendeantenne
Sendeschluss
Sportsendung
Uebertragung
Unterhaltung
Wechselstrom
Wellenlaenge
Wiederholung

13

Antennenkabel
Direktsendung
Gleichrichter
Jugendsendung
Kofferapparat
MagischesAuge
(Magisches Auge)
Netzanschluss
Pausenzeichen
Potentiometer
Richtstrahler
Rueckkopplung
Skalenscheibe
Trennschaerfe

Ueberlagerung
Ueberspielung
Wellenbereich
Zimmerantenne

14

Aufnahmegeraet
Autoempfaenger
Bananenstecker
Behelfsantenne
Geraeuschtrick
Hauptabteilung
Kurzwellenband
Niederfrequenz
Radiokommentar
Rundfunksender
Sendeanzeiger
Sportreportage
Stromverbrauch
Ultrakurzwelle
Wellenschalter

15

Drehkondensator
Feineinstellung
Programmhinweis
Regionalsendung

Säugetiere

2

Ai
Ur

3

Dam
Elk
Gnu
Jak
(auch Yak)
Kuh
Reh
Ren
Sau
Wal

4

Affe
Baer
Bock
Eber
Elen
Esel
Gams
Hase
Hund
Igel
Kalb
Lama
Lamm
Lori
Maus
Mink
Mops
Muli
Nerz
Pony
Puma
Rind
Wolf
Zebu

5

Aguti
Biber
Bisam
Bison
Bulle
Dachs
Dogge
Fuchs
Gemse
Iltis
Kamel
Kater
Katze
Loewe
Luchs
Mungo
Ochse
Okapi
Pferd
Pudel
Ratte
Ricke
Robbe
Ruede
Schaf
Skunk
Spitz
Stier
Stute
Tapir
Tiger
Welpe
Zebra
Ziege
Zobel

6

Alpaka
Argali
Barsoi
Collie
Ferkel
Gepard
Gibbon
Hammel
Hengst
Hirsch
Hyaene
Jaguar
Kojote
Mammut
Marder
Ozelot
Pavian
Seekuh
Wapiti
Widder
Wiesel
Wisent
Ziesel

7

Bueffel
Delphin
Eisbaer
Elefant
Gazelle
Giraffe
Gorilla
Guanaco
Hamster
Karakul
Leopard
Mufflon
Mustang
Nashorn
Opossum
Panther
Pottwal
Rammler
Rehbock
Schakal
Schwein
Seehund
Wallach
Walross

8

Antilope
Baumbaer
Buntbock
Dromedar
Eisfuchs
Elentier
Entenwal
Faultier
Feldmaus
Flughund
Glattwal
Goldhase
Goldwolf
Grautier
Grindwal
Hausesel
Haushund
Hausmaus
Hausrind
Hermelin
Jagdhund
Mandrill
Maulesel
Maultier
Maulwurf
Nilpferd
Rotluchs
Seeloewe
Seeotter
Tanzmaus
Tuemmler

Waldmaus
Walfisch
Weisswal
Windhund
Wollmaus
Zwergwal

9

Alpenhase
Alpenhund
Bergschaf
Bergziege
Bisamhase
Blindmaus
Brandmaus
Braunbaer
Buckelwal
Bulldogge
(auch Bulldogg)
Damhirsch
Frettchen
Gabelbock
Gruenaffe
Haselmaus
Hauskatze
Hausratte
Hausschaf
Hausziege
Kaenguruh
Kaninchen
Karnickel
Meerkatze
Meerotter
Nachtaffe
Nasenaffe
Nasenbaer
Ohrenmaki
OrangUtan
(Orang Utan)
Riesenwal
Rothirsch
Spitzmaus
Stallhase
Steinbock
Stinktier
Vielfrass
Waschbaer
Wildkatze
Wuehlmaus
Zwergmaki
Zwergmaus

10

Baummarder
Beutelbaer
Beutelmaus
Beuteltier
Bisamratte
Bruellaffe
Buschratte
Chinchilla
Edelmarder
Fischotter
Fledermaus
Flusspferd
Grizlybaer
(auch Grislybaer)
Hartebeest
Hirscheber
Katzenbaer
Kegelrobbe
Kragenbaer
Lippenbaer
Marderhund
Murmeltier
Nonnenaffe
Polarfuchs
Rhinozeros
Rollmarder
Scharrtier
Schimpanse
Schneehase
Seidenhase
Seidenhund
Springbock
Sumpfbiber
Tibetdogge
Tigerkatze
Wasserbock
Wuehlratte
Ziegenbock
Zwergkatze
Zwergziege

11

Ameisenbaer
Angorakatze
Berberloewe
Beuteldachs
Beutelratte
Guerteltier
Hoehlerbaer
Huehnerhund
Husarenaffe
Klammeraffe
Krallenaffe
Kuhantilope
Maehnenwolf
Marmelkatze
Merinoschaf
Pampaskatze
Perserloewe
Praeriehund
Riesenzebra
Ruesseltier
Rundkopfwal
Sattelrobbe
Schlankaffe
Schlanklori
Schnabelwal
Schneeziege
Schweifaffe
Silberfuchs
Steinmarder
Steppenesel
Stinkmarder
Streifengnu
Trampeltier
Vorstehhund
Wachtelhund
Wanderratte
Wasserratte
Wildschwein

12

Bernhardiner
Beutelmarder
Breitschwanz
Elenantilope
Ginsterkatze
Goldmaulwurf
Groenlandwal
Hippopotamus
(griechisch: Flußpferd)
Koenigstiger
Maehnenrobbe
Maehnenschaf
Menschenaffe
Moschusochse
Pampashirsch
Rossantilope
Savannenhund
Schnabeltier
Schuppentier
Schweisshund
Schwertfisch
Senegalloewe
Streifenmaus
Tuepfelkatze
Zwergschwein

13

Baumschlaefer
Doppelnashorn
Eichhoernchen
Feldspitzmaus
Fichtenmarder
Gabelhorntier
Gabelantilope
Hausspitzmaus
Kapuzineraffe
Pinselschwein
Stumpfnashorn
Waldspitzmaus
Warzenschwein
Wasserschwein
Weisskopfaffe
Zwergantilope

14

Alpensteinbock
Ameisenfresser

Biberspitzmaus
FliegenderHund
(Fliegender Hund)
Kaffernbueffel
Loewenaeffchen
Neufundlaender
Pinselaeffchen
Saebelantilope
Seidenaeffchen
Stachelschwein
Zwergpfeifhase
Zwergspitzmaus

15

Alpenmurmeltier
Felsenkaenguruh
Gartenschlaefer
Meerschweinchen
Riesenkaenguruh
Siebenschlaefer
Taschenspringer
Wasserspitzmaus
Wimperspitzmaus

Schlangen

3

Boa
Efa

4

Haie
(auch Haje)
Sipo

5

Aspis
Kobra
Otter
Tenne
Viper

6

Assala
Natter
Python

7

Hausunk
Rajsamp

8

Aeskulap
Anakonda
Surukuku

9

Hornviper
Lochotter
Puffotter
Sandviper

10

Aspisviper
Baumnatter
Kreuzotter
Schlankboa
Todesotter
Trugnatter
Zornnatter

11

Grubenotter
Haselnatter
Hutschlange
Kettenviper
Schildotter
Seeschlange
Steignatter

12

Buschmeister
Eierschlange
Kettennatter
Kupfernatter
Mausschlange
Netzschlange
Ringelnatter
Sandschlange
Schwarzotter
Speischlange
Wurmschlange

13

Aspisschlange
Korallenotter
Schlingnatter
Tigerschlange
Zwergschlange

14

Abgottschlange
Aeskulapnatter
Blindschleiche
BoaConstrictor
(Boa Constrictor)
Felsenschlange
Gitterschlange
Katzenschlange
Lanzenschlange
Pythonschlange
Rautenschlange
Riesenschlange
Uraeusschlange
Walzenschlange
Warzenschlange
Wasserschlange

15

Brillenschlange
Eidechsennatter
Klapperschlange
Koenigsschlange
Leopardennatter
Schnauzennatter
Teppichschlange

Schmetterlinge

4

Baer
Eule

5

Braut
Fuchs
Gamma
Komma
Motte
Nonne

6

Apollo
Bohrer
Falter
Glucke
Moench
Ritter
Schwan

7

Admiral
Amazone
CFalter
(C-Falter)
Erdeule
Kuhauge
Seladon
Spanner
Spinner

8

Bandeule
Blaukopf
Blausieb
Dickkopf
Eisvogel
Forleule
Goldeule
Graseule
Harlekin
Herzwurm
Kohleule
Papillon
Saateule
Sandauge
Zuensler

9

Ackereule
Ahorneule
Aprileule
Blaeuling
Braunauge
Forsteule
GammaEule
(Gamma-Eule)
Goldafter
Grueneule
Heufalter
Kleinbaer
Kornmotte
Mehlmotte
Moderholz
Mondfleck
Pfeileule
Postillon
Reifmotte
Roseneule
Rostbinde
Tagfalter
Totenkopf
Trinkerin
Vierpunkt
Weissling

10

Ampfereule
Brettspiel
Chrysalide
Erbseneule
Feuervogel
Hausmutter
Kapseleule
Lichtmotte
Mauerfuchs
Meldeneule
Nagelfleck
Ochsenauge
Purpurbaer
Rapsfalter
Rotschwanz
Samtfalter
Schilfeule
Schoenbaer
Schwaermer
Senffalter
Sonderling
Streckfuss
Wachsmotte
Widderchen
Wurzeleule
Zackeneule

11

Abendfalter
Alpenapollo
Augenfalter
Baerspinner
Bienenmotte
Blattroller
Buttervogel
Eckfluegler
Eichenblatt
Eulenfalter
Feuerfalter
Fichteneule
Gemueseeule
GoldeneAcht
(Goldene Acht)
Hopfenmotte
Kieferneule
Kommafalter
Moenchseule
Nachtfalter
Nierenfleck
Queckeneule
Rostfluegel
Sackspinner
Sacktraeger
Schachbrett
Segelfalter
Tannenpfeil
Waldportier
Ypsiloneule
Zahnspinner

12

Apfelwickler
Apollofalter
Aurorafalter
Blattraeuber
Blattspanner
Blattwickler
Distelfalter
Erlenspanner
Erpelschwanz
Fensterfleck
Fichtenmotte
Frostspanner
Gabelschwanz
Glasfluegler
GruenesBlatt
(Gruenes Blatt)
Kaisermantel
Kamelspinner
Kleidermotte
Kleinspanner

Kupferglucke
Mehlzuensler
Mohrenfalter
Quittenvogel
Pappelglucke
Resedafalter
Rispenfalter
Rosenwickler
Schnabeleule
Schwaerzling
Silberstrich
Stahlspinner
Traegspinner
Trauermantel
Wegerichbaer
Weidenbohrer
Wurzelbohrer
Zackenfalter
Zipfelfalter

13

Alpengelbling
Baerenspinner
Baumweissling
Birkenspanner
Buchenspinner
Dukatenfalter
Eichenspinner
Eichenwickler
Feldulmeneule
Fleckenfalter
Fleckleibbaer
Kohlweissling
Landkaertchen
Moderholzeule
Mohrenspanner
Pappelspinner
Pistolenvogel
Purpurspanner
Pyramideneule
Rapsweissling
Ringelspinner
Seidenspinner
Senfweissling
Tagpfauenauge
Taubenschwanz
Waldblaeuling
Zitronenvogel

14

Alpenweissling
Bluetenspanner
Dickkopffalter
Fichtenspinner
Foehrenspanner
Fruehlingseule
Glasschwaermer
Karminbaerchen
Kiefernspanner
Kiefernspinner
Perlgrasfalter
Scheckenfalter
Schillerfalter
Schwammspinner
Sichelfluegler
SpanischeFahne
(Spanische Fahne)
Traubenwickler
Vierpunktmotte
Weinschwaermer
Zitronenfalter

15

Abendpfauenauge
Blutstroepfchen
Brombeerspinner
Flechtenspinner
Grauspinnerchen
Holunderspanner
Maulbeerspinner
Nachtpfauenauge
Pflaumenwickler
Rittersporneule
RotesOrdensband
(Rotes Ordensband)
Ruebenweissling
Schlehenspinner
Schlehenwickler
Zickzackspinner

Die sieben Todsünden, Tugenden, Weisen und Weltwunder

a) DIE SIEBEN TODSÜNDEN

4

Neid
Geiz
Zorn

7

Hochmut
Wollust

10

Trunksucht

19

TraegheitdesHerzens
(Traegheit des Herzens)

b) DIE SIEBEN TUGENDEN
(Kardinal-Tugenden)

5	Liebe	*(Caritas)*
6	Glaube	*(Fides)*
7	Staerke	*(Fortitudo)*
8	Hoffnung Klugheit	*(Spes)* *(Prudentia)*
11	Maessigkeit	*(Temperentia)*
13	Gerechtigkeit	*(Justitia)*

c) DIE SIEBEN WEISEN
(Griechenland im 6. Jahrhundert vor Christus)

4	5	6	8	9	10
Bias	Solon	Chilon Thales	Pittakos	Kleobulos *(auch Kleobulus)*	Periandros *(auch Periander)*

d) DIE SIEBEN WELTWUNDER
(Im Altertum)

Aegyptische Pyramiden
Diana-Tempel in Ephesos
Mausoleum von Halikarnass
Haengende Gaerten der Semiramis
Koloss von Rhodos
Leuchtturm von Alexandrien *(Pharos)*
Zeusbild des Phidias *(Olympia)*

Sport

1. Sportarten; Disziplinen innerhalb der Sportarten

2. Begriffe aus allen Bereichen des Sports

3. Bekannte Sportlerinnen und Sportler (Olympiasieger, Weltmeister, Europameister, Landesmeister, Rennsport-Champions, Fußballer)

1. SPORTARTEN; DISZIPLINEN INNERHALB DER SPORTARTEN

4

Golf
Judo
Polo
Tanz

5

Boxen
Gehen
Rugby

6

Angeln
Hockey
Kegeln
Laufen
Reiten
Ringen
Rodeln
Rudern
Segeln
Slalom
Tanzen
Tennis
Turnen
Werfen

7

Billard
Crawlen
(Kraulen)
Curling
Eislauf
Eistanz
Fechten
Fliegen
Kricket
Paddeln
Radball
Radpolo
Reissen
Skilauf
Staffel
Stemmen
Stossen
Tauchen
Torlauf
Wandern

8

Baseball
Biathlon
Druecken
Eissport
Fangball
Freistil
Fussball
Handball
JiuJitsu
(Jiu Jitsu)
Klettern
Korbball
Paarlauf
Pingpong
Radsport
Springen
Waldlauf

9

Bobfahren
Eishockey
Eislaufen
Faustball
Federball
Gymnastik
Kanusport
Prellball
Radfahren
Ringkampf
Schiessen
Schwimmen
Skisprung
Speerwurf
Wasserski
Zehnkampf

10

Angelsport
Basketball
Dreisprung
Fuenfkampf
Hochsprung
Kuerlaufen
Paarlaufen
Ringtennis
Skijoering
Slalomlauf
Wasserball
Weitsprung

11

Bergsteigen
Bodenturnen
Flachrennen
Galoppsport
Hallensport
Huerdenlauf
Kurzstrecke
Langstrecke
Skispringen
Speerwerfen
Staffellauf
Tischtennis
Trabersport
Voelkerball
Wassersport
Wintersport
Zwoelfkampf

12

Diskuswerfen
Eiskunstlauf
Gelaenderitt
Gewichtheben
Hammerwerfen
Kugelstossen
Marathonlauf
Pferderennen
Segelfliegen
Turmspringen

13

Eisschnellauf
Geraeteturnen
Hindernislauf
Huerdenrennen
Kunstspringen
Mittelstrecke
Pflichtlaufen
Schleuderball
Schwebebalken

14

Brustschwimmen
Freistilringen
Leichtathletik
Motorradrennen
Schwerathletik
Stabhochsprung

15

Hindernislaufen
Hindernisrennen
Rollschuhlaufen
Schwedenstaffel

2. BEGRIFFE AUS ALLEN BEREICHEN DES SPORTS

3

Aus
Bob
Bug
Cup
Elf
fit
Gig
Lee
Luv
Rad
Rah
Ski
Tau
Tip
Tor

4

Bahn
Ball
Bock
Boje
Club
Ecke
fair
Feld
Fock
Foul
Goal
Hand
Heck
Jagd
Kanu
Kiel
Klub
Korb
Kuer
Lauf
Liga
Mast
Netz
Puck
Rahe
Reck
Ring
Ritt
Satz
Sieg
Stab
Team
Trab
Turf
Wurf
Zeit
Ziel

5

Beuge
Brise
Bully
Crawl
Crack
Degen
Derby
Dress
Einer
Elfer
Felge
Fight
Grube
Griff
Hocke
Kajak
Kegel
Kehre
Kerze
Keule
Kippe
Kugel
Marke
Match
Matte
Mauer
Motor
Pferd
Platz
Pokal
Preis
Punkt
Regel
remis
Riege
Rolle
Rodel
Ruder
Rugby
Runde
Salto
Skier
Speer
Spiel
Sport
Spurt
Start
Sturm
Sulky
Tempo
Trick
Welle
Wende
Wette
Wippe
Yacht

6

Achter
Anlauf
Athlet
Balken
Bantam
Barren
Chance
Clinch
Corner
Diskus
Ersatz
Fahrer
Fehler
Finish
Flanke
Flaute
Galopp
Gerade
Gruppe
Hammer
Hantel
Huelle
Huerde
Jersey
Jockey
Junior
Kabine
Kasten
Klasse
Racket
Rekord
Rennen
Ringer
Saebel
Sattel
Schere
Senior
Sieger
Slalom
Spagat
Spikes
Sporen
Double
Sprint
Sprung
Stange
Steher
Steuer
Taktik
Tandem
Verein
Vierer
Visier
Volley

7

abseits
achtern
Amateur
Angriff
Anpfiff
Antritt
Ausfall
Bandage
blocken
Distanz
Einwurf
Eisbahn
Endlauf
Favorit
Flieger
Florett
Gerader
Gelaeuf
Kontern
Laeufer
Manager
Massage
Meeting
Meister
Partner
Pistole
Reeling
Regatta
Reissen
Reserve
Routine
Schanze
Scheibe
Service
Stadion
starten
Starter
stoppen
Stopper
Tormann
Torwart
Torwurf
Trainer
Treffer
Turnier
Verband
Vorgabe
Vorlage
Vorteil

8

abkommen
Anschlag
Armstand
Athletik
Ausheber
Backbord
backhand
Bandmass
Biathlon
Champion
dribbeln
Eckfahne
Einstand
Elfmeter
Endkampf
Endspurt
Fuehrung

Halbmond
Halbzeit
Handicap
Kapitaen
Knockout
Kopfball
Krawatte
Outsider
parieren
Querpass
Revanche
Sparring
Springer
Sprinter
Stafette
Stoppuhr
Stuermer
Takelage
Telemark
Training
Uppercut
Vollmond
Vorstoss
Waldlauf
Zeitlupe
Zielband

9

AlleNeune
(Alle Neune)
Aufgalopp
Aufschlag
Aufsetzer
Dreikampf
Dribbling
EuropaCup
(Europa-Cup)
Fehlstart
Flachpass
Freistoss
Graetsche
Handspiel
Handstand
Hindernis
Innenbahn
Kammgriff
Kegelbahn
Kinnhaken
Kniewelle
Kopfstand
Langpferd
Olympiade
Punktsieg
Querlatte
Rennwagen
Ringkampf
Ristgriff
Rueckhand
Schlitten
Schwimmer
Schwinger
Segelboot
Seitpferd
Sekundant
Spielfeld
Sportfest
Sportwart
Startloch
Steilpass
Sturzhang
Sturzhelm
Tagesform
Tiefstart
Viererbob
Vorsprung
Wettkampf
Wettspiel
Zehnkampf
Zielphoto

10

Altmeister
Aschenbahn
Aufschwung
Aussenbahn
Bauchwelle
Buchmacher
Bundesliga
Dreisprung
Ehrenrunde
Fangfehler
Freiuebung
Fuenfkampf
Goalkeeper
Hochsprung
HoheSchule
(Hohe Schule)
Kopfsprung
Kristiania
Leberhaken
Mannschaft
Nagelschuh
Niederlage
Rennschuhe
Schlagmann
Sportplatz
Startblock
Stemmbogen
Steuerbord
Steuermann
Strafstoss
ueberholen
Weitsprung
Wettrennen
Zeitnehmer
Zielgerade

11

Ballonsegel
Balltechnik
Bodenturner
Doppelsalto
EuropaPokal
(Europa-Pokal)
Hechtsprung
Hoechstform
IndieVollen
(In die Vollen)
Kombination
kombinieren
Laengshocke
Netzangriff
Pferdsprung
Riesenfelge
Riesenwelle
Ringrichter
Schusskreis
Sprungbrett
Stabwechsel
Startnummer
Startschuss
Torwaechter
TotesRennen
(Totes Rennen)
Verteidiger
vorbeigehen
Wanderpreis
Weltmeister
Wintersport
Zielrichter
Zwoelfkampf

12

Abfahrtslauf
Aussenseiter
Boxhandschuh
Doppelfehler
Federgewicht
Gelaenderitt
Goldmedaille
Halbstuermer
Herrenreiter
Hueftschwung
Innenlaeufer
Lattenschuss
Leibesuebung
Nierenschere
Oberarmstand
Parforcejagd
Professional
Regionalliga
Schlussrunde
Schwebekippe
Segelflieger
Sprossenwand
Staedtekampf
Steilvorlage
Trabrennbahn
Turmspringer
Wassergraben
Wechselmarke
Wellenreiter
Zwischenlauf

13

Aussenlaeufer
Bantamgewicht
Berufsspieler
Doppelskuller
Knieschuetzer
Kunstspringer
Kurvenlaeufer
Kurvenvorgabe
Kurzstreckler
Langstreckler
Leichtgewicht
Linienrichter
Mittelgewicht
Mittellaeufer
qualifizieren
Rueckennummer
Schattenboxen
Schmetterball
Schrittmacher
Schwebebalken
Schwergewicht
Schwungstemme
Spitzengruppe
Sprungschanze
unentschieden
Weltergewicht

14

Aussenstuermer
Ballbehandlung
Bewegungsspiel
Bronzemedaille
Brustschwimmer
Felgaufschwung
Fliegengewicht
Freistilringer
Huerdenlaeufer
Leichtathletik
Mittelstuermer
Schiedsrichter
Schwerathletik
Silbermedaille
Stabhochsprung
Stellungsspiel
Unparteiischer

15

Deckungsaufgabe
disqualifiziert
Fallrueckzieher
Hindernisrennen
Hockeyschlaeger
Marathonlaeufer
Marathonstrecke
Mittelstreckler
Punktgleichheit
Schwedenstaffel
Tennisschlaeger
Vergleichskampf

3. BEKANNTE SPORTLERINNEN UND SPORTLER

Olympiasieger – Weltmeister – Europameister – Landesmeister – Rennsport-Champions – Fußballer

Abkürzungen der Sportarten und Disziplinen:

Autorennsport	*Au*	Hürden und Hindernislauf	*Hü*	Schwimmsport	*Schw*
Boxen	*B*	Kugelstoßen	*Ku*	Segeln	*Se*
Diskuswerfen	*Di*	Kurzstreckenlauf	*Kl*	Skilauf, Skispringen	*Sk*
Dreisprung	*Dr*	Langstreckenlauf	*Ll*	Speerwerfen	*Sp*
Eiskunstlauf	*Ek*	Marathonlauf	*Ma*	Stabhochsprung	*St*
Eisschnellauf	*Es*	Mittelstreckenlauf	*Ml*	Tennis	*Te*
Fußball	*F*	Pferdesport	*Pf*	Turnen	*Tu*
Gehen	*G*	Radsport	*Ra*	Weitsprung	*W*
Gewichtheben	*Gh*	Ringen	*Ri*	Zehnkampf (Leichtathletik)	*Z*
Hammerwerfen	*Ha*	Rudern	*Ru*		
Hochsprung	*Ho*				

3

Kuz	*Ll*
Mai	*F*
May	*Hü*
Ono	*Tu*
Rut	*Ho*
Son	*Ma*

4

Back	*G*
Bock	*Z*
Budd	*Kl*
Clay	*B*
Didi	*F*
Endo	*Tu*
Falk	*Ek*
Haas	*Ml*
Hall	*Au*
Hary	*Kl*
Hein	*Ha*
Hetz	*Schw*
Hill	*Au*
Hill	*Ru*
Hipp	*Ku / Z*
Hopf	*Ho*
Janz	*Hü*
Jazy	*Ml*
Kalb	*F*
Kono	*Gh*
Kopp	*Hü / W*
Long	*Ku*
Lony	*Ku*
Metz	*Ri*
Moss	*Au*
Pape	*G*
Pele	*F*
Rahn	*F*
Read	*G*
Rowe	*Ku*
Rose	*Schw*
Rudd	*Ml*
Ruud	*Sk*
Saya	*Kl*
Sime	*Kl*
Vava	*F*
Will	*Sp*
Wint	*Ml*
Zito	*F*

5

Abebe	*Ma*
Altig	*Ra*
Baier	*Ek*
Balas	*Ho*
Bantz	*Tu*
Baran	*Ek*
Biebl	*Sk*
Bragg	*St*
Claus	*W*
Conen	*F*
Cramm *(v.)*	*Te*
Cranz	*Sk*
Davis *(G.)*	*Hü*
Davis *(O.)*	*Ml*
Divin	*Ek*
Eliot	*Ml*
Engan	*Sk*
Fahsl	*Ha*
Fisch	*Hü*
Gastl	*Hü*
Gento	*F*
Goebl	*Ek*
Haase	*Es*
Hayes	*Kl*
Heine	*Kl*
Henie	*Ek*
Jakob	*F*
Janke	*Ll*
Klein	*Ku*
Klein	*Schw*
Klein	*W*
Kress *(R.)*	*F*
Kress *(W.)*	*F*
Lauer	*Hü*
Lenze	*Kl*
Louis	*B*
Moens	*Ml*
Moore	*Hü*
Mulka	*Se*
Nowak	*F*
Nurmi	*Ml / Ll*
Owens	*Kl / W*
Peiro	*F*
Pirie	*Ml / Ll*
Popow	*Ma*
Press	*Di / Ku*
Puell	*Ho*
Reske	*Ml*
Sauer	*W*
Snell	*Ml*
Sobek	*F*
Stein	*F*
Stuck	*Au*
Sturm	*F*
Thoma	*Sk*
Turek	*F*
Urban	*F*
Zeiss	*Dr*
Zylka	*Ma*

6

Ascari	*Au*
Aussem	*Te*
Becker	*Ho*
Binder	*F*
Boston	*W*
Bredow *(v.)*	*Se*
Brumel	*Ho*
Buding *(E.)*	*Te*
Buding *(I.)*	*Te*
delSol *(del Sol)*	*F*
Dohrow	*Ml*
Fangio	*Au*
Fricke	*Hü*
Fuerst	*Tu*
Geiger	*F*
Gerbig	*Hü*
Germar	*Kl*
Harbig	*Ml*
Harder	*F*
Hebauf	*Kl*
Hecher	*Sk*
Ismayr	*Gh*
Kaiser	*Ml*
KenDan *(Ken Dan)*	*Ml*

Kilius	*Ek*
Kinder	*Ml*
Kofing	*Ku*
Krauss	*F*
Kupfer	*F*
Leichum	*W*
Lehner	*F*
Liston	*B*
Luther	*Z*
Morale	*Hü*
Morris	*Z*
Moltke *(v.)*	*Z*
Neusel	*B*
Nieder	*Ku*
Ningel	*Ek*
Norton	*Kl*
Nueske	*Hü*
OBrien	*Ku*
(O'Brien)	
Oerter	*Di*
Pamich	*G*
Pausin	*Ek*
Penyel	*St*
Plumer	*Ml*
Puskas	*F*
Sailer	*Sk*
Sander	*Hü*
Schade	*Ll*
Schnell	*Hü*
Scholz	*B*
Schulz	*F*
Seeler	*F*
Stoeck	*Sp*
(G.)	
Stoeck	*Hü*
(J.)	
Storch	*Ha*
Strand	*Ml*
Strehl	*F*
Szepan	*F*
Thomas	*Ho*
Tilden	*Te*
Tunney	*B*
Urbach	*Ku*
Walter	*F*
(F.)	
Walter	*F*
(O.)	
Wilden	*F*
Willis	*Ml*

7

Berruti	*Kl*
Bungert	*Te*
Buchner	*Sk*
Calhoun	*Hü*
Carnera	*B*
Dempsey	*B*
Dickhut	*Tu*
Doerfel	*F*
Doering	*G*
Erhardt	*F*
Fahrian	*F*
Giletti	*Ek*
Henning	*Ml*
Herings	*Sp*
Hofmann	*F*
Holdorf	*Hü*
Johnson	*Z*
Kubicki	*Ll*
Kutenko	*Z*
Kuzorra	*F*
Lawrenz	*Ml*
Leitner	*Sk*
Lingnau	*Ku*
Lohmann	*Ra*
Morlock	*F*
Mueller	*G*
(J.)	
Mueller	*Hü*
(L.)	
Neuhaus	*B*
Norpoth	*Ml*
Osolina	*Sp*
Posipal	*F*
Radford	*Kl*
Reimers	*Di*
Rudolph	*Kl*
Salomon	*Sp*
Sharkey	*B*
Schmidt	*Dr*
(J.)	
Schmidt	*Ml*
Stalder	*Tu*
Steines	*Hü*
tenHoff	*B*
(ten Hoff)	
Wegmann	*Ku*
Winkler	*Pf*
Woellke	*Ku*
Zatopek	*Ml/Ll*

8

Anderson	*Gh*
Antequil	*Ra*
Baeumler	*Ek*
Broemmel	*Sp*
Connolly	*Ha*
Cuthbert	*Kl*
Dietrich	*Ri*
Gellesch	*F*
Gerhards	*Sp*
Gramlich	*F*
Hoffmann	*W*
Kaufmann	*Ml*
Krepkina	*Kl*
Kueppers	*F*
Lehnertz	*St*
Matthews	*F*
Moehring	*Di/St*
Nuvolari	*Au*
Robinson	*B*
Sawitzki	*F*
Schaefer	*F*
Schaklin	*Tu*
Schridde	*Pf*
Schumann	*Kl*
Stiegler	*Sk*
Wedekind	*Ma*

9

diStefano	*F*
(di Stefano)	
Fleischer	*Sp*
Fuetterer	*Kl*
Grodotzki	*Ml/Ll*
Garrincha	*F*
Goitschel	*Sk*
Haussmann	*Di*
Herberger	*F*
Johansson	*B*
Juskowiak	*F*
Kalfelder	*Ml*
Kusnetzow	*Z*
Patterson	*B*
Recknagel	*Sk*

Reinhardt *St*
Rodriguez *F*
Rosemeyer *Au*
Schmeling *B*
Steinbach *W*
Szymaniak *F*
Tilkowski *F*
Ulzheimer *Ml*
Urselmann *Schw*
Wolfshohl *Ra*
Zsivotsky *Ha*

10

Bolotnikow *Ll*
Caracciola *Au*
ChuanKwang *Z*
(Chuang Kwang)
Eyerkaufer *Ml*
Gleichfeld *Ml*
Herkenrath *F*
Hirschfeld *Ku*
Junkermann *Ra*
Mauermayer *Di/Ku*
Molzberger *W*
Piatkowski *Di*
Protopopow *Ek*
Skoblikowa *Es*
Stuhlfauth *F*
Thiedemann *Pf*
Trussenjew *Di*
Willimczik *Hü*
Wischmeyer *Dr*
Zimmermann *Sk*

11

Brauchitsch *(v.)* *Au*
Goldbrunner *Kl*
Kummerfeldt *Ml*
Muenzenberg *F*
Schwarzmann *Tu*

12

BlankersKoen *F*
(Blankers-Koen)
Golubnitschi *G*
Krzyszkowiak *Hü*
Maritschnigg *Ri*
Matuschewski *Ml*
Schnellinger *F*
SchmitzPortz *Ho*
(Schmitz-Portz)
TerOwanesian *W*
(Ter-Owanesian)
Tschelkanowa *W*

13

Schnelldorfer *Ek*

Staaten und Teilgebiete

Auch Kolonien und Protektorate (Alphabetisch nach Erdteilen)

AFRIKA

4

Mali
Togo

5

Gabun
Ghana
Kenya
Kongo
Niger
Sudan
Volta

6

Angola
Gambia
Guinea
Libyen
Tschad
Uganda

7

Dahomey
Kamerun
Liberia
Marokko
Nigeria
Réunion
Senegal
Somalia

8

Aegypten
Algerien
Sansibar
Tunesien

9

Rhodesien
Swasiland

10

Aethiopien
(Abessinien)

Basutoland
Somaliland
(Franzoesisch-Somaliland)
Madagascar
Nyassaland
Suedafrika
Tanganyika

11

Mauretanien
SierraLeone
(Sierra Leone)

12

RuandaUrundi
(Ruanda Urundi)

13

NordRhodesien
(Nord-Rhodesien)
SuedRhodesien
(Sued-Rhodesien)

14

Betschuanaland
SpanischGuinea
(Spanisch-Guinea)
Suedwestafrika

15

Elfenbeinkueste

Über 15 Buchstaben:

Franzoesisch-Somaliland
Portugiesisch-Guinea
Portugiesisch-Ostafrika
Spanisch-Westafrika
Zentralafrikanische Republik

AMERIKA

1. Mittelamerika

4

Kuba
(Cuba)

6

Mexiko
Panama

8

Honduras

9

Costarica
Guatemala
Nicaragua

10

ElSalvador
(El Salvador)
PuertoRico
(Puerto Rico)
Westindien
(Foederation Westindien)

Über 15 Buchstaben:

Britisch-Honduras

Dominikanische Republik

Foederation Westindien

2. Nordamerika

3

USA
Vereinigte Staaten von (Nord-) Amerika

6

Kanada

Bundesstaaten der USA

4

Iowa
Ohio
Utah

5

Idaho
Maine
Texas

6

Alaska
Hawaii
Kansas
Nevada
Oregon

7

Alabama
Arizona
Florida
Georgia
Indiana
Montana
NewYork
(New York)
Vermont
Wyoming

8

Arkansas
Colorado
Deleware
Illinois
Kentucky
Maryland
Michigan
Missouri
Nebraska
Oklahoma
Virginia

9

Louisiana
Minnesota
NewJersey
(New Jersey)
New Mexico
(New Mexico)
Tennessee
Wisconsin

10

California
Washington

11

Connecticut
Mississippi
NorthDakota
(North Dakota)
RhodeIsland
(Rhode Island)
SouthDakota
(South Dakota)

12

NewHampshire
(New Hampshire)
Pennsylvania
WestVirginia
(West Virginia)

13

Massachusetts
NorthCarolina
(North Carolina)
SouthCarolina
(South Carolina)

Über 15 Buchstaben:

DistrictColumbia
(District of Columbia)

3. Südamerika

4

Peru

5

Chile

7

Ecuador
Uruguay

8

Bolivien
Paraguay

9

Brasilien
Kolumbien
Venezuela

11

Argentinien

15

BritischGuayana
(Britisch-Guayana)

Über 15 Buchstaben:
FranzoesischGuayana
(Franzoesisch-Guayana)
NiederlaendischGuayana
(Niederlaendisch-Guayana)

ASIEN

4

Aden
Irak
Iran
Laos
Nepal
Tibet
UdSSR

5

Burma
China
(Rot-China/ »Volksrepublik«; Nationalchina)
Japan
Jemen
Korea
(Nord-Korea; Sued-Korea)

6

Bhutan
Ceylon
Cypern
(oder Zypern)
Indien
(Indische Union)
Israel
Kuwait
Syrien

7

Libanon
Persien
(=Iran)
Tuerkei
Vietnam
(Nord-Vietnam; Sued-Vietnam)

8

Hongkong
Malaysia
Pakistan
Singapur
(oder Singapore)
Thailand

9

Jordanien
NordKorea
(Nord-Korea)
Singapore
(oder Singapur)
SuedKorea
(Sued-Korea)
NordVietnam
(Nord-Vietnam)
Philippinen
Sowjetunion
SuedVietnam
(Sued-Vietnam)

10

Indonesien
Kambodscha

11

Afghanistan

12

SaudiArabien
(Saudi-Arabien)

13

IndischeUnion
(Indische Union)
NationalChina
(National-China)

UNIONSREPUBLIKEN DER UDSSR

Armenische SSR
Aserbaidshanische SSR
Belorussische SSR
Estnische SSR
Grusinische SSR
Kasachische SSR
Kirgisische SSR
Lettische SSR
Litauische SSR
Moldauische SSR
Russische SFSR
Ukrainische SSR
Usbekische SSR
Tadshikische SSR
Turkmenische SSR

AUSTRALIEN

(Britisches Dominion Neuseeland einbezogen)

8

Victoria

9

Tasmanien

10

Neuseeland
Queensland

12

Bundesbezirk
Neusuedwales

14

NordAustralien
(Nord-Australien)
SuedAustralien
(Sued-Australien)
WestAustralien
(West-Australien)

EUROPA

4

CSSR
(Abk. für Tschecho-slowakei)

5

Polen
UdSSR
(Abk. für Union der Sozialistischen Sowjet-Republiken)

6

Irland
Island
Monaco
Ungarn

7

Andorra
Belgien
Italien
Schweiz
Spanien

8

Albanien
Finnland
Norwegen
Portugal
Schweden

9

Bulgarien
Daenemark
Luxemburg
Rumaenien
SanMarino
(San Marino)

10

Frankreich

11

Deutschland
Jugoslawien
Niederlande
(Holland)
Oesterreich
Sowjetunion

12

Griechenland
Vatikanstadt

13

Liechtenstein

15

Grossbritannien

16

Tschechoslowakei

DEUTSCHE LANDSCHAFTEN
(Bundesrepublik Deutschland, Mitteldeutschland, Ostdeutschland)

4

Baar
Ries

5

Baden
Hegau
Lippe
Pfalz
Senne
(auch Senner Heide)

6

Angeln
Anhalt
Barnim
Bayern
Boerde
Hadeln
Hessen
Wische

7

Allgaeu
Altmark
Emsland
Ermland
Franken
Hellweg
Kurmark
Lausitz
Linzgau
Masuren
Neumark
Pommern
Sachsen
Samland
Wagrien

8

Breisgau
Flaeming
Grabfeld
Holledau
Holstein
Lechfeld
Odenwald
Prignitz
Rheingau
Saarland
Schwaben
Spessart
Stormarn
Vogtland
Westrich
Wetterau

9

AltesLand
(Altes Land)
Ammerland
Hallertau
Jeverland
Kraichgau

Loessnitz
Nordbaden
Oberpfalz
Oldenburg
Rheinland
Sauerland
Schlesien
Schleswig
Suedbaden
Uckermark
Westfalen

10

Geestlande
GoldeneAue
(Goldene Aue)
Jagstkreis
Oberbayern
Oberhessen

Soederland
Thueringen
Wartheland

11

Brandenburg
Butjadingen
Mecklenburg
Neckarkreis
Oberfranken
Oberlausitz
Ostpreussen
Rheinhessen
Schwarzwald
SennerHeide
(Senner Heide)

12

Dithmarschen

HessenNassau
(Hessen-Nassau)
Hohenzollern
Muensterland
Niederbayern
Ostfriesland
Unterfranken
Westerplatte
Westpreussen
Wuerttemberg

13

Hinterpommern
Mittelfranken
Niederlausitz
Niedersachsen
Nordfriesland
Oberschlesien

RominterHeide
(Rominter Heide)
SachsenAnhalt
(Sachsen-Anhalt)

14

FrischeNehrung
(Frische Nehrung)

15

BayerischerWald
(Bayerischer Wald)
KurischeNehrung
(Kurische Nehrung)
Niederschlesien
SchaumburgLippe
(Schaumburg-Lippe)

LÄNDER DER BUNDESREPUBLIK DEUTSCHLAND

6

Bayern
Berlin
Bremen
Hessen

7

Hamburg

8

Saarland

13

Niedersachsen

14

RheinlandPfalz
(Rheinland-Pfalz)

Über 15 Buchstaben:

BadenWuerttemberg
(Baden-Wuerttemberg)
SchleswigHolstein
(Schleswig-Holstein)
NordrheinWestfalen
(Nordrhein-Westfalen)

BEZIRKE IN DER SOWJETISCHEN BESATZUNGSZONE

4

Gera
Suhl

5

Halle

6

Erfurt

7

Dresden
Kottbus

Leipzig
Potsdam
Rostock

8

Chemnitz
(Karl-Marx-Stadt)

Schwerin

9

Frankfurt
(Frankfurt/Oder)
Magdeburg

OstBerlin
(Ost-Berlin)

14

Neubrandenburg

FRANZÖSISCHE DEPARTEMENTS

3

Ain
Lot
Var

4

Aube
Aude
Cher
Eure
Gard
Gers
Jura
Nord
Oise
Orne
Tarn

5

Aisne
Corse
Doubs
Drôme
Indre
Isère
Loire
Marne
Meuse
Rhône
Seine
Somme
Yonne

6

Allier
Ariège
Cantal
Creuse
Landes
Loiret
Lozère
Manche
Nièvre
Sarthe
Savoie
Vendée
Vienne
Vosges

7

Ardèche
Aveyron
BasRhin
(Bas-Rhin)
Belfort
Corrèze
CotedOr
(Côte d'Or)
Gironde
Hérault
Mayenne
Moselle

8

Ardennes
Calvados
Charente
Dordogne
HautRhin
(Haut-Rhin)
Morbihan
Vaucluse

9

Finistère
PuydeDôme
(Puy-de-Dôme)

10

DeuxSèvres
(Deux-Sèvres)
EureetLoir
(Eure-et-Loir)
HauteLoire
(Haute-Loire)
HauteMarne
(Haute-Marne)
HauteSaône
(Haute-Saône)
LoiretCher
(Loir-et-Cher)

11

BassesAlpes
(Basses-Alpes)
CôtesduNord
(Côtes-du-Nord)
HautesAlpes
(Hautes-Alpes)
HauteSavoie
(Haute-Savoie)
HauteVienne
(Haute-Vienne)
PasdeCalais
(Pas-de-Calais)
SeineetOise
(Seine-et-Oise)

12

HauteGaronne
(Haute-Garonne)
IleetVilaine
(Ile-et-Vilaine)
IndreetLoire
(Indre-et-Loire)
LotetGaronne
(Lot-et-Garonne)
MaineetLoire
(Maine-et-Loire)
SaôneetLoire
(Saône-et-Loire)
SeineetMarne
(Seine-et-Marne)

13

TarnetGaronne
(Tarn-et-Garonne)

14

AlpesMaritimes
(Alpes-Maritimes)
BassesPyrénées
(Basses-Pyrénées)
BouchesduRhône
(Bouches-du-Rhône)
HautesPyrénées
(Hautes-Pyrénées)

15

LoireInférieure
(Loire-Inférieure)
SeineInférieure
(Seine-Inférieure)

Über 15 Buchstaben:
MeurtheetMoselle
(Meurthe-et-Moselle)
PyrénéesOrientales
(Pyrénées-Orientales)

GRAFSCHAFTEN IN ENGLAND, NORDIRLAND, SCHOTTLAND, WALES

(Jeweils in offizieller Reihenfolge nach Whitaker / »Almanack« – Vorangesetzte Zahlen = Anzahl der Buchstaben)

England

12 Bedfordshire
9 Berkshire
15 Buckinghamshire
14 Cambridgeshire
8 Cheshire
8 Cornwall
10 Cumberland
10 Derbyshire
10 Devonshire
6 Dorset
6 Durham
3 Ely *(Isle of Ely)*
5 Essex
15 Gloucestershire
9 Hampshire
13 Herefordshire
13 Hertfordshire
15 Huntingdonshire
4 Kent
10 Lancashire
14 Leicestershire
12 Lincolnshire
6 London
9 Middlesex
7 Norfolk
16 Northamptonshire
14 Northumberland
15 Nottinghamshire
11 Oxfordshire
12 Peterborough
(Soke of Peterborough)
7 Rutland

10 Shropshire
8 Somerset
13 Staffordshire
7 Suffolk
6 Surrey
6 Sussex
12 Warwickshire
11 Westmorland
5 Wight *(Isle of Wight)*
9 Wiltshire
14 Worcestershire
9 Yorkshire

Nordirland

6 Antrim
6 Armagh
4 Down
9 Fermanagh
11 Londonderry
6 Tyrone

Schottland

8 Aberdeen
5 Angus
6 Argyll
3 Ayr
5 Banff
7 Berwick
4 Bute
9 Caithness
11 Clackmannan
8 Dumfries
9 Dunbarton
11 EastLothian *(East Lothian)*
12 ElginorMoray *(Elgin or Moray)*
4 Five
9 Inverness
10 Kincardine
7 Kinross
13 Kirkcudbright
6 Lanark
10 Midlothian
5 Nairn
6 Orkney
7 Peebles
5 Perth
7 Renfrew
15 RossandCromarty *(Ross and Cromarty)*
8 Roxburgh
7 Selkirk
8 Stirling
10 Sutherland
11 WestLothian *(West Lothian)*
7 Wigtown
7 Zetland

Wales

8 Anglesey
14 Brecknockshire
15 Caernarvonshire
13 Cardiganshire
15 Carmarthenshire
12 Denbighshire
10 Flintshire
9 Merioneth
9 Glamorgan
13 Monmouthshire
15 Montgomeryshire
13 Pembrokeshire
11 Radnorshire

ÖSTERREICHISCHE BUNDESLÄNDER

4	8	10	15	17
Wien	Kaernten	Burgenland	Oberoesterreich	Niederoesterreich
	Salzburg	Steiermark		
5		Vorarlberg		
Tirol				

SCHWEIZERISCHE KANTONE
(Voll- und Halb-Kantone)

3	5	Luzern	8	Nidwalden	SanktGallen
		Schwyz		Solothurn	*(Sankt Gallen)*
Uri	Basel *(Stadt)*	Tessin	Freiburg		Unterwalden
Zug	Basel *(Land)*	Wallis	Obwalden		
	Waadt				
4	6	7	9	11	12
Bern	Aargau	Thurgau	Appenzell	Graubuenden	Ausserrhoden
Genf	Glarus	Zuerich	Neuenburg	Innerrhoden	Schaffhausen

KANTONSNAMEN MIT AUCH FRANZÖSISCHER ODER ITALIENISCHER SCHREIBWEISE
(In alphabetischer Reihenfolge)

Basel = Bale
Bern = Berne
Freiburg = Fribourg
Glarus = Glaris
Graubuenden = Grisons
Luzern = Lucerne
Neuenburg = Neuchâtel
Sankt Gallen = Saint Gall
Solothurn = Soleure
Tessin = Ticino
Waadt = Vaud
Wallis = Valais
Zuerich = Zurich

Unionsrepubliken der UdSSR siehe unter Asien

Städte

(Alphabetisch nach Erdteilen / Bei Doppelnamen ist der erste Buchstabe des zweiten Wortes groß geschrieben)
Eigene Kapitel: Hauptstädte, Millionenstädte

AFRIKA

3

Ede
Fes
Ibo
Imi
Kef
Kim
Kus
Mir
Nur
Oyo
Sar
Say
Tao
Tor
War
Woi
Wum
Yal

4

Adua
Bebo
Bisi
Bone
Buki
Daka
Deir
Dell
Djen
Dodo
Edea
Egga
Fulu
Gasa
Jola
Lome
Oran
Sais
Suez
Tuli

5

Abome
Accra
Beira
Dakar
Duala
Gizeh
Kairo
Kodok
Lagos
Menuf
Otawi
Saffi
Singa
Tanta
Tunis
Zeila

6

Abukir
Agadir
Aleppo
Algier
Asmara
Assuan
Banana
Durban
Harrar
Heluan
Ibadan
Jaunde
Kankan
Kindia
Loanda
Meknes
Minjeh
Mursuk
Sennar
Suakin
Tabora
Tanger
Tetuan
Theben
Tobruk

7

Abidjan
Bengasi
(auch Benghasi)
Berbere
Biserta
Chartum
Conakry
Djibuti
Entebbe
Kairuan
Kasanga
Khartum
(oder Chartum)
Marokko
Mascara
Memphis
Mombasa
Nairobi
Nangoki
Njangwe
Rosette
Udschda
Ukalaja
Umzinto
Wadelei
Windhuk

8

Bulawayo
Diredaua
Dschimma
Freetown
Ismailia
Kapstadt
Monrovia
PortSaid
Pretoria
Sansibar
Tamatave
Timbuktu
Tripolis

9

Dschibuti
(oder auch Dyibuti)

Granville
Jamestown
Kimberley
PortLouis
PortoNovo
Quelimane
Salisbury

10

AddisAbeba
Alexandria
Casablanca
Daressalam
EastLondon
Heliopolis
Marrakesch
Mogadischu

Mostaganem
Mozambique
NovaLisboa
SaintLouis
Swakopmund
Tananarivo

11

Alexandrien
(oder Alexandria)
Brazzaville
Constantine
DebraMarkos
DiegoSuarez
Grahamstown
Krugersdorp
Livingstone

Tamanrasset

12

Antananarivo
Bloemfontein
Grootfontein
Johannesburg
Léopoldville
MarsaMatruch
(auch MarsaMatruh)
Orléansville
NeuAntwerpen
SidibelAbbes
(Sidi-bel-Abbes)
Stanleyville

13

Keetmannshoop
Philippeville
Ponthierville
PortElizabeth
VillaCisneros

14

Coquilhatville
Elisabethville
MahallaalKubra
(Mahalla-al-Kubra)

15

LourençoMarques

AMERIKA
(Mittel-, Nord- und Südamerika)

3

Ica
Ojo
Uba
Ytu

4

Cali
Erie
Gary
Hull
Léon
Lima
Napa
Nome
Para
Paya
Pina
Tela
Tome
Waco
York

5

Belem
Colon
Elgin
Fargo
Flint
Goyaz
Hille
LaPaz
Macon
Miami
Niles
Omaha
Pasto
Quito
Sucre
Talca
Tekax
Tulsa
Tunja
Utica

6

Albany
Austin
Balboa
Belize
Bogota
Boston
Campos
Colima
Dallas
Dayton
Denver
Easton
ElPaso
Joplin
Juneau
Malden
Manaos
Merida
Mexico
(Mexico City)
Mobile
Newark
Newton
Orange
Oswego
Ottawa
Panama

Parana
Potosi
Puebla
Quebec
Quinzy
Recife
Santos
Sharon
Sydney
Tacoma
Toluca
Topeka
Yakima
Zamora

7

Aracaju
Atlanta
Augusta
BayCity
Bristol
Buffalo
Caracas
Cayenne
Chatham
Chelsea
Chester
Chikago
(Chicago)
Clinton
Cordoba
Detroit
Findlay
Halifax
Hammond
Hoboken
Houston
Iraputo
Jackson
KeyWest
Lansing
LaPlata
Lincoln
Madison
Memphis
Mendoza
Milford
Newport
NewYork
Norfolk
Oakland
Orizaba
Paducah
Palmira
Phoenix
Pontiac
Raleigh
SanJosé
SantaFé
Seattle
Tampico
Toronto
Tucuman
Varinas
Wichita

8

Appleton
Asuncion
Berkeley
Blumenau
Bradford
Brasilia
Brooklyn
Campèche
Cardenas
Cheyenne
Columbia
Freeport
Hamilton
Hartford
Honolulu
Kingston
LaHabana
LasVegas
Lawrence
Marlboro
Missoula
Montreal
Newburgh
Newhaven
Pamplona
Pasadena
Portland
Rancugua
Richmond
Rockford
SanDiego
SanPedro
SantaAna
Santiago
(Santiago de Chile)
SaoPaulo
Savannah
Superior
Syracuse
Trinidad
Trujillo
Valdivia
Valencia
Veracruz
Victoria
Winnipeg

9

Acalpulco
Anchorage
Angostura
Asheville
Aspinwall
Baltimore
BoiseCity
Brantford
Cajamarca
Cambridge
Cartagena
Catamarca
Cleveland
Davenport
DesMoines
FortDodge
FortWayne
FortWorth
Galveston
Guayaquil
Hollywood
Homestead
Joinville
Lakehurst
Lancaster
LongBeach
Mansfield
Maracaibo
Milwaukee
Monterrey
Montezuma
Muscatine
Nashville
NewAlbany
Newcastle
NewLondon
NorthPort
PalmBeach
Pawtucket
Pensacola
Pensamino
Pittsburg
Princeton
Riverside
Rochester
SaintPaul
SanFélipe
SanMiguel
Vancouver
Vicksburg
Villarica
Vincennes
Waterbury
Watertown
Westfield
Worcester
Zacatécas

10

BatonRouge
Belleville
Birmingham
Bloomfield
Bridgeport
Bridgetown
Charleston
Cienfuegos
Cincinnati
Concepcion
Cumberland
Diamantina
Esmeraldas
Evansville
Georgetown
Gloucester
Greensboro
Greenville
Guanajuato
Guantanamo
Hagerstown
Harrisburg
HotSprings
Huntington
Hutchinson
JerseyCity
KansasCity
Leopoldina
LittleRock
LongBranch
LosAngeles
Louisville
Manchester
Manzanillo
MexicoCity
Middletown
Montevideo
Montgomery
MormonCity
NewGlasgow
NewOrléans
OregonCity
Paramaribo
Pernambuco
Pittsfield

Portsmouth
Providence
RockIsland
Sacramento
SaintCloud
SaintJohns
SaintLouis
SanAntonio
SantaClara
SanVicente
Shenandoah
Talcahuano
Valparaiso
VinadelMar
(Vina del Mar)
Washington
Wilmington
Youngstown

11

Albuquerque
Antofagasta
Bakersfield
Bloomington
Bucaramanga
BuenosAires
Chattanouga
Egedesminde
FortStanley
FortWilliam
Guadalajara
Leavenworth
Minneapolis
MountCarmel
MountVernon
NewBrighton
Newburyport
Northampton
PinardelRio
(Pinar del Rio)
PortoAlegre
PortofSpain
(Port of Spain)
PuntaArenas
SaoLeopoldo
Springfield
Tallahassee
Tegucigalpa
Tehuantepéc
WhitePlains
Wilkinsburg

12

AtlanticCity
Barquisimeto
Barranquilla
Buenaventura
Chiquinquira
CiudadJuarez
Indianapolis
MichiganCity
NewAmsterdam
OklahomaCity
Philadelphia
PortauPrince
(Port-au-Prince)
RiodeJaneiro
(Rio de Janeiro)
SaltLakeCity
SanCristobal
SanFrancisco
SantaBarbara
Steubenville
Williamsport

13

BeloHorizonte
CiudadBolivar
Connellsville
CorpusChristi
EastLiverpool
JeffersonCity
PuertoBarrios
PuertoCaballo
PuertoDeseado
Quezaltenango
SanLuisObispo
(San Luis Obispo)

14

CiudadVictoria
FeiradeSantana
(Feira de Santana)
NewWestminster
RioGrandedoSul
(Rio Grande do Sul)

15

ColoradoSprings
SantiagodeChile
(Santiago de Chile; oder nur: Santiago)

ASIEN

2

Jo
La
Lu
Wu
Ye

3

Ava
Bam
Bir
Dir
Diu
Ghe
Hue
Kia
Kum
Oni
Pal
Tsu
Ufa
Wan

4

Aden
Ajon
Aksu
Amoy
Baku
Deir
Elur
Gaza
Gifu
Hama
Kobe
Mito
Nara
Nawa
Omsk
Puna
Riad
Sale
Sana
Seja
Seto
Sian
Sign
Tais
Taku
Tura
Urga
Wuhu

5

Adana
Akjab
Basra
Batum
Bundi
Bursa
Delhi
(Neu Delhi)
Endor
Fusan
Haifa
Halep
Herat
Hukou
Ismir
(auch: Izmir)
Jaffa
Kabul
Kerak
Kioto
Lhasa
Medan
Mekka
Osaka
Otaru
Patna
Pusan
Sakai
Simla
Soeul
Surat
Tokio
Tomsk
Witim

6

Abadan
Aleppo
Amasia
Ankara
Bagdad
Baroda
Beirut
Bombay
Brunei
Brussa
Dharan
Djidda
Eriwan
ErRiad
Gibeon
Hankou
Hannoi
Indore
Jaipur
Kanton
Kediri
Kerkuk
Kiufou
Kurgan
Lahore
Madras
Madura
Maikop
Medina
Mukden
Multan
Nagoja
Nagpur
Padang
Peking
Petuna
Quetta
Rangun
Saigon
Samara
Sasebo
Sianfu
Sinope
Smyrna
Tainan
Taipeh
Taiwan
Tiflis
Tsinan
Tuapse
Wusung

7

AlmaAta
Amboina
Ardebil
Bandung
Bangkok
Barnaul
Bassein
Bassora
Batavia
Benares
Bikanir
Buchara
Calicut
Charbin
Charput
Colombo
Dharwar
Fergana
Fukuoka
Gwalior
Hamadan
Hardwar
Hodeida
Irkutsk
Ispahan
Jakutsk
Jarkand
Karscha
Kaschan
Kaulung
Khanpur
Kutahia
Kweilin
Lucknow
Maissur
Manipur
Manissa
Mansura
Mattrah
Modschi
Monghir
Nanking
Nikosia
(auch: Nicosia)
Ochotsk
Peiping
Punakha
Rongoon
Sansing
Sapporo
Schiras
Sinking
Taebris
Teheran
TelAviv
Tobolsk
Tschifu
Udaipur
UlanUde
Urgulsk
Wjernyi
Woensan

8

Ahmedpur
Akhissar
Aschabad
AulieAta
Cawnpore
Damaskus
Djakarta
Dolonnor
Dschafna
Dschidda
Ekbatana
Faisabad
Futschou
Ghasipur
Hirosaki
Hongkong
Hutschou
Istanbul
Jokohama
(auch: Yokohama)
Kaifoeng
Kalkutta
Kandahar
Kasanawa
Katmandu
Kiukiang
Kweijang
Leukosia
Makassar
Mandalay
Manipore
Margelan
Mersiwan
Meschhed
Mirzapur
Mubarras
Nagasaki
Namangan
Nganking
Pawlodar
PnomPenh
Sardhana
Serampur
Shanghai
Singapur
(auch Singapore)
Srinagar
Surabaja
Sutschou
Takasaki
Tientsin
Tsinanfu
Tsingtau
Wakajama
Wutschou

9

Allahabad
Antiochia
Bangalore
Bhagalpur
Dschaipur
Halmahera

Hiroshima
Jentschou
Jerusalem
Kagoshima
Krasnodar
Lantschou
Peschawar
Pischawar
Samarkand
Schantung
Schizuoka
Stawropol
Suenjuean
Surakarta
Takamatsu
Tandschur
Taschkent
Tojohashi
Tokushima
Trapezunt
Wakamatsu
Wentschou
Wutschang

10

Aurangabad
Bahawalpur
Biredschik
Faruchabad
Gudscharat
Haidarabad
Kapurthala
Karahissar
Kiautschou
Kirmanscha
Kojambatur
Kweitschou
Nantschang
Nikolskoje
Pandharpur
Pjoengjang
PortArthur
Rawalpindi
Saharanpur
Stalinabad
Tschemulpo
Utsunomija

11

Dardjeeling
Dschabalpur
Ersindschan
Kiungtschou
Krasnojarsk
KualaLumpur
Kwangtungfu
Maimatschin
Muzaffarpur
Nikolajewsk
Niutschwang
Tscherkassy
Tschingtufu
Tschingkiang
Wladiwostok

12

Chandernagor
Dschelalabad
LuangPrabang
Mandschurija
Trichinopoli
Tschautschou
Tschittagong

13

Bandjermassin
DschohorBahru
HatschiOtschi
Kantschipuram
Machatschkala
Muzaffarnagar
Nachitschewan
NyshneKolymsk
Ordshonikidse
Petropawlowsk
Semipalatinsk
Tschangtschun
Tscheljabinsk
Tscheremchowo
Tschingtschou

14

ChantyMansijsk
Mandschshurija
(auch Mandschurija)
Tritschinopoli
Tschandernagor
Tscherrapundji
UstKamenogorsk

15

MasjidiSuleiman
(Masjid-i-Suleiman)

AUSTRALIEN
(Ozeanien einbezogen)

4

Eyre
Suva
Thio

5

Bowen
Numea
Perth

6

Albany
Hobart
Madang
Nelson
Rabaul
Sidney
Timaru
Winton

7

Bendigo
Dunedin
Fanning
Honiara
Ipswich
Maytown
Russell
Wyndham

8

Adelaide
Auckland
Bathurst
Brisbane
Canberra
Cooktown
Hamilton
Hokitika
Somerset
Wangarai

9

Burketown
Esperance
Fremantle
Geraldton
Granville
MarbleBar
Melbourne
NewCastle
Normanton
Nukualofa
PortPirie

10

Birdsville
BrokenHill
Launceston
Oodnadatta
P'almerston
Parramatta
PortDarwin
Townsville
Wellington

11

BarrowCreek
NewPlymouth
PortAugusta
PortMoresby

12

Christchurch
Invercargill

EUROPA

1. (Gesamt-) Deutschland *2. Europäisches Ausland*

1. (GESAMT-)DEUTSCHLAND

Abkürzungen der Bundesländer und Länder in Mittel- und Ostdeutschland:

Baden-Württemberg = BW
Bayern = B
Berlin ohne Anmerkung
Brandenburg = BR
Bremen ohne Anmerkung
Hamburg ohne Anmerkung
Hessen = H
Mecklenburg = M
Niedersachsen = N
Nordrhein-Westfalen = NW
Ost- und Westpreußen = O
Pommern = P
Rheinland-Pfalz = RP
Saarland = S
Sachsen = Sa
Sachsen-Anhalt = SA
Schlesien = SCH
Schleswig-Holstein = SH
Thüringen = TH

Bremen ist Freie Hansestadt *Hamburg ist Freie und Hansestadt*

Die Städte mit dem vorgesetzten Wort »Bad« und die Städte mit Zusatzworten (beispielsweise Frankfurt / Main und Frankfurt / Oder) sind generell o h n e die zusätzlichen Bezeichnungen aufgeführt.

2

Au *B*

3

Aub *B*
Aue *Sa*
Auw *RP*
Elm *H*
Ems *RP*
Epe *NW*
Hau *NW*
Hof *B*
Lam *B*
Oos *BW*
Orb *H*
Ulm *BW*

4

Aken *SA*
Arys O
Auma *Sa*
Bonn *NW*
Buer *RP*
Burg *SA*
Calw *BW*
Cham *B*
Gera *TH*
Goch *NW*
Haan *NW*
Hamm *NW*
Horb *BW*
Jena *TH*
Kehl *BW*
Kiel *SH*
Lage *NW*
Lahr *BW*
Leck *SH*
Leer *N*
Lohr *B*
Luhe *B*
Lyck O
Marl *NW*
Noer *SH*
Oels *SCH*
Olpe *NW*
Plau *M*
Porz *NW*
Rees *NW*
Rohr *B*
Ruit *BW*
Saal *B*
Salm *RP*
Seeg *B*
Selb *B*
Suhl *TH*
Tost *SCH*
Unna *NW*
Werl *NW*

5

Aalen *BW*
Ahlen *NW*
Beuel *NW*
Borna *Sa*
Bruck *B*
Celle *N*
Cranz O
Emden *N*
Essen *NW*
Eutin *SH*
Fulda *H*
Gotha *TH*
Greiz *Sa*
Hagen *NW*
Hanau *H*
Halle *SA*
Herne *NW*
Husum *SH*
Jever *N*
Kamen *NW*
Kleve *NW*
Koeln *NW*
Lagow *BR*
Laage *M*
Labes *P*
Lemgo *NW*
Mainz *RP*
Mayen *RP*
Moers *NW*
Nauen *BR*
Neuss *NW*
Oelde *NW*
Pausa *Sa*
Pirna *Sa*
Ploen *SH*
Regen *B*
Rheda *NW*
Riesa *Sa*
Rotha *SA*
Sagan *SCH*
Soest *NW*
Stade *N*
Stein *BW*
Stein *B*
Stein *SA*
Stolp *P*
Tanne *SA*
Taxis *BW*
Trier *RP*
Varel *N*
Weida *TH*
Werne *NW*
Wesel *NW*
Worms *RP*
Zeitz *SA*

6

Aachen *NW*
Alfeld *N*
Amberg *B*
Apolda *TH*
Aurich *N*
Berlin
Bernau *BR*
Bingen *RP*
Bochum *NW*
Bremen
Coburg *B*
Coswig *SA*
Dachau *B*
Dessau *SA*
Dueren *NW*
Elbing O
Erfurt *TH*
Fuerth *B*
Glogau *SCH*
Goldap O
Gronau *NW*
Hameln *N*
Hilden *NW*
Honnef *NW*
Kamenz *Sa*
Kassel *H*
Kempen *NW*
Landau *RP*
Lehrte *N*
Lindau *B*
Lingen *N*
Luenen *NW*
Meppen *N*
Minden *NW*
Moelln *SH*
Neisse *SCH*
Norden *N*
Passau *B*
Plauen *Sa*
Pillau O
Ragnit O
Rheydt *NW*
Rubkow *M*
Ruhnow *P*

Siegen *NW*
Singen *BW*
Soltau *N*
Speyer *RP*
Taucha *Sa*
Tettau *B*
Tilsit O
Torgau *SA*
Uelzen *N*
Velten *BR*
Verden *N*
Vilbel *H*
Walsum *NW*
Weiden *B*
Weimar *TH*
Witten *NW*
Xanten *NW*
Zerbst *SA*
Zittau *Sa*

7

Aibling *B*
Alsfeld *H*
Ansbach *B*
Bamberg *B*
Bendorf *RP*
Beuthen *SCH*
Bocholt *NW*
Bottrop *NW*
Breslau *SCH*
Cottbus *BR*
Datteln *NW*
Detmold *NW*
Dresden *Sa*
Freital *Sa*
Fuessen *B*
Giessen *H*
Hamborn *NW*
Hamburg
Homberg *NW*
Homburg *H*
Hoexter *NW*
Ilmenau *TH*
Itzehoe *SH*
Juelich *NW*
Kelheim *B*
Kempten *B*
Koblenz *RP*
Koethen *SA*
Krefeld *NW*
Leipzig *Sa*
Limbach *Sa*
Limburg *H*
Loetzen O
Luebeck *SH*
Malente *SH*
Marburg *H*
Meerane *Sa*
Meissen *Sa*
Neuburg *B*
Neuwied *RP*
Oberhof *TH*
Opladen *NW*
Oschatz *BR*
Rastatt *BW*
Rondorf *NW*
Rostock *M*
Schwelm *NW*
Stendal *SA*
Stettin *P*
Velbert *NW*
Waltrop *NW*
Wetzlar *H*
Zwickau *Sa*

8

Arnstadt *TH*
Augsburg *B*
Bayreuth *B*
Bernburg *SA*
Bensberg *NW*
Bensheim *H*
Biberach *BW*
Bruchsal *BW*
Chemnitz *Sa*
Cuxhaven *N*
Dortmund *NW*
Duisburg *NW*
Eisenach *TH*
Eisleben *SA*
Elmshorn *SH*
Erlangen *B*
Eschwege *H*
Fellbach *BW*
Freiberg *Sa*
Freiburg *BW*
Freiburg *SCH*
Gernrode *SA*
Gladbeck *NW*
Gleiwitz *SCH*
Goerlitz *SCH*
Guestrow *M*
Hannover *N*
Hersfeld *H*
Iserlohn *NW*
Konstanz *BW*
Kulmbach *B*
Landshut *B*
Liegnitz *SCH*
Loerrach *BW*
Mannheim *BW*
Mehlsack O
Muelheim *NW*
Muenchen *B*
Muenster *NW*
Naumburg *TH*
Neustadt *BW*
Neustadt *B*
Neustadt *H*
Neustadt *RP*
Neustadt *Sa*
Neustadt *SCH*
Neustadt *TH*
Nienburg *N*
Nordhorn *N*
Radebeul *Sa*
Ratingen *NW*
Rottweil *BW*
Saalfeld *TH*
Schoenau *B*
Schwerin *M*
Schwerte *NW*
Siegburg *NW*
Solingen *NW*
Waldheim *Sa*
Walsrode *N*
Weidenau *NW*
Weidenau *SCH*
Weilheim *B*
Weinheim *BW*
Wiesloch *BW*

9

Altenburg *Sa*
Andernach *RP*
Bielefeld *NW*
Buxtehude *N*
Darmstadt *H*

Delitzsch *SA*
Dinslaken *NW*
Dudweiler *S*
Edenkoben *RP*
Eisenberg *TH*
Emsdetten *NW*
Esslingen *BW*
Ettlingen *BW*
Flensburg *SH*
Frankfurt *BR*
Frankfurt *H*
Friedberg *H*
Gernsheim *H*
Godesberg *NW*
Hattingen *NW*
Heilbronn *BW*
Heilsberg O
Helmstedt *N*
Herringen *NW*
Karlsruhe *BW*
Kitzingen *B*
Lengerich *NW*
Lippstadt *NW*
Lueneburg *N*
Magdeburg *SA*
Meersburg *BW*
Meiningen *TH*
Memmingen *B*
Merseburg *SA*
Mittweida *Sa*
Muehldorf *B*
Nordenham *N*
Nuernberg *B*
Oberursel *H*
Offenbach *H*
Offenburg *BW*
Oldenburg *N*
Paderborn *NW*
Pforzheim *BW*
Pinneberg *SH*
Pirmasens *RP*
Remscheid *NW*
Rendsburg *SH*
Rosenheim *B*
Rotenburg *H*
Rotenburg *N*
Saarlouis *S*
Salzwedel *SA*
Schleswig *SH*
Schwabach *B*
Soemmerda *TH*
Sonneberg *TH*
Starnberg *B*
Stassfurt *SA*
Stralsund *M*
Straubing *B*
Stuttgart *BW*
Tuebingen *BW*
Villingen *BW*
Wiesbaden *H*
Wuerselen *NW*
Wuerzburg *B*
Wuppertal *NW*

10

Allenstein O
BadenBaden *BW*
Bitterfeld *SA*
Bueckeburg *N*
Deggendorf *B*
Eichstaett *B*
Eydtkuhnen O
Eschweiler *NW*
Geesthacht *SH*
Geislingen *BW*
Goeppingen *BW*
Goettingen *N*
Greifswald *M*
Guetersloh *NW*
Heidelberg *BW*
Heidenheim *BW*
Heppenheim *H*
Hildesheim *N*
Hindenburg *SCH*
Ingolstadt *B*
Insterburg O
Kaufbeuren *B*
Kohlscheid *NW*
Leverkusen *NW*
Marienburg O
Nuertingen *BW*
Oberhausen *NW*
Oberstdorf *B*
Osnabrueck *N*
Rastenburg O
Ravensburg *BW*
Regensburg *B*
Reutlingen *BW*
Rothenburg *B*
Ruedesheim *H*
Schneeberg *Sa*
Schorndorf *BW*
Schwandorf *B*
Strausberg *BR*
Tuttlingen *BW*
Waiblingen *BW*
Waldenburg *BW*
Waldenburg *SCH*
Wittenberg O
Wittenberg *SA*
Zeulenroda *TH*

11

Angermuende *BR*
Brandenburg *BR*
Bremerhaven
Cloppenburg *N*
Delmenhorst *N*
Duesseldorf *NW*
Frankenthal *RP*
Freienwalde *BR*
Glueckstadt *SH*
Gummersbach *NW*
Koenigsberg O
Koenigstein *H*
Lichtenfels *B*
Luckenwalde *BR*
Ludwigsburg *BW*
Mergentheim *BW*
Muehlhausen *TH*
NeuIsenburg *H*
Noerdlingen *B*
Oranienburg *BR*
Quedlinburg *SA*
Rheinhausen *RW*
Schulpforta *TH*
Schweinfurt *B*
Sigmaringen *BW*
Swinemuende *P*
Travemuende *SH*
Ueberlingen *BW*
Voelklingen *S*
WanneEickel *NW*
Weissenburg *B*
Wernigerode *SA*
Wittenberge *BR*
ZellaMehlis *TH*

12

Aschersleben *SA*
Braunschweig *N*
DeutschEylau O
Eckernfoerde *SH*
Finsterwalde *BR*
Freudenstadt *BW*
Grevenbroich *NW*
Johannisburg O
Kornwestheim *BW*
Luedenscheid *NW*
Ludwigshafen *RP*
Marienwerder O
Ruesselsheim *H*
Saarbruecken *S*
Schluechtern *H*
Schmalkalden *TH*
Schwenningen *BW*
Schwetzingen *BW*
Sindelfingen *BW*
Stallupoenen O
Wattenscheid *NW*
Wiedenbrueck *NW*
Zweibruecken *RP*

13

Aschaffenburg *B*
Berchtesgaden *B*
Bischofswerda *Sa*
Fuerstenwalde *BR*
Gelsenkirchen *NW*
IdarOberstein *RP*
Koenigslutter *N*
Koenigswinter *NW*
Oberlahnstein *RP*
Sangershausen *SA*
Sondershausen *TH*
Wilhelmshaven *N*
Wolfenbuettel *N*

14

Assmannshausen *H*
BernkastelKues *RP*
Donaueschingen *BW*
Kaiserslautern *RP*
Neubrandenburg *M*
Recklinghausen *NW*
TrabenTrarbach *RP*
Treuenbrietzen *BR*
Wermelskirchen *NW*

15

Friedrichshafen *BW*
OerErkenschwick *NW*
PreussischEylau O

2. Europäisches Ausland

2

Ax
Ay
Eu
Gy
Mo
Os

3

Abo
Aix
Avo
Bor
Bra
Buk
Dax
Dol
Dux
Elm
Ely
Gap
Hal
Lit
Los
Luz
Mis
Mur
Oni
Pau
Rho
Rom
Spa
Tau
Ufa
Uil
Wem
Zug

4

Agen
Albi
Asch
Atri
Baja
Baku
Bari
Bath
Bern
Biel
Caen
Chur
Como
Edam
Eger
Esch
Eton
Genf
Gent
Graz
Haag
(Den Haag)
Hall
Hull
Imst
Irun
Kiew
Laon
Linz
Lodz
Lund
Lyon
Melk
Metz
Nyon
Orel
Orsa
Oslo
Pisa
Pola
Prag
Riga
Susa
Taus
Thun
Tula
Uman
Umea
Vigo
Wels
Wien
Ybbs
Zell

5

Aarau
Agram
Aosta
Arosa
Athen
Basel
Biala
Blois
Blyth
Boras
Bourg
Bozen
Brest
Brieg
Bruck
Cadiz
Capua
Carpi
Chios
Cuneo
Delft
Derby
Dijon
Doorn
Douai
Dover
Dreux
Dubno
Eboli
Epsom
Eupen
Falun
Fiume
Genua
Gijon
Gomel
Gorki
Grado
Iglau
Ischl
Isjum
Ivrea
Jalta
Jassy
Kowno
Krems
Kursk
Kutno
Laval
Leeds
Leigh
Leith
Libau
Lienz
Lille
Lissa
Lulea
Meaux
Melun
Meran
Minsk
Mitau
Mlawa
Monza
Namur
Nancy
Narwa
Nervi
Nimes
Nizza
Ostia
Padua
Palma
Paris
Parma
Pavia
Perth
Pinsk
Pisek
Posen
Radom
Reims
Reval
Rodez
Rouen
Rowno
Rugby
Sarno
Schio
Sedan
Siena
Sligo
Sofia
Sorau
Split
Steyr
Tabor
Tokaj
Tours
Trani
Turin
Udine
Vaasa
Vaduz
Varna
Venlo
Vevey
Vichy
Visby
Vitry
Wilna
Ypern
Znaim

6

Aarhus
Alcira
Amalfi
Amiens
Ancona
Angers
Annecy
Anvers
Arezzo
Ashton
Aussee
Aussig
Bastia
Beaune
Beraun
Bergen
Bilbao
Bognor
Braila
Brixen
Bruenn
Burgos
Cahors
Calais
Cannes
Cefalu
Cesena
Chauny
Cirpan
Cognac
Crosby
Danzig
Dieppe
Dinant
Dorpat
Dublin
Dudley
Dundee
Durham
Elland
Epinal
Fenton
Evreux
Foggia
Fulham
Galatz
Geneve
Givors
Gnesen
Grasse
Grodno
Harrow
Hangoe
Jambol
Janina
Kaluga
Kladno
Komorn
Krakau
Kurgan
Laeken
Leiden
LeMans
Leoben
Lerida
Limone
Loewen
London
Loreto
Lublin
Lucena
Lugano
Luzern
Madrid
Malaga
Malmoe
Mantua
Megara
Merida
Mestre
Meudon
Milano
Millau
Modena
Mohacs
Moskau
Murcia
Nantes
Napoli
(Neapel)
Narvik
Nevers
Novara
Odense
Odessa
Ostrau
Oviedo
Oxford
Pesaro
Pilsen
Pirano
Plevna
Polozk
Ragusa
Reggio
Rimini
Rostow
Rovigo
Saumur
Savona
Semlin
Sitten
Slough
Sopron
Spezia
Tarbes
Tarent
Tarnow
Theben
Thiers
Tirana
Toledo
Toulon
Trient
Triest
Troyes
Upsala
Varese
Venloo
Verdun
Verona
Viborg
Vienne
Vratca
Wjasma
Zabern
Zagreb
Zwolle

7

Ajaccio
Alassio
Alesund
Almeria
Amboise
Aragona
Arnheim
Auxerre

Avignon
Bassano
Bayonne
Bedford
Belfort
Belgrad
Bergamo
Bexhill
Bludenz
Bologna
Bourges
Bregenz
Brescia
Bristol
Brjansk
Bruegge
Budweis
Burnley
Cambrai
Cardiff
Carmona
Carrara
Caserta
Catania
Chalkis
Chatham
Chelsea
Cherson
Chester
Coimbra
Corbeil
Cordoba
Cosenza
Cremona
Derbent
Douglas
Epernay
Etampes
Falkirk
Farnham
Ferrara
Fiesole
Florenz
Foligno
Funchal
Gablonz
Gdingen
Giurgiu
Glasgow
Gluchow
Gmunden
Granada
Grimsby
Halifax
Hallein
Herisau
Heywood
Horwich
Ipswich
Ishewsk
Kaschau
Kavalin
Kertsch
Klattau
Kolomea
Komotau
Korinth
Laibach
Langres
Larissa
Lebedin
Legnano
LeHavre
Lemberg
Limoges
Lisieux
Livorno
Locarno
Lomscha
Lorient
Lourdes
Lugansk
Magenta
Mailand
Margate
Mayenne
Mecheln
Morlaix
Mossley
Moulins
Nemours
Nestved
Neuilly
Newport
Nikolsk
Norfolk
Norwich
Oerebro
Olmuetz
Orléans
Orvieto
Ostende
Palermo
Paterno
Penarth
Perugia
Piraeus
Pitesti
Ploesti
Poltawa
Portici
Potenza
Quimper
Rapallo
Ravenna
Reigate
Roubaix
Rybinsk
Saintes
Salerno
SanRemo
Saratow
Segovia
Seraing
Belfast
Sevilla
Shields
Siedlce
Skoplje
Skutari
Sniatyn
Spalato
Spoleto
Stalino
Suwalki
Swansea
Swindon
Syrakus
Szolnok
Temrjuk
Tongern
Torquay
Tortona
Tortosa
Tournai
Treviso
Tromsoe
Ueskueb
Uljanow
Utrecht
Venedig
Vicenza
Villach
Viterbo
Warwick
Watford
Wenlock
Wexford
Windsor
Winniza
Witebsk
Wrexham
Zaandam
Zermatt
Zuerich

8

Aberdeen
Acireale
Albacete
Alicante
Aranjuez
Arcachon
Augustow
Aurillac
BarleDuc
(Bar-le-Duc)
Beauvais
Benevent
Bergerac
Besançon
Beverley
Biarritz
Bobruisk
Bordeaux
Botosani
Boulogne
Bradford
Braganza
Brighton
Brindisi
Bruessel
Budapest
Bukarest
Carlisle
Chambéry
Chartres
Chaumont
Chioggia
Coventry
Dartford
Deventer
Dewsbury
Dirschau
Dornbirn
Dumfries
Edmonton
Enschede
Eisenerz
Falmouth
Gentilly
Gragnano
Grenoble
Grosseto
Hastings
Hautmont
Helsinki
Highgate
Iglesias
Istanbul
Jaworzno
Kaposvar
Karlsbad
Kasanlik
Kilkenny
Kingston

Kostroma
Kufstein
LaCoruna
LaSpezia
Lausanne
Limerick
Lissabon
Luettich
Makarska
Maryport
Maubeuge
Mézières
Miskolcz
Monastir
Montilla
Montreux
Murmansk
Nanterre
Narbonne
Newhaven
Nowgorod
Orenburg
Pamplona
Pembroke
Petrikau
Petrowsk
Piacenza
Plymouth
Poitiers
Pozzuoli
Przemysl
Ramsgate
Rovereto
Saloniki
Salzburg
Sarajevo
Schachty
Schaulen
Smolensk
Soissons
Sorrento
Stafford
Strumica
Szegedin
Taganrog
Taormina
Tarnopol
Temesvar
Toulouse
Uleaborg
Valencia
Verviers
Vesteras
Vigevano
Vilvorde
Warschau
Weymouth
Whickham
Winsford
Woolwich
Woronesh
(auch Woronesch)
Yarmouth

9

Albalonga
Alcantara
Algeciras
Amsterdam
Angoulême
Antwerpen
Appenzell
Astrachan
Banjaluka
Barcelona
Berdjansk
Bialystock
Birjutsch
Bjelgorod
Blackburn
Blackpool
Cambridge
Catanzaro
Cerignola
Cherbourg
Comacchio
Compiègne
Debreczin
Devonport
Doncaster
Drontheim
Duenaburg
Dumbarton
Edinburgh
Eindhoven
Farnworth
Fleetwood
Frosinone
Gallipoli
Gebweiler
Gibraltar
Goeteborg
Greenwich
Groningen
Hampstead
Hilversum
Innsbruck
Inverness
Jaroslawl
Kattowitz
Kingstown
Kischinew
Kobaljaki
Krasnodar
KriwoiRog
Kronstadt
Lancester
LasPalmas
LeCreusot
Leicester
Leningrad
Liverpool
Luneville
Luxemburg
(Luxembourg)
Maidstone
Marienbad
Marseille
Melitopol
Middleton
Mirandola
Montauban
Montluçon
Montreuil
Newcastle
Newmarket
Nikolajew
Northwich
Nykoeping
Oedenburg
(= Sopron)
Pardubitz
Pawlograd
Pemberton
Périgueux
Perpignan
Pressburg
Prestwich
Radcliffe
Reykjavik
Rochefort
Rochester
Rorschach
Rotterdam
SaintMalo
SaintOmer
Salamanca
Salisbury
Santander
Saragossa
Schitomir
Sheffield
Slawjansk
Solothurn
Southport
Stavanger
Stockerau
Stockholm
Stratford
Svendborg
Tarnowitz
Terranova
Thornhill
Tonbridge
Treviglio
Uddevalla
Vaesteras
Viareggio
Villarosa
Vincennes
Wakefield
Waterford
Wimbledon
Worcester
Woronesch
(auch Woronesh)

10

Argenteuil
Bedlington
Bellinzona
Birkenhead
Birmingham
Bordighera
Bratislava
Campobasso
Canterbury
Chaborowsk
Cheltenham
Czernowitz
Darlington
Eastbourne
Echternach
Einsiedeln
Eisenstadt
Folkestone
Gloucester
Grottaglie
Hammerfest
Hartlepool
Hazebrouck
Hernoesand
Interlaken
Klagenfurt
Koestendil
Kopenhagen
Kristiania
Kuibischew
LaRochelle
Leamington
Leitmeritz
Linkoeping
Maastricht
Manchester
Mitrovicza
Moncalieri
Montélimar
Nikolsburg
Nottingham
Ortigueira
Ostrolenka
Paddington
Poperinghe
Portsmouth
Rogatschew
SaintCloud
SaintDenis
Saporoshje
Sewastopol
Simferopol
Sonderborg
(Sonderburg)
Stalingrad
Strassburg
Swerdlowsk
Trelleborg
Twickenham
Valladolid
Versailles
Vlissingen
Wageningen
Warrington
Whitehaven
Winchester
Winterthur
Zeebruegge

11

AixlesBains
(Aix-les-Bains)
Alessandria
Archangelsk
Berditschew
Bjoerneborg
Carcassonne
Châteauroux
Czenstochau
(auch Tschenstochau)
Duenkirchen
Farnborough
Franzensbad
Fredrikstad
Helsingborg
Langensalza
Londonderry
Montbéliard
Montpellier
Nikolajewsk
Northampton
Noworadomsk
Nyiregyhaza
Pietrasanta
Reichenberg
SaintDizier
SaintHélier
SaintServan
SanktGallen
Southampton
StaraZagora
Starobjelsk
Tschernigow
Ventimiglia

12

Alexandrowsk
BrestLitowsk
Chesterfield
Gainsborough
Koeniggraetz
Krementschug
Kristianstad
Kristiansund
Magnitogorsk
Noworossijsk
SaintEtienne
SaintNazaire
SaintQuentin
SanktPoelten
SanSebastian
Schaffhausen
Scheveningen
Steinamanger
Valenciennes
Villefranche

13

AixenProvence
(Aix-en-Provence)
Aubervilliers
Caltanissetta
Castellammare
Casteltermini
Castelvetrano
Chatellerault
Civitavecchia
Fontainebleau
GreatYarmouth
Herzogenbusch
Jekaterinburg
LonsleSaunier
(Lons-le-Saunier)
Middlesbrough

Monteviascone
Petropawlowsk
TorreMaggiore
Wolverhampton

14

Jekaterinoslaw
KamenezPodolsk
Klosterneuburg
LaCroixauxBois
(La Croix-aux-Bois)
Szekesfehervar

15

ClermontFerrand
CortinadAmpezzo
Dnjepropetrowsk
MaehrischOstrau
StratfordonAvon
(Stratford-on-Avon)
Windischgarsten
Woroschilowgrad

Theater

1. Begriffe aus dem Gesamtbereich des Theaters
2. Bühnen- und Filmschauspieler, Kabarettisten, Regisseure
(Filmregisseure = Film)
3. Berühmte Theater-Autoren

1. BEGRIFFE AUS DEM GESAMTBEREICH DES THEATERS

3

Akt
Run

4

Bild
Chor
Gast
Held
Loge
Mime
Pose
Rang
Star

5

Autor
Buffo
Debut
Drama
Eleve
Farce
Foyer
Geste
Maske
Mimik
Motiv
Naive
Olymp
Pause
Posse
Probe
Rampe
Regie
Revue
Rolle
Szene

6

Akteur
Aufzug
Balkon
Buehne
Debuet
(oder Debut)
Dialog
Elevin
Empore
Entree
Finale
Fundus
Heldin
Maezen
Nuance
Partie
Podium
Prolog
Saison
Sketch
Solist
Trikot

7

Akustik
Applaus
Ballett
Beifall
Benefiz
Billett
Bretter
Chanson
Chorist
Couplet
Diseuse
Einlass
Ensuite
(En suite)
Galerie
Komiker
Kulisse
Matinee
Monolog

Parkett
Parodie
Partner
Schwank
Statist
Tournee
Vorhang

8

Auftritt
Blackout
Claqueur
Debutant
(oder
Debuetant)
Einakter
Ensemble
Gebaerde
Groteske
Handlung
Kabarett
(auch
Cabaret)
Komoedie
Komparse
Libretto
Novitaet
Parterre
Peruecke
Premiere
Programm
Requisit
Schmiere
Solistin
Szenerie
Tribuene
Trilogie
Vorspiel

9

Ballerina
Bonvivant
Choristin
Debuetant
(oder
Debutant)
Dilettant
Dramaturg
Ehrenloge
extempore
(ex tempore)
Festspiel
Freikarte
Garderobe
gastieren
Gastrolle
Gastspiel
Intendant
Liebhaber
Opernglas
Orchester
Ouverture
Pantomime
Quodlibet
Regisseur
Rezensent
Rezitativ
Rezitator
Saengerin
Singspiel
Soubrette
Souffleur
Sperrsitz
Stehplatz
Szenarium
Tragoedie

10

Abonnement
Aktschluss
Beleuchter
Brandwache
Darsteller
Dekoration
Dramatiker
Drehbuehne
Engangement
Hauptprobe
Hauptrolle
Inspizient
Komoediant
Laienspiel
Marionette
Nebenrolle
Notausgang
Primadonna
Proszenium
Repertoire
Rezitation
Schauspiel
Souffleuse
Subvention
Tetralogie
Versenkung
Vorverkauf

11

Ausstattung
Buehnenhaus
Chansonette
Chansonnier
Chorsaenger
debuetieren
Deklamation
inszenieren
Kammerspiel
Komparserie
Mienenspiel
Probebuehne
Rampenlicht
Requisiteur
Rollenboden
Solotaenzer
souff lieren
Spielleiter
Statisterie
Theaterarzt
Trauerspiel
Unterbuehne
Volksstueck
Wandelhalle
Zwischenakt

12

Amphitheater
Buehnenmusik
Buehnenprobe
Buehnenwagen
Conferencier
Darstellerin
Garderobiere
Generalprobe
Hinterbuehne
Inszenierung
Jupiterlampe
Korrepetitor
Kulissenhaus
Lampenfieber
Mittelbalkon
Rundhorizont
Schauspieler
Scheinwerfer
Schnuerboden
Theaterkarte
Wanderbuehne

13

Choreographie
extemporieren
Improvisation
Kapellmeister
Orchesterloge
Passionsspiel
Puppenspieler
Puppentheater
Schattenspiel
Schiebebuehne
Solotaenzerin
Szenenwechsel
Tragikomoedie
Urauffuehrung
Zuschauerraum

14

Ballettmeister
Buehnenbildner

Mysterienspiel
Passionsspiele
(oder Passionsspiel)
Primaballerina
Schauspielerin

15

EisernerVorhang
(Eiserner Vorhang)
Erstauffuehrung
Freilichtbuehne
Kasperletheater
Neuinszenierung
Proszeniumsloge
Souffleurkasten
TourneeEnsemble
(Tournee-Ensemble)

2. BÜHNEN- UND FILMSCHAUSPIELER, KABARETTISTEN, REGISSEURE *(Filmregisseure = Film)*

2

Ré

3

Loy
Pat

4

Baal
Carl
Dean
Duse
Eyck
Gaal
Graf
Gold
Gray
Haid
Held
Helm
Hinz
Holt
Hope
Horn
John
Jugo
Kaye
Kean
Kemp
Knef
Koch
Ladd
Lane
Lenz
Loos
Lutz
Matz
Mell
Molo
Nagy
Page
Piel
Rahl
Rose
Sabu
Sais
Sack
Savo
Sima
Todd
Toto
Vita
Wenk
Wery

5

Adorf
Aimée
Andra
Aubry
Baker
Beery
Bildt
Bloom
Boehm
Booth
Britt
Carol
Clift
Davis
Desny
Diehl
Drews
Egger
Esser
Ewert
Felmy
Flynn
Frank
Gabin
Gable
Gabor
Garbo
Gelin
Goetz
Grimm
Gross
Haack
Hardt
Hasse
Holst
Hoppe
Hoven
Kainz
Kelly
Knuth
Krahl
Leigh
Lloyd
Loren
Lorre
Lulli
March
Mason
Moser
Negri
Neuss
Ondra
Ponto
Power
Prack
Quinn
Robin
Roekk
Simon
Staal
Stahl
Stolz
Treff
Uhlen
Vadim
Valli
Veidt
Vogel
Wayne
Wicki
Wieck
Wuest
Wyman
Young

6

Albers
Andree
Arnoul
Balser
Bardot
Barlog
Bartok
Baxter
Birgel
Bogart
Bohnen
Brando
Brazzi
Breuer
Bruehl
Caspar
Clarin
Coogan
Cooper
Crosby
Curtis

Diessl
Dongen
Dorsch
Fernau
Feiler
George
Giller
Godden
Gruner
Guitry
Hansen
Harvey
Heuser
Hobson
Holden
Horney
LaJana
(La Jana)
Juhnke
Keaton
deKowa
(de Kowa)
Krauss
Lamarr
Lieven
Lingen
Lothar
Marais
Marian
Markus
Masina
Maurus
Meisel
Menjou
Moissi
Monroe
Morgan
Murray

Palmer
Paryla
Pascal
Platte
Porten
Powell
Preiss
Prowse
Pulver
Rémond
Schell
Seberg
Sessak
deSica
(de Sica)
Sieber
Slezak
Stuewe
Taylor
Thimig
Tiller
Turner
Waldau
Wangel
Weiser
Welles
Werner
Wieman
Wolter
Wussow

7

Almassy
Arletty
Astaire
Bergman

Bergner
Borsche
Brynner
deCarlo
(de Carlo)
Chaplin
Colbert
Collins
Dagover
Delorme
Deltgen
Deutsch
Doermer
Durieux
Eggerth
Fischer
Forster
Fritsch
Gebuehr
Girardi
Grabley
Granger
Gutwell
Hepburn
Herking
Hilpert
Huebner
Hussels
Kampers
Kieling
Kiepura
Klinger
Koczian
Koerber
Kortner
Leander
Leibelt
Liedtke

Lukschy
Magnani
Mangano
Massary
McLaine
Meinrad
Minetti
Montand
Mosheim
Mueller
Nielsen
Novarro
Olivier
Paulsen
Pidgeon
Poitier
Raddatz
Regnier
Rennert
Richter
Riemann
Roberts
Rudolph
Schmitz
Schratt
Schroth
Sebaldt
Sellner
Servais
Simmons
Sinatra
Steppat
Stewart
Swanson
Theimer
Ullrich
Valente
Valetti

Wegener
Wessely
Widmark
Ziemann

8

Ambesser
Barrault
Benkhoff
Bethmann
Bollmann
Borchers
Brasseur
Buchholz
Collande
Costello
Crawford
Darrieux
Dietrich
Fontaine
Gardener
Guinness
Hartmann
Hatheyer
Hayworth
Heesters
Hellberg
Hoeflich
Jannings
Juergens
Kayssler
Kloepfer
Laughton
Leuwerik
Patachon
Piccaver

Pickford
Reggiani
Ruehmann
Sandrock
Schoener
Signoret
Soehnker
Sullivan
Thomalla
Tressler
Valentin
Waescher
Williams

9

Alexander
Andergast
Baxevanos
Bleibtreu
Chevalier
Demongeot
Fairbanks
Fernandel
Froehlich
Frydtberg
Fuetterer
Havilland
(de Havilland)
Hielscher
Hoerbiger
Holtzmann
Hubschmid
Jacobsson
Karlstadt
Lancester
Mansfield

Meyerinck
Mosbacher
Nicoletti
Pellegrin
Quadflieg
Reinhardt
Schneider
Schollwer
Speelmans
Thellmann
Valentino
Waldbrunn
Wischmann

10

Bassermann
Gruendgens
Hesterberg
Hildebrand
Junkermann
Moorefield
Pallenberg

Schoenhals
Stankowski
Tschechowa
Vespermann
Wohlbrueck
Zetterling

11

AlbachRetty
(Albach-Retty)
Constantine
Falckenberg
Fuchsberger
Interlenghi
Kueckelmann
Liebeneiner
Matterstock
Reismueller
Schildkraut
Schoenboeck
Westermeier
Winterstein

12

Biederstaedt
Brausewetter
Finkenzeller
Lollobrigida
Schafheitlin
ZeschBallott
(Zesch-Ballott)

14

Flickenschildt

3. BERÜHMTE THEATERAUTOREN

(Anmerkungen = Nationalität / Deutschland = D)

3

Fry *brit.*
Kyd *brit.*

4

Bahr *öst.*
Brod *tsch.*
Cain *am.*
Eich *D*
Halm *öst.*
Mell *öst.*
Shaw *brit.*
Vega *sp.*
(Lope de Vega)

5

Camus *frz.*
Eliot *brit.*
Fulda *D*
Genet *frz.*
Goetz *D*
Gogol *russ.*
Green *am.*
Halbe *D*
Ibsen *norw.*
Jahnn *D*
Thoma *D*
Unruh *D*
Wilde *brit.*

6

Brecht *D*
Frisch *schweiz.*
Goethe *D*
Grabbe *D*
Hebbel *D*
Jonson *brit.*
Kaiser *D*
Kleist *D*
Miller *am.*
Molnar *ung.*
Pagnol *frz.*
Racine *frz.*
Sardou *frz.*
Sartre *frz.*
Scribe *frz.*
Toller *D*
Wagner *D*
Wilder *am.*

7

Alfieri *it.*
Anouilh *frz.*
Barlach *D*
Beckett *brit.*
Claudel *frz.*
Cocteau *frz.*
Diderot *frz.*
Freytag *D*
Goldoni *it.*
Holberg *norw.*
Iffland *D*
Ionesco *frz.*
Lessing *D*
Marlowe *brit.*
Maugham *brit.*
Molière *frz.*

Nestroy *öst.*
Raimund *öst.*
Rostand *frz.*
Tolstoi *russ.*
Ustinov *brit.*

8

Borchert *D*
Bruckner *öst.*
Buechner *D*
Calderon *sp.*
Rattigan *brit.*
Schiller *D*
Sheridan *brit.*
Wedekind *D*
Williams *am.*

9

Benavente *sp.*
Corneille *frz.*
Euripides *griech.*
Giraudoux *frz.*
Hauptmann *D*
Sophokles *griech.*
Sudermann *D*
Tschechow *russ.*
Zuckmayer *D*

10

Pirandello *it.*
Schnitzler *öst.*
Schoenherr *öst.*
Strindberg *schwed.*

11

Anzengruber *öst.*
Duerrenmatt *schweiz.*
GarciaLorca *sp.*
(Garcia Lorca)
Grillparzer *öst.*
Shakespeare *brit.*

12

Aristophanes *griech.*
Beaumarchais *frz.*
Hofmannsthal *öst.*

Tiere

1. Tierarten 2. Tierbehausungen 3. Tier-Körperteile 4. Tierprodukte
Eigene Kapitel: Fabeltiere, Fische, Haustiere, Hunderassen, Insekten, Ungeziefer, Käfer, Säugetiere, Schlangen, Schmetterlinge, Vögel

1. TIERARTEN

2

Ai
Ur

3

Elk
Gnu
Jak
(auch Yak)
Reh
Ren
Wal
Yak
(auch Jak)

4

Affe
Baer
Dril
Elch
Elen
Hase
Hund
Igel
Kudu
Lama
Lori
Nerz
Puma
Rind
Unke
Wolf
Wurm
Zebu

5

Assel
Biber
Bison
Dachs
Dingo
Echse
Fisch
Frett
Fuchs
Gemse
Iltis
Kamel
Katze
Krake
Krebs
Loewe
Luchs
Molch
Mungo
Okapi
Pferd
Ratte
Robbe
Schaf
Skunk

Tapir
Tiger
Vogel
Zebra
Zobel

6

Frosch
Gepard
Gibbon
Hirsch
Hummer
Hyaene
Insekt
Jaguar
Kaefer
Kojote
Krabbe
Kroete
Leguan

Marder
Ozelot
Pavian
Reptil
Rhesus
Spinne
Wapiti
Wiesel
Wisent
Ziesel

7

Bueffel
Delphin
Eisbaer
Elefant
Gazelle
Giraffe
Gorilla
Hamster
Mufflon

Opossum
Panther
Rentier
Schakal
Schwein
Seehund
Walross

8

Antilope
Eidechse
Hermelin
Languste
Mandrill
Maulwurf
Nilpferd
Schlange
Schnecke
Seeloewe
Skorpion
Tarantel

9

Alligator
Frettchen
Kaenguruh
Kaninchen
OrangUtan
(Orang Utan)
Waschbaer

10

Fledermaus
Flusspferd
Hartebeest
Kragenbaer
Laubfrosch
Murmeltier
Schimpanse
Salamander
Rhinozeros
Wasserfloh

11

Ameisenbaer
Beutelratte
Meerschwein
Vogelspinne
Wildschwein

12

Koenigstiger
Mantelpavian
Schildkroete
Schuppentier
Schwertfisch

13

Eichhoernchen
Eichkaetzchen
Kapuzineraffe
Pantoffeltier

Schmetterling
Schlammteufel
Wasserschwein

14

Blindschleiche
Pferdeantilope
Saebelantilope
Schlangenstern
Stachelhaeuter

15

Alpensalamander
Feuersalamander
Fluegelschnecke
Insektenfresser
Meerschweinchen
Siebenschlaefer
Tausendfuessler

2. TIERBEHAUSUNGEN

3

Bau

4

Haus
Nest
Loch

5

Bauer
Horst
Kobel
Stall

6

Bassin
Gehege
Hoehle
Kaefig

7

Volière
Zwinger

8

Aquarium
Dachsbau
Fuchsbau
Kuhstall

9

Exotarium
Terrarium

10

Adlerhorst
Bienenhaus
Bienenkorb
Freigehege
Nisthoehle
Nistkasten
Vogelbauer

11

Bienenstock
Hundehuette
Pferdestall

12

Hundezwinger

13

Schneckenhaus
Schweinestall

3. TIER-KÖRPERTEILE

3

Huf
Ohr

4

Auge
Bart
Bein
Ende
Fang
Fell
Fett
Fuss
Hals
Horn
Kamm
Kopf
Lauf
Maul
Pelz
Rist
Rose
Rute
Zehe

5

Aeser
Backe
Blatt
Blume
Brust
Euter
Fahne
Feder
Flaum
Gabel
Haube
Hauer
Keule
Klaue
Krone
Lefze
Licht
Pfote
Rippe
Rogen
Speck
Sporn
Tatze
Wanst
Wedel
Zange
Zitze
Zunge

6

Beutel
Borste
Fessel
Flanke
Flosse
Geaese
Gehoer
Geweih
Graete
Hachse
(auch Haxe)
Kragen
Kralle
Maehne
Pansen
Pranke
Schale
Schere
Schild
Schopf
Spiess
Stange
Steiss
Stelze
Weiche

7

Buerzel
Faecher
Fittich
Fluegel
Fuehler
Gehoern
Hauzahn
Hoecker
Horcher
Knochen
Loeffel
Muschel
Nuester
Ruessel
Schlund
Schuppe
Schwanz
Schweif
Spiegel
Stachel

8

Gefieder
Gekroese
Gemaecht
Lauscher
Schaufel
Schinken
Schnabel
Schnauze
Schwinge

9

Fischbein
Standarte
Stosszahn

10

Flaumfeder
Hinterlauf
Vorderlauf

11

Schwimmhaut

12

Brunftmaehne
Deckgefieder
Elchschaufel
Hirschgeweih
Schwungfeder

13

Buerzeldruese
Schlangenhaut
Schwimmflosse

4. TIERPRODUKTE

2

Ei

4

Fell
Fett
Horn
Tran

5

Daune
Feder
Flaum
Honig
Leder
Milch
Rogen
Sahne
Speck
Wolle

7

Fleisch

8

Schinken

9

Elfenbein
Fischbein

10

Flaumfeder

11

Bienenhonig

Titel

Adelstitel, berufliche und offizielle Titel und Ehrentitel aus dem In- und Ausland / Anmerkungen = Geltungsbereiche *(Berufe = Eigenes Kapitel)*

3

Aga
Bei
Türkei
(oder Bey)
Don
Duc
Frankreich
Ras
Arabische Staaten
Rat
Sir
Großbritannien
Zar

4

Abbé
Babu
Indien
Chan
Mongolei
Doge
früher
Genua/Venedig
Duke
Großbritannien
Earl
Großbritannien
Emir
Mohammed.
Bereiche
Graf
Imam
Mohammed.
Bereiche
Kadi
Mohammed.
Richter
Khan
Lady
Großbritannien
Lord
Großbritannien
Miss
Peer
Großbritannien
Raja
Indien
Sire
Frankreich
Vali
Türkei

5

Baron
Begum
Conte
Frankreich
Count
Großbritannien
Edler
Ghasi
Türkei
Hakim
Türkei
Kalif
Mohammed.
Bereiche
Mirza
Iran
Mudir
Arabische Staaten
Mufti
Mohammed.
Bereiche: Jurist
Negus
Äthiopien:
Kaisertitel
Papst
Prinz
Prior
Schah
Senor
Iran
Tenno
Japan: Kaisertitel
Vikar
Wesir
Mohammed.
Bereiche
Zarin

6

Baurat
Diakon
Doktor
Dozent
Efendi
Türkei
Freiin
Fuerst
Gentry
Großbritannien
Grande
Spanien
Herzog
Hofrat
Österreich
Infant
Spanien/Portugal
Kaiser
Koenig
Komtur
Konsul
Madame
Magnat
Polen/Ungarn
Mikado
Japan
Mister
Oberin
Pandit
Indien
Pascha
Türkei
Pharao
Ägypten früher:
Königstitel

Probst
Rektor
Scheik
Mohammed. Bereiche
Senora
Sultan

7

Amtmann
Amtsrat
Attaché
Baronet
Großbritannien
Baronin
Bischof
Eminenz
Fidalgo
Portugal
Graefin
Hidalgo
Spanien
Kanzler
Kurator
Landrat
Marquis
Frankreich
Meister
Muezzin
Mohammed. Bereiche
Muschir
Türkei
Nuntius
Praelat
Senator
Sheriff
Großbritannien/ USA
Signora
Signore
Starost
Slawische Bereiche
Vicomte
Frankreich

8

Assessor
Chefarzt
Contessa
Italien
Duchesse
Forstrat
Freifrau
Freiherr
Herzogin
Infantin
Spanien/Portugal
Kaiserin
Kapitaen
Kardinal
Koenigin
Komtesse
Magister
Maharani
Indien
Mandarin
China
Marquess
Großbritannien
Marquise
Frankreich
Minister
Mistress
Monsieur
Oberarzt
Referent
Reverend
Großbritannien
Schulrat
Senorita
Stadtrat
Visconte
Italien
Viscount
Großbritannien

9

Baronesse
Erzherzog
Gesandter
Intendant
Marschall
Primarius
Österr.: Chefarzt
Prinzipal
Professor
Prokurist
Signorina
Staatsrat
Substitut
Verwalter
Volontaer
Vorsteher

10

Erzbischof
Gouverneur
Grossmogul
Indien
Monsignore
Praesident
Prinzessin
Referendar
Studienrat
Zarewitsch
Rußland früher: Zarensohn

11

Botschafter
Grossfuerst
Grossherzog
Hochwuerden
Kontrolleur
Kriminalrat
Magnifizenz
Maharadscha
Indien
Prinzgemahl
Prinzregent

12

Abgeordneter
Forstmeister
Mademoiselle
Oberfoerster
Oberschulrat
Sanitaetsrat
Wachtmeister

13

Administrator

Assistenzarzt
Fuerstbischof
Grossfuerstin
Grossherzogin
Kommerzienrat
Oberinspektor
Regierungsrat

14

Buergermeister
Konzertmeister
Ministerialrat
Oberstudienrat
Superintendent

15

Diplomingenieur
Generaldirektor
Staatsintendant
Studienassessor
Studiendirektor

Verkehr

1. Landfahrzeuge 2. Begriffe aus der Praxis des Straßenverkehrs 3. Autokennzeichen 4. Auto- und Motorrad-Teile / Technische Funktionen

Eigene Kapitel: Flugwesen, Nautik

1. LANDFAHRZEUGE

3

Bob
Bus
Gig
Rad
Zug

4

Auto
Bahn
DZug
(D-Zug)
Jeep
Krad
Lore
Obus
Taxe
Taxi
Tram
Velo

5

Break
Coach
Coupé
Karre
Moped
Rodel
Sulky
Wagen

6

Chaise
Fiaker
Karren
Riksha
Roller
Tandem
Tender
Troika
Waggon

7

Autobus
Dogcart
Dreirad
Express
Fahrrad
Hochrad
Karosse
Kremser
Kutsche
Lastzug
Omnibus
Rennrad
Traktor
Trecker
Vehikel
Zweirad

8

Beiwagen
Bergbahn
Damenrad
Draisine
Droschke
Equipage
Feldbahn
Fuhrwerk
Heuwagen
Hochbahn
Kalesche
Kipplore
Kleinbus
Landauer
Lastauto
Mietauto
Motorrad
Quadriga
Rennauto
Roadster
Seilbahn
Skeleton
Sportrad
Trambahn

9

Alwegbahn
Anhaenger
Automobil
Bobsleigh
Cabriolet
Diesellok
Fahrstuhl
Jagdwagen
Kippwagen
Korbwagen
Kranwagen
Lastwagen
Limousine
Mietwagen
Packwagen
Planwagen
Postwagen
Rennsulky
Rennwagen
Rollstuhl
Schlepper
Schlitten
Tankwagen
Veloziped
Wohnwagen

10

Haengelift
Handkarren
Kabriolett
(oder Cabriolet)
Kohlenauto
Kraftwagen
Kuehlwagen
Lieferauto
Lokomotive
Schubkarre
(auch Schubkarren)
Sesselbahn
Sessellift
Sportwagen
Triebwagen
Zweisitzer
Rollwagen

11

Einspaenner
Fernlastzug
GrueneMinna
(Gruene Minna)
Gueterwagen
Kastenwagen
Kesselwagen
Kinderwagen
Kohlenwagen
Kutschwagen
Leiterwagen
Lieferwagen
Moebelwagen
Paternoster
Postkutsche
Raketenauto
Schlafwagen
Schnellbahn
Schwebebahn
Seitenwagen
Speisewagen
Sprengwagen
Zahnradbahn
Zirkuswagen
Zugmaschine

12

Beiwagenkrad
Damenfahrrad
Dreispaenner
Gepaeckwagen
Kraftomnibus
Krankenwagen
Lastenaufzug
Pullmanwagen
Schienenzepp
Selbstfahrer
Solomaschine
Strassenbahn
Vierspaenner
Zweispaenner

13

Abschleppauto
Drahtseilbahn
Elektrokarren
Gepaeckkarren
Geschaeftsrad
Herrenfahrrad
Kinderfahrrad
Kraftdroschke
Langholzwagen
Personenwagen
Rettungswagen
Sanitaetsauto
Schraegaufzug
Trichterwagen
Zigeunerwagen

14

Abschleppwagen
Eisenbahnwagen
Materialaufzug
Personenaufzug
Raupenfahrzeug

15

Autotransporter
Dampflokomotive
Eisenbahnwaggon
Raupenschlepper
Sattelschlepper
Sportzweisitzer

2. BEGRIFFE AUS DER PRAXIS DES STRASSENVERKEHRS

2

km

3

Bus
Lkw
Pkw
rot
Weg

4

Bake
Gang
gelb
Halt
kmst
(km/st)
StVG
StVO
Tram

5

Allee
Ampel
Beton
Gasse
Gebot
gruen
hupen
Kasko
Kehre
Kurve
Rampe
StVZO

6

Gehweg
Ladung
Schnee
Signal
SKurve
(S-Kurve)
Unfall
Verbot
wenden

7

Abfahrt
Abstand
Asphalt
blenden
Engpass
Fussweg
Insasse
Kreisel
Reitweg

8

abbiegen
Achslast
Ausfahrt
Autobahn
Bremsweg
Chaussee
Einfahrt
Fahrbahn
Fahrspur
Gefaelle
Gehsteig
KfzBrief
(Kfz-Brief)
Kreuzung
Manoever
Nutzlast

Ortsende
Pflaster
Schotter
Schranke
Trambahn
Trottoir
Ueberweg
Vorfahrt

9

abblenden
Baustelle
Bergkuppe
Blaulicht
Boeschung
Bordstein
einbiegen
Fernlicht
Leitlinie
Ortstafel
Parkplatz
Querrinne
Rinnstein
Sackgasse
schneiden
Stosszeit
Teilkasko
Uebergang
Umleitung
Vollkasko
Warnlicht
Wegweiser
Zeltplatz
Zulassung

10

aufblenden
ausweichen
beschrankt
Blinklicht
ErsteHilfe
(Erste Hilfe)
Fahrlehrer
Fahrschule
Fahrstunde
Haltelinie
Hintermann
Hochgarage
Kandelaber
Leitplanke
Lichtkegel
Ortsanfang
Papierkorb
Parkverbot
Radfahrweg
Schlagloch
Schnellbus
Serpentine
Standlicht
Tankstelle
Tiefgarage
Vordermann
Warnsignal

11

Autostrasse
Dauerparker
Funkstreife
Fussgaenger
Gefaehrdung
Haltestelle
Halteverbot
Haltzeichen
Hilfsposten
Kanaldeckel
Karambolage
Kennzeichen
Ladegewicht
Landstrasse
Leergewicht
Oberleitung
Pannenhilfe
Schneehoehe
Steinschlag
Toreinfahrt
Warnzeichen
Wildwechsel

12

Abblendlicht
Bahnschranke
Blechschaden
Bremswirkung
Buergersteig
Eigengewicht
Gegenverkehr
Kabelschacht
Kreisverkehr
Leuchtsaeule
Nebenstrasse
Parkhochhaus
Randstreifen
Reaktionsweg
Rutschgefahr
Schadensfall
Stoppstrasse
Strassenbahn
unbeschrankt
Unfallskizze
Unfallstelle

13

Bahnuebergang
Bundesstrasse
Fahrerlaubnis
Fahrtrichtung
Fuehrerschein
Gruenstreifen
Kraftfahrzeug
Schneeglaette
Schuelerlotse
Seitenstrasse
Strassendecke
Verbandkasten
(auch Verbandskasten)
Verkehrsampel
Verkehrsinsel

14

Ausweichstelle
Bushaltestelle
Einbahnstrasse
Gefahrenstelle
Hinweiszeichen
Mittelstreifen
Richtungspfeil
Schrecksekunde
Verbotszeichen
Verkehrsverbot
Vorfahrtsrecht

15

Fahrbahnhaelfte
Geschwindigkeit
Verkehrszeichen

3. AUTOKENNZEICHEN

Bundesrepublik Deutschland

UNTERSCHEIDUNGSZEICHEN

Dienstfahrzeuge des Bundestages, des Bundesrates und der Bundesregierung	BD
Dienstfahrzeuge Bundesgrenzschutz	BG
Deutsche Bundespost	BP
Deutsche Bundesbahn	DB
Dienstfahrzeuge der Bundeswehr	Y
Diplomatisches Korps (Corps diplomatique)	CD
Konsularisches Korps (Corps consulaire)	CC
Berlin Landesregierung und Senat	B
Hansestadt Bremen, Landesregierung und Senat	HB
Hansestadt Hamburg, Landesregierung und Senat	HH
Baden-Württemberg, Landesregierung und Landtag	BWL
Bayern, Landesregierung und Landtag	BYL
Hessen, Landesregierung und Landtag	HEL
Niedersachsen, Landesregierung und Landtag	NL
Nordrhein-Westfalen, Landesregierung und Landtag	RWL
Rheinland-Pfalz, Landesregierung und Landtag	RPL
Saarland, Landesregierung und Landtag	SAL
Schleswig-Holstein, Landesregierung und Landtag	SH

Sowjetische Besatzungszone Deutschlands

UNTERSCHEIDUNGSZEICHEN
(1. Buchstabe des Kennzeichens)

Bezirk Chemnitz (Karl-Marx-Stadt)	T
Bezirk Dresden	R
Bezirk Erfurt	L
Bezirk Frankfurt/Oder	E
Bezirk Gera	N
Bezirk Halle	K
Bezirk Kottbus	Z
Bezirk Leipzig	S
Bezirk Magdeburg	H
Bezirk Neubrandenburg	C
Bezirk Potsdam	D
Bezirk Rostock	A
Bezirk Schwerin	B
Bezirk Suhl	O
Bezirk Ost-Berlin	I

POLIZEILICHE KFZ.-ZEICHEN

A

Augsburg	A
Aalen/Württ., Land	AA
Aschaffenburg	AB
Aachen	AC
Ahaus, Land	AH
Bad Aibling, Land	AIB
Aichach, Land	AIC
Altenkirch./Westerwald, Land	AK
Altena/Westfalen, Land	AL
Alfeld/Leine, Land	ALF
Alsfeld/Oberhessen, Land	ALS
Alzenau/Mainfranken, Land	ALZ
Amberg/Oberpfalz	AM
Ansbach/Mittelfranken	AN
Altötting, Land	AÖ
Arnsberg/Westfalen, Land	AR
Aschendorf-Hümmling in Aschendorf/Ems, Land	ASD
Aurich, Land	AUR
Ahrweiler, Land	AW
Alzey, Land	AZ

B

Berlin	B
Bamberg	BA
Baden-Baden, Stadt	BAD
Böblingen/Württemberg, Land	BB
Biberach/Riß, Land	BC
Buchen/Odenwald, Land	BCH
Beckum Bz. Münster, Land	BE
Beilngries, Land	BEI
Steinfurt in Burgsteinfurt, Ld.	BF
Berchtesgaden	BGD
Bühl/Baden, Land	BH
Bielefeld	BI
Biedenkopf, Land	BID
Bingen/Rhein, Land	BIN
Birkenfeld/Nahe, Land	BIR
Bitburg Bz. Trier, Land	BIT
Backnang, Land	BK
Bernkastel in Bernkastel-Kues, Land	BKS
Balingen/Württ., Land	BL
Wittgenstein i. Berlebg., Land	BLB
Bergheim/Erft, Land	BM
Bonn	BN
Bochum, Stadt	BO
Bogen, Land	BOG
Bocholt, Stadt	BOH
Borken/Westfalen, Land	BOR
Bottrop, Stadt	BOT
Bruchsal, Land	BR
Wesermarsch in Brake/Unterweser, Land	BRA
Brilon, Land	BRI
Brückenau, Land	BRK
Blankenburg in Braunlage/Harz, Land	BRL
Bremervörde, Land	BRV
Braunschweig	BS
Bersenbrück, Land	BSB
Bayreuth	BT
Burgdorf/Hann., Land	BU

Büdingen/Oberhessen, Land	BÜD
Burglengenfeld, Land	BUL
Büren/Westfalen, Land	BÜR
Bergzabern	BZA

C

Castrop-Rauxel, Stadt	CAS
Celle	CE
Cham/Oberpfalz, Land	CHA
Cloppenburg, Land	CLP
Clausthal-Zellerfeld, Land	CLZ
Coburg	CO
Cochem/Mosel, Land	COC
Coesfeld/Westfalen, Land	COE
Crailsheim, Land	CR
Cuxhaven, Stadt	CUX
Calw, Land	CW

D

Düsseldorf	D
Düsseldorf Ld. i. Mettmann	
Darmstadt	DA
Dachau, Land	DAH
Dannenberg/Elbe i. Lüchow, Ld.	DAN
Daun, Land	DAU
Deggendorf	DEG
Delmenhorst, Stadt	DEL
Dingolfing, Land	DGF
Grafschaft Diepholz in Diepholz, Land	DH
Dieburg, Land	DI
Dillkreis in Dillenburg, Land	DIL
Dinslaken/Niederrhein, Land	DIN
Unterlahnkreis in Diez, Land	DIZ
Dinkelsbühl, Land	DKB
Dillingen/Donau	DLG
Düren, Land	DN
Dortmund, Stadt	DO
Donauwörth, Land	DON
Donaueschingen, Land	DS
Detmold, Land	DT
Duisburg, Stadt	DU
Duderstadt, Land	DUD

E

Essen, Stadt	E
Ebersberg b. München, Land	EBE
Ebern, Land	EBN
Ebermannstadt, Land	EBS
Eckernförde, Land	ECK
Erding, Land	ED
Eggenfelden, Land	EG
Ehingen/Donau, Land	EHI
Eichstätt/Bayern	EIH
Einbeck, Land	EIN
Emmendingen, Land	EM
Emden, Stadt	EMD
Ennepe/Ruhrkreis in Schwelm, Land	EN
Erlangen	ER
Erbach/Odenwald, Land	ERB
Erkelenz, Land	ERK
Eßlingen/Neckar, Land	ES
Eschenbach/Oberpfalz, Land	ESB
Eschwege, Land	ESW
Euskirchen, Land	EU
Eutin, Land	EUT

F

Frankfurt/Main, Stadt	F
Fallingbostel, Land	FAL
Friedberg/Hessen, Land	FB

Fulda	FD
Friedberg bei Augsburg, Land	FDB
Freudenstadt, Land	FDS
Feuchtwangen, Land	FEU
Fürstenfeldbruck, Land	FFB
Main-Taunuskreis in Frankfurt/Main-Höchst, Land	FH
Frankenberg/Eder, Land	FKB
Flensburg	FL
Forchheim/Oberfranken	FO
Freiburg/Breisgau	FR
Freising	FS
Frankenthal/Pfalz	FT
Fürth/Bayern	FÜ
Füssen, Land	FÜS
Fritzlar-Homberg in Fritzlar, Land	FZ

G

Bad Gandersheim, Land	GAN
Garmisch-Patenkirchen, Land	GAP
Schwäbisch-Gmünd, Land	GD
Gelsenkirchen, Stadt	GE
Geldern, Land	GEL
Gemünden/Main, Land	GEM
Gerolzhofen, Land	GEO
Germersheim, Land	GER
Gifhorn, Land	GF
Groß-Gerau, Land	GG
Gießen	GI
Geilenkirchen-Heinsberg, Land	GK
Rhein. Bergischer Kreis in Berg. Gladbach	GL
Gladbeck/Westf., Stadt	GLA
Oberbergischer Kreis in Gummersbach, Land	GM
Gelnhausen, Land	GN
Göttingen	GÖ
St. Goar, Land	GOA
St. Goarshausen, Land	GOH
Göppingen, Land	GP
Grafenau, Land	GRA
Griesbach/Rottal, Land	GRI
Goslar	GS
Gunzenhausen/Mittelfranken, Land	GUN
Grevenbroich, Land	GV
Günzburg	GZ

H

Hannover	H
Hagen/Westfalen, Stadt	HA
Hammelburg, Land	
Hamm/Westfalen, Stadt	HAM
Hassfurt, Land	HAS
Hansestadt Bremen	HB
Bremen Nord (Vegesack), Bremerhaven, Stadt	HAB
Hechingen, Land	HCH
Heidelberg	HD
Heidenheim/Brenz, Land	HDH
Helmstedt, Land	HE
Hersbruck, Land	HEB
Bad Hersfeld, Land	HEF
Norderdithmarschen in Heide/Holstein, Land	HEI
Herne, Stadt	HER
Herford	HF
Obertaunuskreis in Bad Homburg vor der Höhe, Land	HG
Hansestadt Hamburg	HH
Hamburg-Bergedorf	
Hamburg-Harburg	

Hildesheim	HI
Hilpoltstein/Mittelfranken, Ld.	HIP
Hansestadt Lübeck	HL
Hameln; Land Hameln-Pyrmont	HM
Hann. Münden, Land	HMÜ
Heilbronn/Neckar	HN
Hof/Saale	HO
Hofgeismar, Land	HOG
Hofheim/Unterfranken, Land	HOH
Holzminden, Land	HOL
Homburg/Saar	HOM
Horb/Neckar, Land	HOR
Höchstadt/Aisch, Land	HÖS
Bergstraße in Heppenheim/Bergstraße, Land	HP
Hanau	HU
Hünfeld, Land	HÜN
Husum, Land	HUS
Halle/Westfalen, Land	HW
Höxter, Land	HX

I

St. Ingbert/Saar	IGB
Illertissen, Land	ILL
Ingolstadt/Donau	IN
Iserlohn	IS
Steinburg in Itzhoe, Land	IZ

J

Friesland in Jever, Land	JEV
Jülich, Land	JÜL

K

Köln	K
Karlsruhe/Baden	KA
Karlstadt, Land	KAR
Kronach, Land	KC
Kempten/Allgäu	KE
Kelheim, Land	KEH
Kehl, Land	KEL
Kemnath, Land	KEM
Kaufbeuren	KF
Bad Kissingen	KG
Bad Kreuznach, Land	KH
Kiel, Stadt	KI
Kirchheimbolanden, Land	KIB
Kempen-Krefeld, Land	KK
Kaiserslautern	KL
Kleve, Land	KLE
Konstanz	KN
Koblenz	KO
Königshofen/Grabfd., Land	KÖN
Kötzting, Land	KÖZ
Krefeld, Stadt	KR
Krumbach/Schwaben, Land	KRU
Kassel	KS
Kitzingen	KT
Kulmbach	KU
Künzelsau/Württemberg, Land	KÜN
Kusel, Land	KUS

L

Landshut/Bayern	LA
Landau/Isar, Land	LAN
Lauterbach/Hessen, Land	LAT
Lauf/Pegnitz, Land	LAU
Ludwigsburg, Land	LB
Landau/Pfalz	LD
Lemgo in Brake bei Lemgo, Ld.	LE
Leonberg/Württemberg, Land	LEO
Leer/Ostfriesland, Land	LER

Leverkusen, Stadt	LEV
Laufen/Oberbayern, Land	LF
Lüneburg	LG
Lüdinghausen, Land	LH
Lindau/Bodensee, Land	LI
Lichtenfels, Land	LIF
Lingen/Ems, Land	LIN
Lübbecke/Westfalen, Land	LK
Landsberg/Lech	LL
Limburg/Lahn, Land	LM
Lörrach, Land	LÖ
Lohr/Main, Land	LOH
Lippstadt, Land	LP
Lahr/Schwarzwald, Land	LR
Ludwigshafen/Rhein	LU
Lüdenscheid, Stadt	LÜD
Lünen, Stadt	LÜN

M

München	M
Mannheim	MA
Mainburg/Bayern, Land	MAI
Marktredwitz, Stadt	MAK
Mallersdorf, Land	MAL
Marktheidenfeld/Niederbayern	MAR
Miesbach, Land	MB
Süderdithmarschen in Meldorf/Holstein, Land	MED
Melsungen, Land	MEG
Melle, Land	MEL
Meppen, Land	MEP
Meschede, Land	MES
Mellrichstadt, Land	MET
Mönchengladbach, Stadt	MG
Bad Mergentheim, Land	MGH
Mülheim/Ruhr, Stadt	MH
Minden/Westfalen, Land	MI
Miltenberg, Land	MIL
Memmingen	MM
Mindelheim, Land	MN
Moers, Land	MO
Markt Oberdorf/Schwaben	MOD
Monschau/Rheinland, Land	MON
Mosbach/Baden, Land	MOS
Marburg/Lahn	MR
Münster/Westfalen	MS
Unterweserwaldkreis in Montabaur, Land	MT
Mühldorf/Oberbayern, Land	MÜ
Münchberg/Oberfranken, Land	MÜB
Müllheim/Baden, Land	MÜL
Münsingen/Württemberg, Land	MÜN
Mayen, Land	MY
Mainz	MZ
Merzig-Wadern/Saar	MZG

N

Nürnberg	N
Nabburg, Land	NAB
Naila, Land	NAI
Neuburg/Donau	ND
Neuß, Stadt	NE
Neustadt/Aisch, Land	NEA
Neustadt b. Coburg, Stadt	NEC
Neunburg vorm Wald, Land	NEN
Bad Neustadt/Saale, Land	NES
Neustadt/Schwarzwald, Land	NEU
Neustadt/Waldnaab, Land	NEW
Nienburg/Weser, Land	NI
Süd-Tondern in Niebüll/Schleswig, Land	NIB
Neumarkt/Oberpfalz	NM
Neumünster, Stadt	NMS
Nördlingen	NÖ

Grafschaft Bentheim in Nordhorn, Land	NOH
Northeim/Hannover, Land	NOM
Norden, Land	NOR
Neuwied	NR
Neustadt am Rübenberge	NRÜ
Nürtingen/Württemberg	NT
Neu-Ulm/Donau	NU
Neustadt/Weinstraße	NW

O

Oberhausen/Rheinland, Stadt	OB
Obernburg/Unterfranken, Land	OBB
Ochsenfurt, Land	OCH
Stormarn in Bad Oldesloe, Ld.	OD
Olpe, Land	OE
Offenbach/Main	OF
Offenburg/Baden, Land	OG
Osterode/Harz, Land	OHA
Öhringen/Württemberg	ÖHR
Osterholz in Osterholz-Scharmbeck, Land	OHZ
Oldenburg/Oldenburg	OL
Oldenburg/Holstein, Land	OLD
Rhein-Wupperkreis in Opladen, Land	OP
Osnabrück	OS
Land Hadeln in Otterndorf/Niederelbe, Land	OTT
Ottweiler/Saar	OTW
Oberviechtach, Land	OVI

P

Passau	PA
Pfaffenhofen/Ilm, Land	PAF
Pfarrkirchen/Niederbayern, Land	PAN
Parsberg, Land	PAR
Paderborn, Land	PB
Peine, Land	PE
Pegnitz, Land	PEG
Pforzheim	PF
Pinneberg, Land	PI
Plön/Holstein, Land	PLÖ
Prüm/Eifel, Land	PRÜ
Pirmasens	PS

R

Regensburg	R
Rastatt, Land	RA
Rendsburg, Land	RD
Recklinghausen	RE
Regen, Land	REG
Rehau, Land	REH
Bad Reichenhall, Stadt	REI
Grafschaft Schaumburg in Rinteln, Land	RI
Riedenburg/Bayern, Land	RID
Rosenheim	RO
Roding, Land	ROD
Rotenburg/Fulda, Land	ROF
Rotenburg/Hannover, Land	ROH
Rockenhausen, Land	ROK
Rottenburg/Laaber, Land	ROL
Rothenburg o. d. Tauber	ROT
Remscheid, Stadt	RS
Reutlingen, Land	RT
Rheingaukreis in Rüdesheim/Rhein, Land	RÜD
Ravensburg, Land	RV
Rottweil, Land	RW
Rheydt, Stadt	RY
Herzogtum Lauenburg in Ratzeburg, Land	RZ

S

Stuttgart, Stadt	S
Saarburg Bz. Trier, Land	SAB
Schwandorf, Stadt	SAD
Säckingen, Land	SÄK
Stadtsteinach, Land	SAN
Saarbrücken	SB
Schwabach	SC
Segeberg in Bad Segeberg, Land	SE
Scheinfeld, Land	SEF
Selb, Stadt	SEL
Sonthofen, Land	SF
Solingen, Stadt	SG
Schwäbisch-Hall, Land	SHA
Siegen	SI
Sigmaringen, Land	SIG
Simmern/Hunsrück, Land	SIM
Schleswig, Land	SL
Schleiden/Eifel, Land	SLE
Saulgau/Württemberg, Land	SLG
Saarlouis	SLS
Schlüchtern, Land	SLÜ
Schwabmünchen, Land	SMÜ
Sinsheim/Elsenz, Land	SNH
Soest, Land	SO
Schrobenhausen, Land	SOB
Schongau, Land	SOG
Soltau/Hannover, Land	SOL
Speyer	SP
Springe/Deister, Land	SPR
Straubing	SR
Starnberg, Land	STA
Stade, Land	STD
Staffelstein, Land	STE
Schaumburg-Lippe in Stadthagen, Land	STH
Stockach/Baden, Land	STO
Siegkreis in Siegburg, Land	SU
Sulzbach-Rosenberg, Land	SUL
Schweinfurt	SW
Untertaunuskreis in Bad Schwalbach/Taunus, Land	SWA
Grafschaft Hoya in Syke, Land	SY
Salzgitter, Stadt	SZ

T

Tauberbischofsheim, Land	TBB
Tecklenburg, Land	TE
Tirschenreuth, Land	TIR
Bad Tölz, Land	TÖL
Eiderstedt in Tönning/Nordseebad, Land	TÖN
Trier	TR
Traunstein/Oberbayern	TS
Tettnang/Württemberg, Land	TT
Tübingen, Land	TÜ
Tuttlingen, Land	TUT

U

Überlingen/Bodensee, Land	ÜB
Uelzen Bz. Hannover, Land	UE
Uffenheim, Land	UFF
Ulm/Donau	UL
Unna, Land	UN
Usingen/Taunus, Land	USI

V

Vaihingen/Enz, Land	VAI
Vechta, Land	VEC
Verden/Aller, Land	VER
Vilsbiburg, Land	VIB

Viersen, Stadt	VIE
Viechtach, Land	VIT
Villingen/Schwarzwald, Land	VL
Vilshofen/Niederbayern, Land	VOF
Vohenstrauß, Land	VOH

W

Wuppertal, Stadt	W
Waldeck in Korbach, Land	WA
Warendorf, Land	WAF
Wanne-Eickel, Stadt	WAN
Warburg/Westfalen, Land	WAR
Wattenscheid, Stadt	WAT
Wiedenbrück, Land	WD
Oberwesterwaldkreis in Westerburg/Westerwald, Land	WEB
Wegscheid/Niederbayern, Land	WEG
Oberlahnkreis in Weilburg, Land	WEL
Wesermünde in Bremerhaven, Land	WEM
Weiden/Oberpfalz, Stadt	WEN
Wertingen, Land	WER
Rees in Wesel, Land	WES
Wolfenbüttel, Land	WF
Wangen/Allgäu, Land	WG
Wilhelmshaven/Nordseebad, Stadt	WHV
Wiesbaden, Stadt	WI
Wittich, Land	WIL
Witten/Ruhr, Stadt	WIT
Witzenhausen, Land	WIZ
Harburg in Winsen/Luhe, Land	WL
Weilheim/Oberbayern, Land	WM
Waiblingen, Land	WN
St. Wendel/Saar	WND
Worms	WO
Wolfsburg, Stadt	WOB
Wolfhagen Bz. Kassel, Land	WOH
Wolfach, Land	WOL
Wolfratshausen, Land	WOR
Wolfstein, Land	WOS
Wasserburg/Inn, Land	WS
Ammerland in Westerstede, Land	WST
Waldshut, Land	WT
Wittlage, Land	WTL
Wittmund, Land	WTM
Würzburg	WÜ
Weißenburg/Bayern	WUG
Waldmünchen, Land	WUM
Wunsiedel, Land	WUN
Wetzlar, Land	WZ

Z

Zoll	Z
Zell/Mosel, Land	ZEL
Ziegenhain Bez. Kassel, Land	ZIG
Zweibrücken	ZW

Österreichische Bundesländer

Burgenland	B	*Oberösterreich*	O	*Tirol*	T
Kärnten	K	*Salzburg*	S	*Vorarlberg*	V
Niederösterreich	N	*Steiermark*	St	*Wien*	W

Österreichische Grossstädte

Graz	G	*Linz*	L	*Salzburg*	S	*Wien*	W

Schweizerische Kantone

Aargau	AG	*Genf*	GE	*Solothurn*	SO
Appenzell-Innerrhoden	AI	*Glarus*	GL	*Schwyz*	SZ
Appenzell-Außerrhoden	AR	*Graubünden*	GR	*Thurgau*	TG
Bern	BE	*Luzern*	LU	*Tessin*	TI
Basel Land	BL	*Neuenburg*	NE	*Uri*	UR
Basel Stadt	BS	*Nidwalden*	NW	*Waadt*	VD
Freiburg	FR	*Obwalden*	OW	*Wallis*	VS
		St. Gallen	SG	*Zug*	ZG
		Schaffhausen	SH	*Zürich*	ZH

Staaten des Auslands
(Internationale Kfz.-Kennzeichen)

– Großbritannien auch Inseln, Malta und Gibraltar –

1

Österreich	A
Belgien	B
Cuba (Kuba)	C
Deutschland	D
Spanien	E
Frankreich	F
Ungarn	H
Italien	I
Japan	J
Kambodscha	K
Luxemburg	L
Norwegen	N
Portugal	P
Rumänien	R
Schweden	S
Thailand	T
Uruguay	U
Vatikanstadt	V

2

Albanien	AL
Britisch Honduras	BH
Betschuanaland	BP
Brasilien	BR
Bahama-Inseln	BS
Kongo	CB
Schweiz	CH
Ceylon	CL
Kolumbien	CO
Costa Rica	CR
Tschechoslowakei	CS
Zypern	CY
Dänemark	DK
Dahome	DY
Vereinigte Arabische Republik	ET
Ecuador	EQ
Liechtenstein	FL
Großbritannien und Nordirland	GB
Ghana	GH
Griechenland	GR
Hongkong	HK
Israel	IL
Iran	IR
Island	IS
Jamaika	JA

Marokko	MA
Monaco	MC
Mauritius	MS
Antillen	NA
Niederlande	NL
Njassaland	NP
Nordrhodesien	NR
Neuseeland	NZ
Panama	PA
Peru	PE
Philippinen	PI
Polen	PL
Paraguay	PY
Argentinien	RA
Bolivien	RB
China	RC
Haiti	RH
Indonesien	RI
Libanon	RL
Ruanda Burundi	RU
Swaziland	SD
Finnland	SF
Sarawak	SK
Somalia	SP
Südrhodesien	SR
UdSSR	SU
Seychellen	SY
Trinidad	TD
Tunesien	TN
Türkei	TR
Vietnam	VN
Jugoslawien	YU
Venezuela	YV
Südafrika	ZA

3

Aden	ADN
Andorra	AND
Australien	AUS
Barbados	BDS
Brunei	BRU
Birma	BUR
Kanada	CDN
Nordborneo	CNB
Dominikanische Republik	DOM
Kenia	EAK
Tanganjika	EAT
Uganda	EAU
Sansibar	EAZ
Irland	EIR
Äthiopien	ETH
Alderney	GBA
Guernsey	GBG
Jersey	GBJ
Insel Man	GBM
Malta	GBY
Gibraltar	GBZ
Guatemala	GCA
Indien	IND
Irak	IRQ
Jordanien	JOR
Laos	LAO
Mexiko	MEX
Mozambique	MOC
Neuguinea	NGN
Nikaragua	NIC
Niger	NIG
Pakistan	PAK
Angola	PAN
Chile	RCH
San Marino	RSM
Singapur	SGP
Surinam	SME
Syrien	SYR
USA	USA
Gambia	WAG
Sierra Leone	WAL
Nigeria	WAN

4. AUTO- UND MOTORRAD-TEILE / TECHNISCHE FUNKTIONEN

3

Gas
Hub
Rad
Zug

4

Akku
Fond
Gang
Heck
Horn
Hupe
Nabe
Sitz
Spur
Tank
Takt
Tour

5

Achse
Backe
Duese
Feder
Felge
Gabel
Haube
Hebel
Kabel
Kerze
Kette
Motor
Pumpe
Welle

6

Blende
Bolzen
Bremse
Buchse
Kardan *(auch Cardan)*
Klappe
Kolben
Kurbel

Rahmen
Reifen
Ritzel
Sattel
Sozius
Ventil
Winker

7

Antrieb
Armatur
Auspuff
Chassis
Hubraum
Kuehler
Leitung
Lenkrad
Lenkung
Leuchte
Spiegel
Starter
Verdeck
Wischer

8

Anlasser
Batterie
Dichtung
Federung
Freilauf
Getriebe
Heizrohr
Kuehlung
Kupplung
Leerlauf
Oeldruck
Oelwanne
Radstand
Schalter
Schlauch
Vergaser
Zuendung
Zylinder

9

Bereifung
Heckmotor
Hinterrad
Kipphebel
Schaltung
Schwimmer
Steuerrad
Steuerung
Tuergriff
Verteiler
Vorderrad
Zuleitung

10

Blattfeder
Blinklicht
Bremsbacke
Bremsbelag
Entfroster
Fussbremse
Handbremse
Kabelschuh
Karosserie
Katzenauge
Kofferraum
Kolbenring
Kompressor
Kotfluegel
Kugellager
Luftfilter
Motorblock
Reserverad
Schutzblech
Sonnendach
Spurstange
Tachometer
Trittbrett
Wagenheber
Windschutz
Zuendkabel
Zuendkerze
Zuendspule

11

Auspuffrohr
Auspufftopf
Blendtopf
Fahrgestell
Hinterachse
Kardanwelle
(auch Cardanwelle)
Kickstarter
Kuehlmantel
Kurbelwelle
Lenkschloss
Nockenwelle
Pleuellager
Schalthebel
Schneekette
Stossstange
Vorderachse
Wasserpumpe

12

Bremstrommel
Differential
Freilaufnabe
Frontantrieb
Kuehlerhaube
Luftkuehlung
Pleuelstange
Rueckspiegel
Scheinwerfer
Schlusslicht
Schwingachse
Uebersetzung
Winterreifen
Zuendschloss
Zylinderkopf

13

Bremszylinder
Drosselklappe
Fussschaltung
Kettenantrieb
Lichtmaschine
Nummernschild
Rueckstrahler
Stossdaempfer
Vorwaertsgang

14

Armaturenbrett
Bremsgestaenge
Einspritzduese
Einspritzpumpe
Kupplungshebel
Kupplungswelle
Oeldruckmesser
Scheibenbremse
Ventilstoessel
Zuendverteiler

15

Brennstoffduese
Druckluftbremse
Fussschalthebel
Hinterradbremse
Kraftstoffilter
Rueckwaertsgang
Scheibenwischer
Tachometerwelle
Verschlusskappe
Vorderradbremse
Warmluftheizung
Wechselgetriebe

Verwandtschaft

3

Ahn
Ohm
Oma
Opa

4

Ahne
Base
Frau
Kind
Mama
Papa
Sohn
Vati
Weib

5

Agnat
Eidam
Enkel
Gatte
Mutti
Neffe
Oheim
Omama
Onkel
Tante
Opapa
Urahn
Vater

6

Bruder
Cousin
Eltern
Gattin
Gemahl
Mutter
Nichte
Spross
Urahne
Vetter

7

Abkomme
Ahnfrau
Ahnherr
Cousine
Ehefrau
Ehemann
Enkelin
Familie
Tochter
Urenkel

8

Ehegatte
Eheleute
Gemahlin
Schwager

9

Ehegattin
Nachkomme
Schwester
Stiefsohn
Urenkelin
Vorfahren

10

Ehehaelfte
Grossneffe
Grossonkel
Grosstante
Grossvater
Halbbruder
Stiefvater

11

Adoptivsohn
Geschwister
Grossmutter
Grossnichte
Schwaegerin
Sproessling
Stiefbruder
Stiefeltern
Stiefmutter

12

Adoptivvater
Stieftochter
Urgrossvater

13

Adoptivmutter
Halbschwester
Schwiegersohn
Urgrossmutter

14

Adoptivtochter
Schwiegervater
Stiefschwester

15

Schwiegermutter

Vögel

3

Aar
Alk
Ara
Emu
Kea
Poe
Uhu

4

Ente
Eule
Falk
Fink
Gans
Hahn
Huhn
Ibis
Kauz
Lund
Pfau
Pute
Rabe
Star
Weih

5

Adler
Ammer
Amsel
Dohle
Erpel
Falke
Fasan
Fitis
Geier
Henne
Knutt
Lumme
Meise
Milan
Moewe
Pirol
Puter
Racke
Spatz
Spint
Taube
Triel
Tukan
Weihe
Zippe

6

Belche
Dommel
Elster
Gimpel
Glucke
Haeher
Kakadu
Kapaun
Kondor
Kraehe
Lerche
Marabu
Merlin
Pieper
Reiher
Roetel

Saeger
Schwan
Segler
Specht
Stelze
Storch
Trappe
Zeisig

7

Bussard
Drossel
Eisente
Gerfalk
Girlitz
Habicht
Kiebitz
Kleiber
Kolibri
Kranich
Kuckuck
Ortolan
Papagei
Pelikan
Pinguin
Rebhuhn
Rothuhn
Schwirl
Sichler
Sittich
Sperber
Strauss
Taucher
Tordalk
Wachtel
Wuerger

8

Aasgeier
Albatros
Auerhahn
Bergente
Bergfink
Birkhuhn
Blaurake
Blutfink
Buchfink
Dompfaff
Einmoewe
Eisvogel
Flamingo
Gleitaar
Graugans
Kardinal
Kolkrabe
Kormoran
Perlhuhn
Rostgans
Rottgans
Saatgans
Samtente
Schnepfe
Schwalbe
Seeadler
Sperling
Spoetter
Sprosser
Turmfalk
Waldhuhn
Waldkauz
Wildente
Wildgans
Zilpzalp

9

Abendfalk
Bartgeier
Bartmeise
Baumfalke
Bekassine
Blaumeise
Blaumerle
Blauracke
Blessgans
Blesshuhn
Brandente
Braunelle
Eiderente
Gabelweih
Goldadler
Goldammer
Goldamsel
Grauammer
Graumeise
Gruenfink
Gruenling
Haenfling
Haselhuhn
Hohltaube
Jagdfasan
Knaekente
Kohlmeise
Kornweihe
Krickente
Lachmoewe
Lachtaube
Maerzente
Pfeifente
Rennvogel
Ringamsel
Ringfasan
Rohrammer
Rohrspatz
Rohrweihe
Rosenstar
Rotspecht
Ruderente
Sekretaer
Steinhuhn
Steinkauz
Stieglitz
Stockente
Sumpfeule
Sumpfhuhn
Tafelente
Teichhuhn
Turmdohle
Waldammer
Wendehals
Wiedehopf
Wildtaube
Wuergfalk
Zaunammer
Zippammer
Zwergfalk
Zwergadler

10

Alpenamsel
Alpendohle
Alpenmeise
Bachstelze
Baumpieper
Bergpieper
Brachvogel
Buntspecht
Distelfink
Dorndreher
Edelreiher
Eistaucher
Feldlerche
Fischadler
Fluehvogel
Grauspecht
Kolbenente
Kragenente
Lasurmeise
Leinzeisig
Marmelente
Mittelente
Nachtigall
Neuntoeter
Nonnengans
Polarmoewe
Reiherente
Ringelgans
Rohrdommel
Rosenmoewe
Rotdrossel
Roetelfalk
Rotschwanz
Saatkraehe
Sanderling
Scheckente
Schellente
Schneefink
Schneegans
Schneehuhn
Seetaucher
Singschwan
Spatelente
Spiessente
Spornammer
Steinadler
Sturmmoewe
Sturmvogel
Sumpfmeise
Trauerente
Viehstelze
Waldstorch
Wanderfalk
Wasserhuhn
Zaunkoenig
Zopfsaeger
Zwergadler
Zwergammer
Zwergmoewe

11

Alpenkraehe
Alpenlerche
Alpensegler
Basstoelpel
Baumlaeufer
Beutelmeise
Blaudrossel
Brachpieper
Erlenzeisig
Feldschwirl
Felsentaube
Fischreiher
Gaensegeier
Gartenammer
Golddrossel
Graslaeufer
Gruenspecht
Gryllteiste
Hakengimpel
Haubenmeise
Heidelerche
Horntaucher

Kaiseradler
Kappenammer
Kernbeisser
Kleinspecht
Kupferfasan
Kuttengeier
Laubsaenger
Lerchenfalk
Loeffelente
Mantelmoewe
Mauersegler
Muellerchen
Nachtreiher
Nebelkraehe
Nonnenmeise
Ohrenlerche
Prachtadler
Rabenkraehe
Raubwuerger
Ringeltaube
Rohrsaenger
Rohrschwirl
Rotfussfalk
Rothalsgans
Rotkehlchen
Rotschenkel
Schafstelze
Schelladler
Schneeammer
Schreiadler
Seeschwalbe
Silbermoewe
Singdrossel
Spechtmeise
Sperbereule
Spornpieper
Steinroetel
Steppenhuhn

Tannenmeise
Turteltaube
Uferlaeufer
Waldohreule
Wasseramsel
Wasserralle
Weideammer
Weidenmeise
Weindrossel
Wiesenralle
Wiesenweihe
Zwergsaeger
Zwergschwan
Zwergspecht
Zwergtrappe

12

Adlerbussard
Birkenzeisig
Blaukehlchen
Eichelhaeher
Elsterspecht
Feldsperling
Felsenpieper
Fichtenammer
Gaensesaeger
Gelbspoetter
Habichtskauz
Harlekinente
Haubenlerche
Hausschwalbe
Haussperling
Heringsmoewe
Kampflaeufer
Karmingimpel
Kragentrappe

Kronschnepfe
Laemmergeier
Mandelkraehe
Maskenstelze
Mauerlaeufer
Mehlschwalbe
Mittelsaeger
Mittelspecht
Mohrenlerche
Moenchsgeier
Ohrentaucher
Purpurreiher
Rallenreiher
Rauhfusshuhn
Rauhfusskauz
Regenpfeifer
Sandflughuhn
Schleiereule
Schmutzgeier
Schopfreiher
Schwanzmeise
Seidenreiher
Silberreiher
Steinwaelzer
Steppenadler
Steppenweihe
Sterntaucher
Strandpieper
Sturmtaucher
Sumpflaeufer
Sumpfohreule
Suschkingans
Tannenhaeher
Trottellumme
Tuerkentaube
Turmschwalbe
Uferschnepfe
Uferschwalbe

Waldschnepfe
Wasserpieper
Wassertreter
Wiesenpieper
Ziegenmelker
Zwergohreule
Zwergscharbe
Zwergtaucher

13

Berghaenfling
Bienenfresser
Bluthaenfling
Brachschwalbe
Braunkehlchen
Eissturmvogel
Falkenbussard
Gebirgsstelze
Goldhaehnchen
Gruenschenkel
Habichtsadler
Haeherkuckuck
Halsbanddohle
Haubentaucher
Hoeckerschwan
Krammetsvogel
Kreuzschnabel
Kurzzehlerche
Lappentaucher
Maeusebussard
Misteldrossel
Motthuehnchen
Nachtschwalbe
Prachttaucher
Rauchschwalbe
Rotkehlpieper

Samtkoepfchen
Schlagschwirl
Schnatterente
Schwarzspecht
Schwarzstorch
Seggensaenger
Seidenschwanz
Sperlingskauz
Steinsperling
Strandlaeufer
Sturmschwalbe
Sumpfschnepfe
Wachtelkoenig
Wasserlaeufer
Wellenlaeufer
Wespenbussard
Zwergschnepfe

14

Alpenbraunelle
Austernfischer
Bartgrasmuecke
Braunkopfammer
Doppelschnepfe
Dorngrasmuecke
Dreizehenmoewe
Felsenschwalbe
Gartenspoetter
Hausrotschwanz
Huehnerhabicht
Kalanderlerche
Krabbentaucher
Kraehenscharbe
Moorschneehuhn
Nordseetaucher
Odinshuehnchen
Papageitaucher
Rothalstaucher
Rotkehldrossel
Rotkopfwuerger
Schlangenadler
Schwalbenmoewe
Schwarzdrossel
Spiessflughuhn
Stelzenlaeufer
Thorshuehnchen
Wechseldrossel
Zaungrasmuecke
Zitronenstelze
Zitronenzeisig
Zwergsumpfhuhn

15

Alpenfluehvogel
Alpenschneehuhn
Berglaubsaenger
Dartfordsaenger
Dreizehenspecht
Falkenraubmoewe
Gartenlaubvogel
Getreidesaenger
Hausbaumlaeufer
Heckenbraunelle
Lachseeschwalbe
Mariskensaenger
Orpheusspoetter
Polarseetaucher
(Polar-Seetaucher)
Prachteiderente
Raubseeschwalbe
Rauhfussbussard
Regenbrachvogel
Schwarzkehlchen
Seeregenpfeifer
Spatelraubmoewe
Steinschmaetzer
Strichelschwirl
Uferrohrsaenger
Ungluecksshaeher
Waldbaumlaeufer
Waldlaubsaenger
Weisswangengans
Zwergrohrdommel

Vornamen und Rufnamen

1. Deutsche Vor- und Rufnamen männlich 2. Deutsche Vor- und Rufnamen weiblich 3. Englische Vornamen (männlich und weiblich) 4. Französische Vornamen (männlich und weiblich) 5. Italienische und spanische Vornamen (männlich und weiblich) 6. Skandinavische Vornamen (männlich und weiblich)

1. DEUTSCHE VOR- UND RUFNAMEN MÄNNLICH

3

Adi
Alf
Ede
Edi
Jan
Leo
Max
Tom
Udo
Ulf
Uli
Uwe

4

Alex
Arno
Axel
Bodo
Carl
Curd
Curt
Dirk
Egon
Emil
Fred
Gerd
Hans
Hein
Hugo
Ingo
Jupp
Karl
Kuno
Kurt
Lutz
Otto
Paul

Pepi
Ralf
Rolf
Rudi
Sepp
Theo
Tilo
Toni
Veit
Wolf
Wulf

5

Achim
Adolf
Alban
Albin
Alois
Aloys
Alwig
Alwin
Anton
Armin
Arnim
Artur
Benno
Berti
Botho
Bruno
Claus
Edgar
Edwin
Eitel
Erich
Ernst
Erwin
Eugen
Ewald
Felix
Frank
Franz
Fritz
Georg
Goetz
Guido
Gustl
Hanno
Harry
Hasso
Heini
Heino
Heinz
Horst
Jacob
Jakob
Jobst
Joerg
Josef
Karli
Klaus
Lukas
Oscar
Oskar
Oswig
Oswin
Peter
Poldi
Poldl
Ralph
Seppl
Simon
Waldi
Wastl
Willi
Willy
Xaver

6

Adrian
Albert
Alfons
Alfred
Anselm
Arnold
Arnulf
Arthur
August
Conrad
Detlef
Detlev
Dieter
Eckart
Edmund
Eduard
Erhard
Franzl
Gerald
Gernot
Gregor
Gustaf
Gustav
Harald
Helmut
Hubert
Jochen
Johann
Joseph
Julius
Justus
Kaspar
Konrad
Lorenz
Lothar
Ludwig
Martin
Michel
Moritz
Oswald
Otmar
Rainer
Reiner
Robert
Rochus
Roland
Ronald
Rudolf
Rupert
Thomas
Ulrich
Victor
Viktor
Volker
Walter
Wenzel
Werner

7

Alphons
Amadeus
Andreas
Aribert
Balduin
Bertold
Bertram
Clemens
Diether
Dietmar
Eckhard
Eckhart
Emanuel
Florian
Gabriel
Gebhard
Gerhard
Gerhart
Guenter
Gunther
Hartmut
Hartwig
Henning
Herbert
Hermann
Herwart
Humbert
Humbold
Joachim
Juergen
Karsten
Klemens
Leopold
Manfred
Michael
Norbert
Otfried
Ottokar
Ottomar
Phillipp
Raimund
Raphael
Reimund
Reinold
Richard
Siegmar
Sigmund
Stephan
Theodor
Vinzenz
Volkmar
Walther
Wilhelm
Wolfram

8

Adalbert
Adelbert
Albrecht
Benjamin
Bernhard
Berthold
Burghard
Dagobert
Diethelm
Dietrich
Eberhard
Eckehard
Ekkehard
Emmerich
Eusebius
Fridolin
Gotthard
Gotthelf
Gotthold
Gottlieb
Gottwald
Guenther
Heinrich
Immanuel
Johannes
Konradin
Kunibert
Leonhard
Luitpold
Matthias
Meinhard
Melchior
Nicolaus
Nikolaus
Reinhard
Reinhold
Roderich
Ruediger
Ruprecht
Siegbert
Siegmund
Siegward
Theobald
Theophil
Traugott
Valentin
Waldemar
Wendelin
Winfried
Wolfgang
Wolfhart

9

Alexander
Archibald
Balthasar
Berchtold
CarlMaria
(Carl-Maria)
Christian

Christoph
Engelbert
Engelhard
Ferdinand
Friedbert
Friedhelm
Friedrich
Gottfried
Karlheinz
(auch
Karl-Heinz)
Lambrecht
Lamprecht
Leberecht
Meinhardt
Sebastian
Siegfried
Sigismund
Willibald

10

Konstantin
Maximilian
Siegismund

11

Engelbrecht
HansJoachim
(Hans-Joachim)
HansJuergen
(Hans-Juergen)
KlausDieter
(Klaus-Dieter)

12

Fuerchtegott

13

Bartholomaeus

2. DEUTSCHE VOR- UND RUFNAMEN WEIBLICH

2

Ev
Gi
Jo
Li
Lu

3

Ada
Aja
Ann
Ena
Eva
Ida
Ina
Isa
Lea
Lia
Lis
Mia
Oda
Pia
Ria
Uta
Ute

4

Alma
Anna
Anni
Anny
Asta
Dina
Dora
Edda
Effi
Elfi
Elga
Ella
Elli
Elly
Else
Elsi
Emma
Emmi
Emmy
Erna
Erni
Gina
Gisa
Grit
Hedi
Ilse
Ines
Inga
Inge
Irma
Irmi
Lena
Lene
Lili
Lilo
Lily
Lina
Lisa
Lola
Lolo
Lona
Loni
Lony
Lora
Lore
Maja
Male
Maud
Meta
Mimi
Mona
Nina
Nora
Olga
Olli
Olly
Ossi
Pola
Resi
Resl
Rita
Rosa
Rose
Ruth
Suse
Susi
Thea
Tina
Toni
Ulla
Vera
Zita

5

Adele
Aenni
Aenny
Agnes
Alice
Anita
Beate
Bella
Berta
Betti
Betty
Cilli
Cilly
Clara
Dolly
Doris
Edith
Elisa
Elise
Ellen
Erica
Erika
Fanni
Fanny
Flora
Frida
Gerda
Gerti
Gilda
Gitta
Gitte
Greta
Grete
Gusti
Hanna
Hanne
Hanni
Heike
Helen
Hella
Helma
Henni
Henny
Herta
Hilda
Hilde
Hulda
Irene
Jenni
Jenny
Jette
Julia
Julie
Jutta
Kaete
Karin
Karla
Kathi
Kitti
Kitty
Klara
Laura
Liane
Liddi
Liddy
Liesa
Liese
Lilli
Lilly
Linda
Lissy
Livia
Lizzi
Lonny
Lotte
Lotti
Lucia
Lucie
Luisa
Luise
Luzia
Lydia
Magda
Marga
Maria
Marie
Marta
Mieze
Milda
Milli
Milly
Minna
Mitzi
Mizzi
Molly
Nanna
Nanni
Nanny
Nelli
Nelly
Nette
Norma
Paula
Selma
Senta
Tilde
Tilla
Tilly
Trine
Trude
Trudi
Trudy
Ursel
Uschi
Vally
Vicky
Vilma
Viola
Vreni
Vroni
Walli
Wally
Wanda
Wilma
Xenia
Zenzi
Zilli

6

Agatha

Agathe
Amalia
Amalie
Amanda
Amelie
Angela
Bertha
Bianca
Bianka
Blanka
Carmen
Carola
Cosima
Dagmar
Elvira
Emilie
Evelyn
Frieda
Gisela
Gloria
Gretel
Gudrun
Gudula
Gustel
Hedwig
Helena
Helene
Hertha
Ingrid
Isolde
Judith
Kaethe
Karola
Kosima
Liesel
Lilian
Margit
Margot
Marion
Martha
Monika
Olivia
Regina
Regine
Renate
Rosita
Sabina
Sabine
Sigrid
Silvia
Sophia
Sophie
Steffi
Steffy
Stella
Sylvia
Thekla
Thilde
Traute
Ulrike
Ursula
Wiebke

7

Alfreda
Annette
Antonia
Antonie
Armgard
Augusta
Auguste
Baerbel
Barbara
Beatrix
Bettina
Camilla
Christa
Claudia
Corinna
Doerthe
Dorchen
Elsbeth
Eugenie
Eulalia
Fraenze
Friedel
Gertrud
Helmine
Hermine
Irmgard
Johanna
Josepha
Julchen
Juliane
Kordula
Lenchen
Leonore
Lisbeth
Lorchen
Malchen
Malwine
Marlene
Martina
Melanie
Melitta
Natalie
Ottilie
Pauline
Ricarda
Rosalie
Rotraut
Sibylla
Sibylle
Susanna
Susanne
Theresa
Therese
Valeria
Valerie
Waltrud

8

Adelheid
Aennchen
Angelika
Brigitte
Brunhild
Caecilie
Christel
Dorothea
Edelgard
Edeltrud
Eleonora
Eleonore
Elfriede
Gabriele
Gerlinde
Gertraud
Gretchen
Hannchen
Ingeborg
Irmtraut
Isabella
Jettchen
Karoline
Kathrein
Kathrine
Lieschen
Mariandl
Marianne
Mathilde
Nettchen
Trudchen
Veronika
Victoria
Viktoria
Walpurga
Waltraud
Wilhelma

9

Anneliese
Annemarie
Charlotte
Christina
Christine
Constance
Constanze
Elisabeth
Felicitas
Felizitas
Franziska
Henriette
Hildegard
Katharina
Klaerchen
Klothilde
Konstanze
Liselotte
(auch Lieselotte)
Margarete
Rosamunde
Sieglinde
Stephanie
Thusnelda
Trautchen

10

Christiane
Ehrentraud
Friederike
Klementine
Leopoldine
Margarethe
MarieLuise
(Marie-Luise)
Wilhelmine

3. ENGLISCHE VORNAMEN (MÄNNLICH UND WEIBLICH)

3

Ann
Ben
Bob
Dan
Jim
Joe
Kay
Liz
Mac
May
Nat
Pat
Peg
Ray
Sam
Sid
Ted
Tim
Tom

4

Bess
Bill
Dick
Fred
Jack
Jane
Jean
Joan
John
Kate
Lucy
Mark
Maud
Pete
Toby
Will

5

Allan
Benny
Bessy
Betty
Dicky
Dolly
Emily
Fanny
Harry
Henry
James
Janet
Jeane
Jenny
Jimmy
Kitty
Lewis
Louis
Molly
Nancy
Nelly
Paddy
Teddy
Tommy

6

Andrew
Antony
Billie
Buster
Dickey
Edward
Elinor
Ernest
Freddy
George
Godwin
(Godwyn)
Hannah
Harold
Irving
Isabel
Jackie
Jonny
Mathew
Milton
Norman
Oliver
Ronald
Vivian

7

Anthony
Charles
Charlie
Douglas
Dorothy
Frances
Francis
Gregory
Harriet
Lincoln
Matthew
Patrick
Tankred
Timothy
William

8

Caroline
Frederic
Geoffrey
Lawrence
Margaret
Nicholas

9

Catharine
Elizabeth
Frederick

4. FRANZÖSISCHE VORNAMEN (MÄNNLICH UND WEIBLICH)

3

Eve
Guy

4

Anne
Jean
Léon
Marc
Rose
René
Yves

5

Alice
André
Emile
Henri
Jules
Louis
Manon
Marie
Odile
Paule
Raoul
Renée
Roger
Simon

6

Armand
Claude
Claire
Edmond
Eugène
Hélène
Honoré
Hugues
Jeanne
Jérôme
Lorent
Lousie
Margot
Michel
Mignon
Mylène
Pascal
Pierre
Romain

7

Adolphe
Annette
Antoine
Auguste
Babette
Blanche
Colette
Désirée
Dorette
Edouard
Erneste
Eugénie
Gaspard
Georges
Hedwige
Isabeau
Jacques
Josephe
Léonard
Lisette
Lucille
Maurice
Nanette
Raymond
Thérèse
Thibaut
Valerie
Vincent

8

Béatrice
François
Frédéric
Geoffroi
Hortense
Isabelle
Jeanette
Rodolphe

9

Albertine
Angélique
Catherine
Françoise
Guillaume
Madeleine
Theophile
Valentine

10

Antoinette
Frédérique
Florentine
Marguerite
Philippine

11

MarieLouise
(Marie-Louise)

5. ITALIENISCHE UND SPANISCHE VORNAMEN (MÄNNLICH UND WEIBLICH)

3

Eva
Pia
Ugo

4

Cuno
Gina
Ines
José
Juan
Luca
Luis
Rita
Vito

5

Bella
Carlo
Edita
Elena
Erico
Guido
Jorge
Juana
Lucia
Luigi
Luisa
Marco
Maria
Mario
Norma
Pablo
Paola
Paolo
Pedro
Piero
Viola

6

Adolfo
Angela
Amadeo
Angelo
Bianca
Carlos
Catina
Editta
Elvira
Emilio
Enrico
Felice
Gaspar
Giulia
Giulio
Isabel
Jacobo
Manuel
Miguel
Nicola
Ottone
Pepita
Pietro
Renata
Sancho
Teresa
Ulrica
Ulrico
Verena

7

Adelina
Antonia
Antonio
Aurelia
Beatriz
Bettina
Brigida
Camilla
Carlota
Claudia
Conrado
Dolores
Edmondo
Eduardo
Erminia
Ernesto
Filippo
Gaspare
Giacomo
Gionata
Giorgio
Gustavo
Joaquin
Juanita
Lorenzo
Lotario
Manuela
Micaele
Michele
Miranda
Orlando
Paolina
Rinaldo
Roberto
Rodolfo
Sanchez
Stefano
Teodoro
Umberto
Valeria
Valerio
Vittore

8

Beatrice
Carlotta
Catalina
Eleonora
Emanuele
Federico
Fiametta
Giovanni
Giuseppe
Gregorio
Herminia
Isabella
Lucretia
Mauricio
Mercedes
Raimondo
Ruggiero
Teobaldo
Vittoria
Vittorio

9

Benedetto
Benjamino
Emerantia
Esmeralda
Felicidad
Francesco
Francisca
Guglielmo
Laurentia
Maddalena
Margarita
Mirabella
Teodorico
Theodosia
Valentina

10

Alessandro
Bartolomeo
Gioacchino
Giovannino

6. SKANDINAVISCHE VORNAMEN (MÄNNLICH UND WEIBLICH)

3

Dag
Dan
Lil
Ole
Per
Siw
Ulf
Uwe

4

Aage
Asta
Arne
Edda
Egil
Elga
Elsa
Erik
Grit
Ivar *(auch Iwar)*
Jens
Klas *(auch Klaas und Claas)*
Knut
Lars
Nils
Olaf
Olof
Stig
Sven
Thor
Vagn

5

Asmus
Claas
(auch Klaas und Klas)
Folke
Greta
Jeppe
Kalle
Karen
Kjell
Klaas
(auch Claas) und Klas)
Peder
Roald
Rurik
Selma
Sonja

6

Astrid
Birgit
Edvard
Gritta
Gunnar
Gustav
Haakon
(auch Hakon)
Harald
Henrik
Ingmar
Sigrid
Sigurd
Sixten
Tormod
Viking

7

Fritjof
Hjalmar
Ingemar
Lennart
Sibylla
Torsten

8

Birgitta
Frederik
Victoria

9

Christina

10

GustavAdolf
(Gustav-Adolf)
Thorbjoern

Vulkane und Wüsten

VULKANE *(Anmerkungen: Geographische Lage)*

3

Apo	*Mindanao (Philippinen)*

4

Gede	*Java (Indonesien)*
Meru	*Kenya (Ostafrika)*

5

Aetna	*Sizilien*
Fuego	*Guatemala*
Hekla	*Island*
Huila	*Kolumbien*
Mayon	*Luzon (Philippinen)*
Misti	*Peru*
Vesuv	*Italien*

6

Colima	*Mexiko*
Erebus	*Ross-Insel (Antarktis)*
Semeru	*Java (Indonesien)*
Tolima	*Kolumbien*
Tuxtla	*Mexiko*

7

Atitlan	*Guatemala*
Orizaba *(oder Pico de Orizaba)*	*Mexiko*

8

Cotopaxi	*Ecuador*
Demawend	*Iran*
Kerintji	*Sumatra*
Krakatau	*Java*

MontDore *(Mont Dore)*	*Auvergne (Frankreich)*
MontPelé *(Mont Pelé)*	*Martinique (Karibisches Meer)*
MaunaKea *(Mauna Kea)*	*Hawaii*
MaunaLoa *(Mauna Loa)*	*Hawaii*
Santorin	*Thira (Ägäisches Meer)*
Wrangell	*Alaska*

9

Paricutin	*Mexiko*
Stromboli	*Stromboli (Liparische Inseln, Süditalien)*
Tajamulco	*Guatemala*
Tongariro	*Australien*

10

Chimborazo	*Ecuador*
LassenPeak *(Lassen Peak)*	*Kalifornien*

11

Fudschijama	*Hondo (Japan)*
Kamerunberg	*Kamerun (Afrika)*
PicodeTeyde *(Pico de Teyde)*	*Teneriffa*
PicoVolcano *(Pico Volcano)*	*Afrika*

12

Citlaltepetl	*Mexiko*
MountRainier *(Mount Rainier)*	*USA/südl. Seattle/Tacoma*
Popocatepetl	*Mexiko*

13

PicodeOrizaba *(Pico de Orizaba; auch kurz: Orizaba)*	*Mexiko*
Quezaltenango	*Guatemala*

14

Kilimandscharo *(auch Kilimandjaro)*	*Ostafrika*

WÜSTEN

(Anmerkungen: Geographische Lage – Verbindung mit dem Wort Wüste nur soweit gebräuchlich)

4

Gila	*USA*
Gobi	*Innerasien*

5

Namib	*Südwestafrika*
Nefud	*Arabien*
Tharr	*Südwestasien*

6

Hanhai	*Asien*
Sahara	*Afrika*

7

Atacama *Südamerika*
Karakum *Sowjetunion*

8

Kalahari *Südafrika*

10

Sandwueste *Australien*
(oder: Grosse Sandwueste)

11

GrosseNefud *Arabien*
(Grosse Nefud)
KleineNefud *Arabien*
(Kleine Nefud)
WuesteDanah *Arabien*
(Wueste Danah; auch: Sandwueste Danah)

13

GibsonsWueste *Australien*
(Gibsons Wueste)

14

IndischeWueste *Südwestasien*
(Indische Wueste)
LibyscheWueste *Nordafrika*
(Libysche Wueste)
NubischeWueste *Arabien*
(Nubische Wueste)
SyrischeWueste *Vorderasien*
(Syrische Wueste)
VictoriaWueste *Australien*
(Victoria-Wueste)

15

ArabischeWueste *Ägypten*
(Arabische Wueste)
SandwuesteDanah *Arabien*
(Sandwueste Danah; auch: Wueste Danah)

Wirtschaft

1. Bankwesen – Handel – Kaufmännische Praxis 2. Geldsorten – Münzen – Währungen 3. Gewerbe – Handwerk – Industrie 4. Land- und Forstwirtschaft

1. BANKWESEN – HANDEL – KAUFMÄNNISCHE PRAXIS

3	Gut	4	Avis	Chef	Giro	Kurs	Norm
	Kux		Bank	Code	GmbH	Kuxe	Nota
bar	ppa	Agio	Bond	Coup	Gold	Lohn	Note
Bon	Run	Akte	Buch	Geld	Kauf	Mise	Pari

Rate
Rest
Safe
Soll
Tara
Taxe
Ware
Ziel
Zins
Zoll
Zone

5

Abruf
Abzug
Agent
Aktie
Aviso
Basis
Beleg
Bezug
Bonus
Brief
Cassa *(auch Kassa)*
Clerk
Conto *(auch Konto)*
Debet
Depot
Fazit
Firma
Fixum
Fonds
Frist
Haben
Kargo
Kasko
Kassa *(auch Cassa)*
Konto *(auch Conto)*
Kopie
Krise
Kunde
Kupon
Lager
Limit
Manko
Marke
Markt
Medio
Menge
Messe
Miete
Minus
Modus
netto
Order
Pfand
Porto
Preis
Quote
Saldo
Sicht
Sorte
Stand
Summa
Talon
Tarif
Trust
zirka *(auch cirka, circa)*

6

Abgabe
Abfall
Absatz
Aconto *(a conto)*
Aktiva *(auch Activa)*
Akzept
Ankauf
Anlage
Anteil
Baisse
Bilanz
Blanko
Boerse
brutto
Budget
Buerge
Change
Coupon
Credit *(auch Kredit)*
Dekort
Detail
Devise
engros *(en gros)*
Erloes
Ersatz
Ertrag
Erwerb
Export
Faktur
Flaute
Fracht
franko
Fusion
Garant
Gewinn
gratis
Hausse
Import
Innung
Jobber
Kartei
Konsum
Kontor
Kredit *(auch Credit)*
Kurant
Ladung
Lizenz
Makler
Muster
Objekt
Obligo
Pleite
Revers
Risiko
Saison
Salaer
Scheck
Skonto
Spesen
Sozius
Stapel
Storno
Termin
Police
Posten
Profit
Rabatt
Rekurs
Trafik
Tratte
Tresor
Turnus
Ultimo
Umlage
Umsatz
Usance
Vakanz
Valeur
Valuta
Verzug
Vorrat
Wucher
Zinsen
Zufuhr

7

Abnahme
Agentur
Allonge
Angebot
Anleihe
Artikel
Aufgeld
Auftrag
Auktion
Ausfuhr
Ausgabe
Auslage
Bankier
Bargeld
Begeben
Branche
Buchung
Company
Debitor
Deckung
Defizit
Devisen
Disagio
Diskont
Domizil
Dumping
Einfuhr
Eingang
Einkauf
Einlage
Embargo
Experte
Faktura
Filiale
Gewerbe
Gutsage
Haftung
Inhaber
Inkasso
Journal
Kaeufer
Kapital
Kartell
Katalog
Kaution
Klausel
Konkurs
Konzern
Lombard
Magazin
Manager
Monopol
Offerte
Partner
Passiva
Produkt
Prokura
Protest
Prozent
Quantum
Quartal
Regress
Reklame
Restant
Rimesse
Sendung
solvent
Solvenz
Stempel
Tendenz
Tilgung
Transit
Trassat
Urkunde
Verkauf
Verlust
Versand
Vertrag
Wechsel
Werbung
Zahlung
Zession

8

Agiotage

Anschlag
Anspruch
Aufgebot
Auskunft
Banknote
bankrott
Blankett
Bonitaet
Borgkauf
Clearing
Courtage
Creditor
(auch Kreditor)
Darlehen
Dokument
Duplikat
Effekten
Einnahme
Emission
erkennen
Eskompte
Exchange
Faktorei
Fernkauf
Finanzen
Formular
Garantie
girieren
Grossist
Haendler
Handgeld
Hypothek
Inventar
Inventur
Kreditor
(auch Creditor)
Kurswert
loeschen
Material
Memorial
Nennwert
Personal
Promesse
Prospekt
Quittung
Referenz
Revision
Rohstoff
Signatur
Syndikus
Tantieme
Transfer
Trassant
Unkosten
Vertrieb
Vorstand
Waehrung
Zinssatz
zedieren
Zirkular
Zuschlag

9

Abfindung
Abloesung
Abschluss
Abtretung
Abzahlung
Aktionaer
Akzeptant
Anzahlung
Arbitrage
avisieren
Barscheck
Bezahlung
Bezogener
Deflation
Direktion
Disponent
Dividende
Emballage
Exporteur
Falliment
Forderung
Frachtgut
Freihafen
Geschaeft
Gutschein
Hauptbuch
Importeur
Inflation
insolvent
Insolvenz
Kartothek
Kaufpreis
Kollation
Kommandit
Kompagnon
(auch Compagnon)
Kompetenz
Kondition
Kontrolle
kursieren
Ladeplatz
Laderampe
Lagerbuch
Lagergeld
Lagerraum
Lieferant
Liefertag
Lieferung
Nachfrage
Notierung
Prokurist
Protokoll
Provision
Qualitaet
Remission
Rohbilanz
saldieren
Sanierung
Sortiment
Spedition
Standgeld
Strohmann
Stueckgut
Teilhaber
Transport
Verdienst
Vermoegen
Vertreter

10

Abonnement
Abrechnung
Anfechtung
Assekuranz
Aufkaeufer
Auflassung
Aussteller
Ausverkauf
Barzahlung
Bestellung
Buchauszug
Buchschuld
Einzahlung
Expedition
Faustpfand
Fehlbetrag
Fixwechsel
Glaeubiger
Gutschrift
honorieren
Immobilien
Investment
Konfektion
Kollektion
Kommission
Kommittent
Konjunktur
Konkurrenz
Konsortium
Kuendigung
Kurszettel
Majoritaet
Manufaktur
Markenware
Moratorium
Obligation
Pfandbrief
Postscheck
Prioritaet
Produktion
Propaganda
qualitativ
Quantitaet
quittieren
Reflektant
Reinertrag
Schaetzung
Sicherheit
Stammaktie
stornieren
Verpackung
Vertretung
Verzinsung
Verzollung
Wertpapier
Wettbewerb
Zinseszins

11

Ablieferung
Aufrechnung
Auktionator
Beteiligung
Bodenkredit
Buchhaltung
Buergschaft
Datowechsel
Deklaration
Disposition
Durchschlag
Etablierung
exportieren
Fabrikation
Fabrikpreis
fabrizieren
Faelligkeit
finanzieren
Frachtbrief
Geldanleihe
Grosshandel
Haftpflicht
importieren
Indossament
Indossement
Information

Interessent
Investition
Kalkulation
Kleinhandel
Konterbande
Kontoauszug
kreditieren
Lagerschein
Liquidation
Namensaktie
Registratur
Reingewicht
Reklamation
Rentenbrief
Schutzmarke
Spekulation
Transaktion
Transparent
Treuhaendler
Ueberschlag
Ueberschuss
Unterbilanz
Unternehmer
Verbraucher
Verrechnung

12

Abschreibung
Amortisation
Annullierung
Anteilschein
Aufsichtsrat
Aussenhandel
Beglaubigung
Bestaetigung
Blankoscheck
Buchfuehrung
Deckungskauf
Fallissement
Finanzierung
Fixgeschaeft
freibleibend
Gesellschaft
Goldwaehrung
Grundkapital
Intervention
Kommanditaer
Kommanditist
Kompensation
Konkursmasse
Kontokorrent
kontrahieren
Kreditverein
Legitimation
Lieferschein
lombardieren
Modifikation
Musterschutz
Prolongation
Reservefonds
Schuldschein
Sichtwechsel
Stammeinlage
Stammkapital
Subskription
Tauschhandel
Transmission
Versicherung
Vorzugsaktie
Vorzugspreis

13

AcontoZahlung
(a conto-Zahlung)
Begleitpapier
Bestellschein
Blankowechsel
Buchforderung
Gewerbeschein
Gewerbesteuer
Gratifikation
Handelsbilanz
Handelskammer
Kommissionaer
Konfektionaer
Korrespondenz
Reinverdienst
Schlusstermin
Staatsanleihe
Versteigerung
Verzugszinsen
Vorkaufsrecht
Zwangsverkauf

14

Aktivvermoegen
Depositenkasse
Erfuellungsort
Gesellschafter
Konsolidierung
Nettoverdienst
Platzgeschaeft
Praemienschein
Strassenhandel
Ueberseehandel
Zahlungsbefehl
Zweiggeschaeft
Zwischenbilanz
Zwischenhandel

15

Bruttoverdienst
Handelsregister
Hypothekenbrief
Offenbarungseid
Produktenboerse
Schatzanweisung
Termingeschaeft
Ueberproduktion
Vertragsklausel

2. GELDSORTEN – MÜNZEN – WÄHRUNGEN

(Nicht mehr geltende Sorten und Valuten ausgenommen)

3

Kip	*Laos*
Lek	*Albanien*
Leu	*Rumänien*
Lew	*Bulgarien*
Pul	*Afghanistan*
Sen	*Indonesien, Japan*
Sol	*Peru*
Won	*Nordkorea*
Yen	*Japan*

4

Anna	*Pakistan*
Bani	*Rumänien*
Baht	*Thailand*
Cent	*Äthiopien, Ceylon, Kanada, Niederlande, Südafrika, USA*
Dong	*Nord-Vietnam*
Fils	*Irak*
Fyng	*Rotchina*
Hwan	*Südkorea*
Kuru	*Türkei*
Kyat	*Burma*
Lewa	*Bulgarien*
Lira	*Italien*
Mark	*Bunderepublik Deutschland/Sowjetzone Deutschlands (Deutsche Mark = D-Mark/Deutsche Mark = D-Mark Ost)*
Oere	*Dänemark, Norwegen, Schweden*
Para	*Jugoslawien*
Peso	*Argentinien, Chile, Kolumbien, Mexiko, Uruguay*
Rand	*Südafrika*
Rial	*Iran (Persien)*
Riel	*Kambodscha*
Yuan	*Rotchina*

5

Colon	*Costarica, El Salvador*
Dinar	*Irak, Iran (Persien), Jugoslawien*
Franc	*Belgien, Frankreich, Luxemburg, (Schweiz)*
Krone	*Dänemark, Norwegen, Schweden, Tschechoslowakei*
Lepta	*Griechenland*
Pence	*Großbritannien*
Penni	*Finnland*
Pfund	*Ägypten (VAR), Australien, Großbritannien, Irland, Island, Türkei*
Pices	*Indische Union*
Rijal	*Saudi-Arabien*
Rubel	*UdSSR*
Rupie	*Ceylon, Indische Union, Pakistan*
Sucre	*Ecuador*
Tical	*Thailand*
Tsjao	*Rotchina*
Zloty	*Polen*

6

Balbao	*Panama*
Dirham	*Marokko*
Dollar	*Äthiopien, Kanada, USA*
Escudo	*Chile, Portugal*
Filler	*Ungarn*
Forint	*Ungarn*
Gulden	*Niederlande (Holland)*
Heller	*Tschechoslowakei*
Kopeke	*UdSSR*

Pennia *Finnland*
Peseta *Spanien*
Rappen *Schweiz*
Rupiah *Indonesien*
Satang *Thailand*
Somalo *Somalia*

7

Afghani *Afghanistan*
Bolivar *Venezuela*
Centavo *Argentinien, Bolivien, Brasilien, Chile, Ecuador, Guatemala, Honduras, Mexiko, Portugal*
Centime *Belgien, Frankreich, Luxemburg*
Centimo *Spanien*
Cordoba *Nikaragua*
Drachme *Griechenland*
Franken *Schweiz*
Guarani *Paraguay*
Lempira *Honduras*
Pfennig *Bundesrepublik Deutschland/ Sowjetzone Deutschlands*
Piaster *Ägypten (VAR), Türkei*
Quetzal *Guatemala*
Quintar *Albanien*

8

Cruzeiro *Brasilien*
Finnmark *Finnland*
Groschen *Österreich, Polen*
Shilling *Großbritannien, Irland*
Stotinki *Bulgarien*

9

Boliviano *Bolivien*
Centesimo *Chile, Italien, Panama, Uruguay, Venezuela*
Schilling *Österreich*

3. GEWERBE – HANDWERK – INDUSTRIE: BETRIEBE, EINRICHTUNGEN, FACHAUSDRÜCKE

3

Bau
Gas
Ort
Sog
Ton
Zug

4

Ader
Bank
Berg
Guss
Kamm
Korb
Kran
Mine
Rost
Seil
Silo
Trum
Werk

5

Abbau
Fahrt
Floez
Grube
Halde
Hauer
Lampe
Pumpe
Senke
Sohle
Tonne
Werft
Zeche

6

Bohrer
Fabrik
Huette
Knappe
Kumpel
Muehle
Muenze
Ortung
Verlag
Wetter

7

Agentur
Bergbau
Bergrat
Betrieb
Bleiche
Gebrech
Kokerei
Konzern
Meierei
Monopol
Rutsche
Schacht
Schicht
Steiger
Stollen
Strecke
Weberei

8

Ausfahrt
Baugrube
Bausohle
Bergmann
Bergwerk
Binderei
Bohrloch
Brauerei
Buegelei
Dreherei
Drogerie

Fuellort
Geleucht
Gerberei
Glaserei
Hochofen
Kaeserei
Kaliwerk
Kellerei
Kelterei
Molkerei
Pumpwerk
Reederei
Saugkorb
Saugrohr
Schmiede
Seilerei
Sieberei
Strebbau
Syndikat
Torfwerk
Walzwerk
Wirkerei
Ziegelei

9

Baeckerei
Berghalde
Bergregal
Bremsberg
Brennerei
Direktion
Druckerei
Faerberei
Gewinnung
Giesserei
Grubengas
Hobelwerk
Hutfabrik
Kabelwerk
Koehlerei
Kohlenzug
Maelzerei
Metzgerei
Naehstube
Roesterei
Saegewerk
Sohlenbau
Sortiment
Spedition
Spinnerei
Sprengung
Stahlwerk
Stanzwerk
Stepperei
Toepferei
UeberTage
(Ueber Tage)
UnterTage
(Unter Tage)
Zwirnerei

10

Abdeckerei
Berghoheit
Bergknappe
Bergschule
Bierverlag
Bootswerft
Brotfabrik
Filmfabrik
Filzfabrik
Glashuette
Grubenluft
Hammerwerk
Harzfabrik
Hefefabrik
Inspektion
Klempnerei
Kohlenader
Konditorei
Nickelwerk
Pfandleihe
Pfeilerbau
Poliererei
Raeucherei
Raffinerie
Gaertnerei
Garnfabrik
Gasanstalt
Gaskokerei
Sargfabrik
Sodafabrik
Steinbruch
Strickerei
Tankstelle
Teerfabrik
Tischlerei
Tuchfabrik
Ventilator
Vertretung
Verwerfung
Waescherei
Wasserwerk

11

Anschlaeger
Antiquariat
Bauglaserei
Belegschaft
Bergmeister
Drahtfabrik
Drechslerei
Eisenhuette
Essigfabrik
Filmverleih
Fleischerei
Foerderkorb
Glasmalerei
Gradierwerk
Grubenbrand
Grubenlampe
Grubenwagen
Honigfabrik
Hufschmiede
Huettenwerk
Knappschaft
Knopffabrik
Kohlenfloez
Kohlengrube
Lackiererei
Lederfabrik
Leihanstalt
Marmorbruch
Nudelfabrik
Oberbergrat
Obersteiger
Orgelfabrik
Parfuemerie
Pflugfabrik
Pianofabrik
Schachtring
Schleiferei
Schlosserei
Schneiderei
Schreinerei
Schuhfabrik
Seilfahrung
Seilstrecke
Spannsaeule
Tiefbohrung
Tubenfabrik
Uhrmacherei
Verzinkerei
Verzinnerei
Wetterlampe
Wollweberei
Zementfabrik

12

Asbestfabrik
Ausschlaeger
Bergassessor
Bergschmiede
Bierbrauerei
Bootsbauerei
Buchbinderei
Buchhandlung
Dachdeckerei
Fassbinderei
Foerdersohle
Futterfabrik
Gewerkschaft
Goldschmiede
Grubenwasser
Grubenwetter
Gussrohrwerk
Hilfsschacht
Holzbiegerei
Kaltwalzwerk
Kerzenfabrik
Kesselfabrik
Kettenfabrik

Kistenfabrik
Kofferfabrik
Korbmacherei
Kuevelierung
Kuerschnerei
Laboratorium
Markscheider
Moebelfabrik
Papierfabrik
Papiermuehle
Pechsiederei
Pumpenfabrik
Riemenfabrik
Schachtsumpf
Schirmfabrik
Schweisserei
Seifenfabrik
Waschanstalt

13

Ankerwickelei
Bauklempnerei
Bautischlerei
Berghauptmann
Bergverwalter
Bleigiesserei
Buchdruckerei
Drahtwalzwerk
Emaillierwerk
Foerderhaspel
Formstecherei
Fuhrgeschaeft
Furnierfabrik
Geigenbauerei
Gewerbeschein
Glasblaeserei
Glasbrennerei
Kalkbrennerei
Karosseriebau
Klavierfabrik
Kleiderfabrik
Kornbrennerei
Kranzbinderei
Motorenfabrik
Nagelschmiede
Plaettanstalt
Rottenmeister
Schlaechterei
Schrotthandel
Schuhmacherei
Stellmacherei
Teppichfabrik
Waeschefabrik
Wetterschacht
Zinngiesserei
Zwischensohle

14

Auskunftsbuero
Bauschlosserei
Blumenbinderei
Drahtspinnerei
Eisengiesserei
Flaschenfabrik
Fliesenlegerei
Foerderschacht
Gardinenfabrik
Geruestverleih
Gravieranstalt
Kalksteinbruch
Kesselschmiede
Kunstgiesserei
Kunststopferei
Linoleumfabrik
Markscheiderei
Metalldreherei
Paraffinfabrik
Stahlgiesserei
Steingutfabrik
Stoffdruckerei
Stoffpresserei
Teppichweberei
Wetterfuehrung
Zigarrenfabrik

15

Appreturanstalt
Automobilfabrik
Dampfwaescherei
Fischraeucherei
Foedermaschine
Glasschleiferei
Glasschneiderei
Konservenfabrik
Kunsttischlerei
Maschinenfabrik
Metallgiesserei
Offsetdruckerei
Porzellanfabrik
Zellulosefabrik
Zuendholzfabrik

4. LAND- UND FORSTWIRTSCHAFT

(Jagd = eigenes Kapitel!)

3

Alm
Alp
Aue
Gut
Heu
Hof
Kuh
Sau

4

Alpe
(auch Alp)
Brut
Dung
Eber
Egge
Farm
Feim
Feld
Flur
Hain
Hege
Joch
Kalb
Kali
Kate
Korn
Luch
Magd
Mais
Mark
Mehl
Mist
Rain
Saat
Senn
Silo
Tann
Trog
Vieh
Wald

5

Acker

Aehre
Anger
Bauer
brach
Bulle
Darre
Dieme
Ernte
Ferme
Flett
Forke
Forst
Fuder
Gabel
Garbe
Hacke
Harke
Heger
Horst
Humus
Imker
Jagen
Kiepe
Kleie
Knick
Maier
(auch Meier)
Matte
Miete
Ochse
Panse
Pesel
Pflug
Raufe
Schar
Sense
Spreu
Stall
Stroh
Stute
Tenne
Trage
Trift
Weide
Zucht

6

Ertrag
Ferkel
Fohlen
Furche
Futter
Gatter
Hengst
Jauche
Knecht
Koppel
Krippe
Maeher
Melker
Morgen
Muehle
Pferch
Rechen
Remise
Revier
Schlag
Sichel
Stadel
Winzer

7

Abtrieb
Abtrift
Agronom
Aussaat
dengeln
Deputat
Domaene
Duenger
Feldbau
Feldweg
Gebinde
Gehoeft
Gespann
Gestuet
Hackbau
Imkerei
Kompost
Meierei
Melasse
Oedland
Oekonom
Saatgut
Saemann
Scheuer
Scheune
Schober
Scholle
Traenke
Vorwerk
Wallach

8

Ackerbau
Agrarier
Bullkalb
Drainage
Feldrain
Foerster
Forstamt
Getreide
Haecksel
Heuboden
Heuernte
Heufuder
Heugabel
Heuwagen
Insthaus
Kuhstall
Landmann
Landwirt
Lichtung
Paechter
Parzelle
Plantage
Saatkorn
Saemerei
Schaefer
Schneise
Schonung
Schwaden
Sennerei
Sennerin
Speicher
Stallung
Torfmull
Viehsalz

9

Agronomie
Altenteil
Bannforst
Bauernhof
Dungkarre
Dungwagen
Einlieger
Einschlag
Erntefest
Erntetanz
Forsthaus
Fruehbeet
Gemarkung
Grossvieh
Heuhuette
Heurechen
Heureiter
Heureuter
Heuwender
Kleinvieh
Kornernte
Laenderei
Missernte
Misswuchs
Mistgabel
Rittergut
Rodehacke
Schweizer
Stallmist
Strohdach
Tierzucht
Verwalter
Viehwagen
Viehzucht
Zuchttier

10

Ackerwalze
Agrikultur
Ausgedinge
Bauernhaus
Baumschule
Brotfrucht
Brutkasten
Dreschsatz
Dunghaufen
Erntekranz
Erntewagen
Foersterei
Forsteleve
Futtersilo
Futtertrog
Grenzstein
Hackfrucht
Heuschober
Kornkammer
Misthaufen
Motorpflug
Pflugschar
Raufutter
Schaeferei
Schafstall
Schafzucht
Stickstoff
Strohmiete
Windmuehle
Wintersaat

11

Bullenzucht
Dengeleisen
Erntehelfer
Feldscheune
Fruchtfolge
Haeckerling
Jauchepumpe
Jauchewagen
Leiterwagen
Melkschemel
Pendelpflug
Pferdestall

Pferdezucht
Ruebenernte
Ruebenhacke
Stoppelfeld
Strohbinder
Strohpresse
Tageloehner

12

Dreschflegel
Dreschkasten
Duengemittel
Futtermittel
Garbenbinder
Getreidefeld
Gutsbesitzer
Hackmaschine
Huehnerstall
Kunstduenger
Maehdrescher
Maehmaschine
Scheibenegge
Schwingpflug
Selbstbinder
Sommerfrucht
Winterfrucht

13

Chilesalpeter
Fruchtwechsel
Getreideernte
Koernerfrucht
Langholzwagen
Saatkartoffel
Schweinestall
Schweinezucht
Trockenfutter
Vogelscheuche

14

Dreschmaschine
Feldbestellung
Futtergetreide
Kartoffelernte
Kartoffelhacke
Kartoffelmiete

15

Abstellschuppen
Forstverwaltung

Zahlen

1. Die wichtigsten deutschen Zahlen
2. Grundzahlen in Englisch, Französisch, Italienisch, Spanisch

1. DIE WICHTIGSTEN DEUTSCHEN ZAHLEN

3

elf

4

acht
drei
eins
neun
null
vier
zehn
zwei

5

fuenf
sechs

6

sieben
zwoelf

7

achtzig

Billion
Hundert
Million
neunzig
sechzig
siebzig
Tausend
vierzig
zwanzig

8

achtzehn
dreissig

dreizehn
fuenfzig
neunzehn
sechzehn
siebzehn
Trillion
vierzehn

9

fuenfzehn
Milliarde

11

Quadrillion
Quintillion
Zehntausend

12

fuenfhundert

14

Hunderttausend

2. GRUNDZAHLEN IN ENGLISCH, FRANZÖSISCH, ITALIENISCH, SPANISCH *(Buchstabenzahl in Klammern)*

Zahl	*Englisch*		*Französisch*		*Italienisch*		*Spanisch*	
1	(3)	one	(2)	un	(3)	uno	(3)	uno
2	(3)	two	(4)	deux	(3)	due	(3)	dos
3	(5)	three	(5)	trois	(3)	tre	(4)	tres
4	(4)	four	(6)	quatre	(7)	quattro	(6)	cuatro
5	(4)	five	(4)	cinq	(6)	cinque	(5)	cinco
6	(3)	six	(3)	six	(3)	sei	(4)	seis
7	(5)	seven	(4)	sept	(5)	sette	(5)	siete
8	(5)	eight	(4)	huit	(4)	otto	(4)	ocho
9	(4)	nine	(4)	neuf	(4)	nove	(5)	nueve
10	(3)	ten	(3)	dix	(5)	dieci	(4)	diez
20	(6)	twenty	(5)	vingt	(5)	venti	(6)	veinte
30	(6)	thirty	(6)	trente	(6)	trenta	(7)	treinta
40	(5)	forty	(8)	quarante	(8)	quaranta	(8)	cuarenta
50	(5)	fifty	(9)	cinquante	(9)	cinquanta	(9)	cincuenta
100	(7)	hundred	(4)	cent	(5)	cento	(4/6)	cien, ciento
1000	(8)	thousand	(5)	mille	(5)	mille	(3)	mil

Zeitbegriffe

2

Nu

3

ehe
Tag
vor

4

bald
Ebbe
eher
erst
Flut
Jahr
kurz
lang
nach
Zeit

5

Abend
bevor
frueh
heute
Monat
Nacht
schon
spaet
Woche
zuvor

6

abends
baldig
gerade
gleich
Herbst
Minute
Mittag
morgen
Morgen
nachts
sofort
Sommer
Stunde
vordem
vorher
Winter
zeitig

7

bereits
derzeit
endlich
frueher
gestern
morgens
nachher
Sekunde
spaeter
Uhrzeit
vorerst

8

Gezeiten
momentan
zeitlich

9

Fruehling
hinterher
Jahrzehnt
tagsueber
Vormittag

10

Jahreszeit
Nachmittag
puenktlich
stuendlich
vorgestern
vormittags

11

fruehestens
Jahrhundert
Jahrtausend
Mitternacht
nachmittags
spaetestens
uebermorgen

12

Jahreszeiten

13

Jahreswechsel

14

augenblicklich
jahreszeitlich